하나님 말씀과 사람 말

하나님 말씀과 사람 말

2022년 6월 14일 제 1판 인쇄 발행

지 은 이 | 김국일
펴 낸 이 | 박종래
펴 낸 곳 | 도서출판 명성서림

등록번호 | 301-2014-013
주   소 | 04552 서울시 중구 삼일대로8길 17 3~4층(충무로 2가)
대표전화 | 02)2277-2800
팩   스 | 02)2277-8945
이 메 일 | ms8944@chol.com

값 20,000원
ISBN 979-11-92487-19-9

※ 잘못 만들어진 책은 바꿔드립니다.
   이 책 내용의 일부 또는 전부를 재사용하려면
   반드시 저작권자의 동의를 얻어야 합니다.

하나님께서는 우리를 祝福하시는 분이 아니다.

하나님 말씀과 사람 말

김국일 저

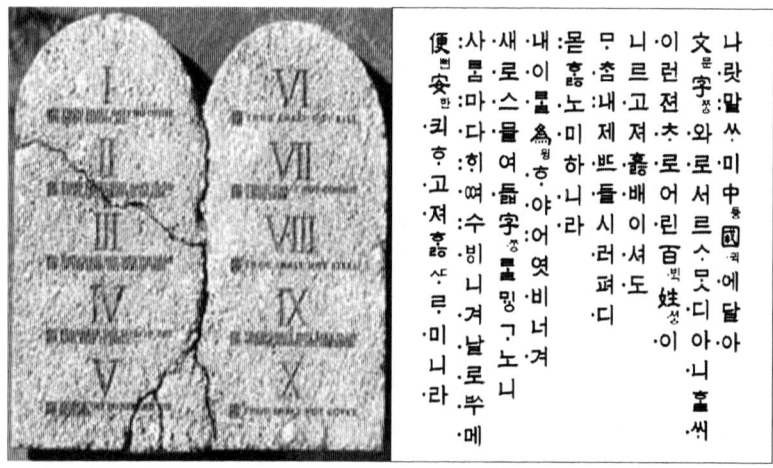

도서출판 명성서림

머리말

　사람은 언어를 가지고 자신을 표현한다. 그러므로 하나님과 사람의 관계를 정립(定立)하는 도구는 정확한 언어로서의 교감이다. 이것이야말로 하나님의 속성을 통한 영적 교류의 유일한 통로이다. 사람은 의사를 전달할 때 몇 가지 방법을 활용한다. 감정을 섞은 격한 분노, 달콤한 사랑의 표현, 지성미를 갖춘 지적 의사 표현, 먼 곳으로의 편지 전달 등이 있다. 이러한 모든 표현은 결국 행동언어(body language), 음성언어(speech language), 문자언어 (text language)에 포함되어 있다. 지구상 음성언어는 약 6,800여 종류가 있다. 태초에 하나님께서 아담에게 주셨던 언어는 하나님과 직접 소통이 가능한 단 한 종류의 언어뿐이었다. 그 언어의 향방은 잘 알 수는 없다, 그러나 사람과 하나님과의 유일한 소통 수단은 언어뿐이다. 바벨탑 사건(창11:1~9) 이후 하나님께서 언어를 흩으셨으므로 지금은 하나님과 대화 할 수 있는 언어의 개수는, 소수 인원의 언어를 포함하면 헤아릴 수 없이 많다.

　당시 온 땅의 언어는 한 종류이었다. (창11:1~9) 여호와께서 무리가 하나의 족속이고 언어도 하나이었음으로, 앞으로 인간이 하고자 하는 것을 우려하시고 하나님께서 직접 내려오셔서 언어를 혼잡하게 하시고, 하나 됨을 흩으셨다. 세상을 말씀으로 창조하신 하나님께서는 창조하신 피조물들과 관계를 맺기 원하셨지만, 인간의 죄악이 방해요소가 되었다. 사람들이 같은 자리에서 말할 때도 서로의 의사가 제대로 소통되지 않아 곤란을 겪는 경우를 종종 본다. 인간 스스로가 다시금 하나님 창조의 말씀을 회복할 수 있으리라는 생각은 상상하기가 어렵게 되었다.

본 저자가 이 교재를 출간하게 됨은 하나님을 향한 표현을 바르게 함으로 하나님 앞에 결례는 범하지 말아야 하겠다는 취지를 담고 있다.

"하나님께서는 전지전능하시므로 우리가 좀 틀리게 말하더라도 잘 알아들으시고 알아서 다 주실 거야"라는 생각은 자신의 나태와 태만을, 하나님의 전지성에 의지하려는 미련함이다. 하나님께서는 말씀의 일 점과 일 획을 따지신다. (마5:18) 우리나라의 기독교 역사가 130년이 훨씬 지났다. 초창기 목회자들의 노고는 칭찬받아 마땅하다. 반면, 개인의 언어습관이 잘못 구전되어, 관습화된 것들이 적지 않다. 지도자나 평신도 모두가 한국어의 지식을 바로 알아서, 가르치고 배우는 일에 소홀함이 없어야 한다. 한국교회가 습관적으로 잘못 쓰이고 있는 말(言語)은 이제부터라도 바로잡아야 한다. 하나님의 분명한 말씀과 성도의 말의 관계를 바로잡아, 다음 세대에는 올바른 기독교 언어들을 물려주고, 하나님과 바람직한 언어 소통 관계를 이룸으로 하나님께서 기뻐하시는 백성들로 거듭나기를 기원한다.

2022년 夏 외동 서재에서
담원 김국일

contents

제1부 • 온전한 하나님 말씀

제1장 완벽한 하나님 말씀

제1절 능력(能力)의 하나님 말씀 • 19
  01 우주(宇宙)를 말씀(言語)으로 • 19
  02 체계적(體系的)인 말씀 Logos • 20
  03 말씀이 세상 속으로 • 21
  ☑ 궁금증 / question • 21

제2절 인류(人類)에게 선포된 하나님 말씀 • 22
  01 기도의 응답은 무엇으로 받는가? • 22
  02 사람의 음성을 초월한 말씀(音聲) • 22
  03 위력(威力)이 있는 말씀 • 23
  04 마음으로 듣는 말씀 • 23
  05 음성을 직접 들을 수 있는가 • 24

제3절 하나님 음성(音聲)과 계시(啓示) • 25
  01 계시(啓示) • 26
  02 특별 계시 • 26
  03 일반 계시 • 27

제4절 하나님 말씀은 부족함이 없다 • 27
  01 말씀에 오류(誤謬) 없음의 근거 • 28
  02 무엇에 관한 오류(誤謬)가 없는가 • 28

제5절 하나님 말씀은 변함이 없다 • 30
    01 변하지 않는 말씀 • 30
    02 변화로 하시는 일 • 30
    03 존재의 불변 • 31

제6절 하나님 말씀은 진실(眞實)하시다 • 32
    01 고고학적 증명 • 32
    02 모세오경의 진실 • 33
    03 모든 성경의 진실성 • 33

제7절 하나님 말씀은 영적 권능이 있다 • 35
    01 살아있는 성령(聖靈)의 말씀 • 35
    02 성경의 저자는 성령(聖靈) • 36
    03 성령(聖靈)은 말씀의 생명, 씨앗 • 36
    ✝ 마음을 가다듬고 • 37

제2장 성경에서의 하나님 음성(音聲)

제1절 창세기 • 39
제2절 출애굽기 • 68
제3절 레위기 • 127

제1부를 마무리하며 • 202
    하나님과 사람의 언어가 나누어지는 순간! • 202

제2부 • 완벽하지 못한 사람의 언어(言語)
◈ 인간과 언어와 기호의 관계

제1장 인간 언어의 본질 — 한국어 중심 —

제1절 사람들이 쓰는 말(言語) • 207
01 만든 인위적 창작물인 언어(言語) • 207
02 만들어낸 언어들의 모습 • 208
03 우리말(韓國語) 잘 알고 바르게 쓰기 • 208
04 음성언어와 문자언어의 공통점 • 209
05 음성언어(音聲言語)의 특징 • 210

제2절 언어(言語)의 갈래 적 요소(要素) • 210
01 국가(國家)와 언어의 관계 • 210
02 국어(國語)/외국어(外國語)/외래어(外來語) • 211
03 은어(隱語)/속어(俗語)/비어(卑語) • 211
04 표준어(標準語)/방언(方言) • 212

제3절 한국어의 성격(性格) • 212
01 언어의 기호성(記號性)/자의성(恣意性)/사회성(社會性) • 212
02 역사성(歷史性)/보충성(補充性) • 214

제5절 인간 언어의 기능(機能) • 214
01 표현적(表現的) 기능(機能) • 215
02 감화적(感化的) 기능(機能) • 215
03 친교적(親交的) 기능(機能) • 215

제6절 한국어의 구조(構造) • 216

    01 한국어 여러 가지 명칭 / 자음 모음의 소리 현상 • 216

    02 한글 닿소리 / 사전 찾기 자, 모음 순서 • 216

    03 한국어의 월등함 • 217

제7절 한국어의 매력(魅力) • 219

    01 소리 만들기 • 220

        01) 한국어의 마찰음/음운(音韻)/끝소리 규칙 • 220

        02) 두음법칙(頭音法則)/모음조화(母音調和) • 221

    02 한국어 고유의 특징 • 222

        01) 고유어 / 한자어 / 외래어 / 높임법 • 222

        02) 친족어의 발달/남성 우월적 표현 • 224

제8절 한국어의 순화(純化) • 225

    01 순화의 일반적 지식 • 225

    02 순화의 문제점 • 226

    03 순화를 해야 하는 이유 • 226

        01) 우리 민족의 위상을 높임 • 226

        02) 언어 사용의 부작용을 막음 • 227

        03) 순화의 방법 • 227

        04) 순화해야 할 대상 • 229

제9절 예절속의 우리 말(韓國語) • 234

    01 높임법과 언어예절 • 234

    02 연말연시 인사말 • 240

        01) 한 해를 보내면서 인사말 • 240

02) 새해를 맞이하면서 인사말 • 240
　03 축하와 위로 인사 • 241
　　01) 생일맞이 축하 인사말 • 241
　　02) 결혼 인사말 • 242
　　03) 문병 위로 인사말 • 242
　　04) 문상 인사말 • 242

제10절 교회용어, 생활용어 바로잡기 • 242
　01 잘못 쓰이기 쉬운 53가지 • 243
　　01) 가르치다/가리키다 ~ 53) 환난(患難)/환란(患亂) • 243
　02 틀리기 쉬운 음식 이름들 알아보기 • 266
　03 잘못 적기 쉬운 일상용어 알아보기 • 267

제11절 한국어의 존칭어와 지칭어 • 270
　01 부모, 자식 간의 호칭어 / 시부모, 며느리 관련 직계 존속 • 270
　02 자녀 관련 호칭, 지칭어 • 271
　03 남편 / 아내 / 친인척 관련 • 272

제12절 다양한 표현방법의 사례 • 277
　01 인품/신체/성격/직업을 가리키는 표현 • 277
　02 시간/날짜/나이를 가리키는 표현 • 281
　03 결혼기념일/혼동하기 쉬운 말의 표현 • 284

제13절 성어(成語)와 다양한 속담 & 절기 • 300
　01 여러 종류의 사자성어 • 300
　◎ 단어처럼 쓰이는 성어들 • 333
　02 유대, 탈무드, 여러 나라의 속담과 격언 • 335

03 성경속 여러 절기(節氣) • 357

01) 안식일 (Sabbath 安息日) 02) 월삭(月朔=그달의 첫날) 03) 유월절 (Passover 過越節) 04) 무교절 (the Feast of Unleavened Bread 無酵節,) 05) 초실절 (Feast of First-fruits 初實節) 06) 오순절 (Pentecost 五旬節) 07) 나팔절 (feast of trumpets, 喇叭節) 08) 속죄일 (Day of Aton 贖罪日) 9) 초막절 (feast of booths 草幕節)

제2장 한국어 맞춤법 실용언어

제1절 우리말의 맞춤법 활용 • 364

01 한글 맞춤법 통일안 • 364

01) 한국어 사전 찾기 순서(자음 19자) • 364
02) 한국어 사전 찾기 순서(모음 21자) • 364

02 표준어 규정 • 365
03 날마다 읽어보는 맞춤법 이야기 • 365

제2절 외래어 표기법 • 367

01 외래어 표기법의 기준 • 367
02 한국어 로마자 표기법 • 368
03 문장부호와 활용법 • 369

제3장 예배 활용의 고사성어 모음

생활 속에 꼭 필요한 한자들 • 373
- 교회 속의 필수 한자어 • 373
  - 01) 삼위일체 호칭별 한자와 뜻 • 373
  - 02) 성직/헌금/절기별 명칭의 한자와 뜻 • 373
  - 03) 교회에서 자주 사용하는 한자와 뜻 • 379

알아두면 유익한 용어들

바로 잡아야 할 기독교 용어

제1절 예민한 기독교 용어들 • 388
- 01 성령(聖靈)의 감동으로 쓰여진 성경(聖經) • 388
- 02 성경(聖經)의 저자(著者)들(대필자) • 389
- 03 성도가 사용해서는 안 되는 말들 • 390

제2절 분별하여야 할 일상용어들 • 393
- 01 하나님의 말씀과 사탄의 말 • 393
- 02 하나님의 복(福)과 사람의 축복(祝福) • 394

하나님 말씀과
사람 말

제1부
온전한 하나님 말씀

능력의 하나님 말씀과
인류에게 선포된 말씀은 무엇인지
우리를 향한 계시는 무엇인지
진실하고 부족함이 없고 권위가 있고
어떻게 영혼이 담겨있는지
찬찬히 살펴보자.

◎ 독자들에게 바라는 마음

하나님 나라의 말씀은 분명하고도 정확히 이해하고 받아들여야 한다.

조선시대의 대 학자 정철(1580년 선조 13년)이 쓴 〔관동별곡〕에 보면 이런 내용이 나온다. "내 그대를 모라랴, 상계(上界)에 진션(眞仙)이라. 황뎡경(黃庭經) 일자(一字)를 엇디 그릇 닐거 두고 인간(人間)의 내려 와셔 우리를 딸오난다."가 나온다. 내용은 이러하다. 정철이 선조 임금으로부터 관동(강원도)지역의 관찰사 임무를 부여받고 강릉으로 내려가던 중, 지친 여정에 잠시 쉬는 사이 비몽사몽간에 신선이 나타나 말하기를 "나는 당신이 누구인 줄 안다. 당신은 본래 하늘나라에 살았던 신선이었다. 그런데 〔황정경〕한 글자 (一字)을 잘못 읽어서 인간 세상으로 추방되어서 지금 우리와 같은 인간 신세가 되어 우리를 따르고 있다."고 말했다. 비록 성경과는 동떨어진 내용이지만 동서고금을 막론하고 중요한 경전일수록 한 글자, 한 글자를 엄격히 다루고 있음을 본다.

그러할 진대 우리 성도는 더욱 그러하여야 한다. 하나님의 말씀을 두렵고 떨리는 마음으로 바르게 알고 이해해야 한다. 기도는 절대로 중언부언(重言復言) 해서는 안 된다. 분명하게 구하고 구한 것을 응답받아야 한다. "우리가 대충해도 하나님께서는 전능하시므로 모두 알아들으시고 내가 원하는 것을 모두 주실 거야"하는 생각은 잘못된 발상이다.

하나님께서 사람의 마음을 모르시거나 이해를 못 하심이 아니다. 하나님 앞에 얼마나 정직하고 열정적으로 정성을 다하시는가를 보시는 것이다. "사람은 외모를 보거니와 하나님은 중심을 보시느니라."(삼상16:7) 하셨기 때문이다.

눅11:1~13 에는 여행 중에 벗이 내게 굶주림으로 찾아 왔으나 나는 그에게 줄 것이 없다. 그러니 나의 절친인 당신이 나에게 떡 세 덩어리를 꾸어 달라, 그가 안에서 대답하기를 문이 닫혔고 우리는 이미 침실에 있으니 줄 수 없노라, 할 때 "벗으로서는 주지 않을 수 있겠으나 간청함으로는 주는 것이 합당하다"고 예수님께서 가르치시는 대목이 나온다. 생선을 달라는 자에게 뱀을 주며 알을 달라는 자식에게 전갈을 줄 부모가 없다고도 말씀하신다. 생선과 뱀은 분명히 다르며 알과 전갈도 당연히 다르다. 우리는 정확히 두드리고 찾고, 구해야 한다. 주시겠다고 약속하심을 믿고 바르게 구해야 할 것이다. 전갈을 구하고 알을 기대하면 안 된다.

하나님께서 우리에게 말씀하시는 정확무오(精確無誤)한 하나님의 말씀을 들어보자. 구약(舊約) 모세오경에 나오는 하나님의 말씀을 정리한 것이니 하나님을 만나는 계기가 되기를 기도한다.

제1장 | 완벽한 하나님 말씀

하나님 말씀의 본질(本質)

여러분은 하나님의 음성을 직접 들어본 적이 있는가?

하나님께서는 말씀으로 우주와 만물을 창조하시고, 하나님의 형상대로 우리를 지으셨다. 죄악으로 죽은 우리를 살리시려 法을 정하시고, 돌아오기를 원하셨다. 인생의 완악함을 보시고 그리스도를 구속의 대속물로 받으셨다.

그를 죽게 하시고 살아나게 하셔서 구원의 문을 넓게 여셨다. 그 사실을 믿는 자마다 구원을 주시겠다고 약속하셨다.

이루시고, 천국으로 인도하시기 위하여 특별계시를 주셨다. 그것이 말씀(聖經)이다. 창조(聖父)하시고 속죄(聖子)하시고 인도(聖靈)하심의 원리가 하나님 말씀의 본질인 것이다.

독일의 종교개혁자 마틴루터(Martin Luther)는 "창세기보다 아름다운 책은 없고 창세기보다 유용한 책은 없다."라고 말했다.

1장에서의 문장은 주어와 서술어 형식으로 아주 간단하게 이루어져 있다. 주어는 "하나님"이시고, 서술어는 "창조하셨다."이다. 즉 하나님의 행동이 강조됨을 본다.

그리고 매번의 창조 사역이 끝날 때마다 "하나님께서 보시기에 좋았더라."가 반복된다.

하나님의 놀라운 능력으로 농축된 창조의 세계를 바라본다는 것은 경이로운 일이다.

제1절 능력(能力)의 하나님 말씀(音聲)

하나님께서 흑암(黑暗)을 향하여, 하신 첫마디의 말씀은 **"빛이 있으라."**(창1:3) 이었다. 얼마나 장엄하고 웅장하며 신비한 말씀인가? 이 말씀을 하실 당시 그곳에는 아무것도 존재하지 않았다. 그러므로 사람은 그 말씀을 들을 수 없었다. 만물은 아직 완성단계가 아니므로 모든 주변은 암흑(暗黑)이며, 앞, 뒤 분간도 되지 않았으며, 시간도 공간도, 시작되기 이전 상태에, 그 엄청난 적막을 깨는 한 마디가 **"빛이 있으라."**이었고 실제로 생겨난 빛을 오늘도 우리는 경험하고 있다. 하나님의 말씀에는 이루 말할 수 없는 능력이 있다.

하나님께서 우주와 만물을 하나씩 지으실 때마다 엄청난 흑암이 흔적도 없이, 찬란한 햇살 아래로 물러가고, 질서와 안정이 생겨났다. 신비, 이것이야말로 능력의 말씀 그 결과이다. '코스모스(COSMOS)'는 '우주'와 '질서'라는 말이다.

왜 코스모스가 질서이고 우주이겠는가? 그것은 하나님이 지으신 우주가 본래 질서 있게 지어 졌기 때문이다. 질서정연하게 꼭 있어야 할 제 자리에 있는 것이 하나님의 절대 권능에서 출발한 능력이다.

01 우주(宇宙)를 말씀으로

우리는 변이와 변종이라는 단어들을 듣고 과학 시간에 공부해서 잘 알고 있다. 변이의 사전적 의미는, "외부요인의 작용에 의한 환경변이, 유전변이, 돌연변이"이고, 변종은 "동일 선상의 생물 가운데서 변이가 생기므로, 성질과 형태가 달라지는 현상"이라고 말한다.

그렇다, 이미 존재하고 있는 무엇으로부터의 변화는 과학적으로 증명이 가능하다. 그러나 증명할 수 없는 것들이 있다. 허공조차도 없는 암흑의 현실에서 단지 말씀이라는 재료를 가지고 가시적 존재를 가능하게 한다는 것은 믿음의 증거 이외에는 논증할 방법이 없다. 이것이야말로 창조인 것이다. 이러한 위대한 사실을 단지 하나님의 voice (말씀, 소리 등) 로 이루어 냈다는 것에는 그 속에 측량하기 어려운 엄청난 power가 있어야 한다. 우리는 죽음에서 생명이 꿈틀거림을 목도 하고 있다. 하나님 말씀에 빛은 순종했고 비로소 우주가 시작되었다.

02 체계적(體系的)인 말씀 Logos

하나님 말씀(音聲)의 재료는 무엇이겠는가? 규칙이 없는 쿵쾅거림의 연속은 아닐 것이다.

사람의 말(言語)과 같은 음성(voice), 특별한 신호(signal), 사람이 이해할 수 없는 굉음(轟音), 아니면 다른 무엇이라도 좋다. 독자의 생각은 어디에 머물고 있는가? "하나님이 **이르시되** 빛이 있으라." 하시니 빛이 있었고"(창1:3)로 보아 하나님께서는 분명히 말씀(音聲言語)을 하신 것으로 이해할 수 있다. 언어가 문장으로 성립되어 의미를 가지려면 문장의 형식이 있어야 한다. 하나님의 첫마디 말씀은 "빛이 있으라."(주어+서술어) 이었다.

하나님께서 우주를 창조하시기 전 상태는 매우 캄캄한 공간(chaos)이었다. 여기에 멋진 우주를 설계하셨다. 우리가 알 수 없는 신묘막측(神妙莫測)하신 방법으로 만물을 지으신 것이다.

살아있는 능력의 말씀으로 chaos(텅빈공간)를 kosmos(정연한 질서의 공간)의 공간으로 정돈하시매 우주가 생겨나게 된것이다. [카오스〉코스모스]kosmos(코스모스) 위에 각 생명을 있게 하시니, 이것이 하나님께서 지으신 우주이며, 뭇 생명 들이 살아가는 터전이다.

03 말씀이 세상 속으로

하나님께서 하신 말씀이 음성언어의 체계를 가졌다면, 인류가 사용하고 있는 수천 종류의 언어 속에 들어와 있는지 생각해 보아야 한다. 하나님께서 하셨던 그 음성언어가 사람들에게 교육되어, 현재 인류가 쓰고 있는 것일까?

구약성경의 문자는 **히브리어**가 적용되었다. 바벨탑 사건(창1:1~9) 이전까지 인류는 히브리어를 사용했다. 하나님께서는 **히브리어**로 말씀하셨을까? 그것에 교육된 인류는 자연히 히브리 언어를 사용해 오다가 바벨탑(창11:4~9) 사건 이후 사람이 사방으로 흩어지고 언어도 각기 다른 언어로 발전되어 왔다는 것일 수 있다.

❓ 궁금증 question

지금 지구상에는 약77억 여 명의 사람이 살고 있다. 언어의 개수도 헤아릴 수 없을 만큼 많다. 하나님의 말씀이 인류의 언어 가운데 포함되어 있다면 어느 나라 말일까? 하는 생각은 흥미로운 생각이 아닐 수 없다. 지구상에서 가장 많은 인구가 쓰고 있는 언어의 순서는 대략 이러하다. 중국어(13억), 스페인어(4억3천), 영어(3억4천), 아랍어(2억7천), 한국어(8천) 등이다.

이렇게 지금 인류가 쓰고 있는 voice(보이스)로 다가오셨는지는 좀 더 고찰해 보아야 할 것이다.

제2절 인류(人類)에게 선포된 하나님 말씀

사람이 사용하고 있는 언어는 공동체의 특성을 이루고, 같은 의식을 가지는 것이 일반적이다. 그에 대한 문화의 규범과 가치는 공동체가 가지고 있는 언어로 이루어진다. 하나님께서 아담과 하와에게 말씀하시고 그 후 선지자들과 사람들에게 말씀하시고 지금까지 이어지고 있다. 하나님께서 독자 이삭을 제물로 바치라고 아브라함에게 말씀하실 때(창22:1~18) 아브라함에게 하셨던 그 음성이 지금 인류가 사용하고 있는 어떤 언어에 속하여 있는지 궁금하다.

01 기도의 응답은 무엇으로 받는가?

응답받음을 인식하는 언어는 무엇인가? 하는 것이다. 한국 사람들은 당연히 한국어로 인식해서 하나님의 세미한 음성을 들었다거나, 심령 상 감동, 감화, 느낌, 이러한 것들이라고 말할 것이고, 다른 나라 사람들은 역시 자국어로 듣고 이해하고 받아들일 것이다. 이러한 것들을 두고 잘 못 되었다고 말할 수는 없다. 하나님께서는 전능하시므로 우리의 언어를 다 들으시고 충분히 이해하시고 각인들 마음속에 응답으로 속삭여 주실 것이므로 그러하다.

우리는 하나님의 표현 방식을 사람이 말하는 음성언어로 생각하여, 하나님의 입술로 소리를 내는 것처럼 생각하고 그 목소리를 들으려고 해서는 곤란할 수 있다.

02 사람의 음성을 초월한 말씀(音聲)

하나님의 음성은 사람의 말처럼 문장 형식을 갖춘 음성언어의 한계 속에 갇히지 않음을 인식해야 한다. 하나님과 사람의 입장은 많이 다르다. 사람은 하나님께서 사람들과만 관계성을 가지기를 원하고 있다. 그러나 하나님 편에서 보면, 만물도 하나님의 피조물이다. 『하나님의 말씀이 물 위에 있고 영광의 하나님이 우렛소리를 내시니 여호와는 많은 물 위에 계시도다』(시29:3) 동물들의 소리와 식물들의 움직임과도 대화하시는 전지전능하신 하나님이심을 알아야 한다. 자연물들을 통하여 영광을 받으신다.

03 하나님의 말씀은 위력(威力)이 있다

하나님 말씀은 사람과 자연에게, 성능과 활용도 면에서 각기 다르게 적용하신다.

『여호와의 소리가 백향목을 꺾으심이여 여호와께서 레바논 백향목을 꺾어 부수시도다』(시29:5) 고대 근동 사람들은 자연을 신으로 섬기는 경우가 많았다. 이것은 사람과 자연에게 소리가(音聲) 전달되면서 나타난 현상이다. 하나님께서는 "백성들아, 우상을 섬기지 말고 내게로 돌아오라" 이렇게 조용히 말씀하신 것이 아니라, 말씀 속에 힘을 실어 말씀하심으로 크나큰 백향목이 꺾이고 부서져 나가는 역사가 나타난다. 하나님의 언어는 우리가 가지고 있는 상식선에서만 생각해서는 안 된다.

04 마음으로 듣는 말씀

사무엘上 3장을 보면 하나님께서 사무엘을 부르시는 장면이 나온다. 엘리 제사장은 자신의 처소에 누웠고 사무엘은 하나님의 전 안에 누워서 잠을 자는 중, 하나님께서 사무엘을 부르신다. 하나님의 음성을 들은 사무엘은 엘리 제사장이 부르는 줄 알고 그에게 세 차례나 갔다. 두 가지를 생각하게 하는 부분이다.

평소에 엘리 제사장이 부르는 것처럼 완전한 사람의 목소리로 들리었다고 예측할 수 있다. 그것도 세 번씩이나 그러했다.

두 번째는 사무엘이 하나님의 부르심을 심령으로 들었다는 생각이다. 잠자는 중(非夢似夢) 이었고 아직 하나님의 부르심을 체험한 적이 없는 어린 사무엘이었기에 더욱 그러했을 것이다. 그러므로 심령상의 소리를 엘리 제사장이 부르는 것으로 착각할 수 있다.

3장16절에 엘리 제사장이 사무엘에게 묻기를 "하나님께서 너에게 무어라고 말씀하시더냐?" 묻는다. 멀지 않은 공간에 있었지만, 하나님의 말씀을 전혀 듣지 못했음을 증거 하는 부분이다.

『좋은 땅에 있다는 것은 착하고 좋은 마음으로 말씀을 듣고 지키어 인내로 결실하는 자니라.』(눅8:15) 예수님께서는 누가복음 8장에서 하나님 나라를 선포하실 때 비유적으로 말씀하셨다. 그리고 "하나님의 말씀은 귀로 듣는 것이 아니라 마음으로 듣는다."고 말씀 하셨다.

05 음성을 직접 들을 수 있는가?

세계적인 예언 사역자 **신디 제이콥스**(Cindy Jacobs), 【마지막 신호】의 저자 **데이비드 차**(David tea), 와 복음송 작사자로 잘 알려진 **송명희** 시인, 높은 뜻 푸른교회 **문희곤** 목사 같은 분들 외에도 많은 사람들은 하나님의 음성을 직접 듣는다고 말한다.

심지어 송명희씨 같은 경우는 하나님의 음성 듣기가 귀찮고 시달리기까지 한다고 말한다. 하나님께서는 음성을 들려주시면서 사람을 귀찮게 하시고 괴롭히시는 분일까, 하는 것은 좀 더 생각해 볼 일이다.

하나님의 음성을 귀로 들었다고 말하는 사람들이 왜 생기는 것일까? 여러 가지 의견들이 있겠으나, 본인들의 독창성을 드높이기 위해서가 아닐까 하는 생각을 할 수 있다. 나는 "하나님으로부터 직접 말씀을 듣는다."는 소위 **직통 계시**를 주장하므로 채워지는 득(得)이 있지 않겠는가 하는 것이다.

웨스트민스터(Westminster) 신앙고백서 제1장 10절에 보면 "**우리가 의지할 만한 판결을 내시는 최고의 재판장은 오직 성령이시다.**"라고 돼 있다. 그런데 직통 계시는 성령의 말씀이 아니라 자신들의 귀를 통하여 직접 들었다고 하는 사람들의 주장이다. 이것은 단지 주관적 체험이다. 왜냐하면, 그들이 들었다는 음성이 성삼위 하나님의 음성이라는 객관적 증거를 내놓을 수 없기 때문이다.

제3절 하나님의 음성(音聲)과 계시(啓示)

『오직 이것을 기록함은 너희로 예수께서 하나님의 아들 그리스도이심을 믿게 하려 함이요, 또 너희로 믿고 그 이름을 힘입어 생명을 얻게 하려 함이니라』(요20:31)

하나님 음성을 듣지도 못하는 우리가 어떻게 하나님과 가까워지며 말씀을 이해하고 하나님을 영화롭게 할 것인가, 하는 것이 문제로 남는다. 그러나 하나님 말씀을 듣는다는 것은 귀로 듣는 것뿐 아니라 심령으로 듣는 음성이 더욱 은혜가 될 수도 있다. 사람이 하나님을 알아 간다는 것은 지식이나 연구로 얻어지는 것이 아니다. 하나님이 우리에게 일러 주시지, 않으시면 도무지 불가능한 일이다. 하나님은 창조주이시고 사람은 피조물이기 때문이다.

하나님께서는 하나님의 비밀을 사람들에게 일러주셨다. 즉 하나님의 것을 우리가 필요한 만큼만 공개해 주신다. 하나님의 말씀을 인간의 언어로 번역해서 계시하심을 인식해야 한다.

01 계시

계시의 사전적 의미는 "사람의 지혜로써 알 수 없는 진리를 신(神)이 가르쳐 알게 함"이라고 말한다. 즉 비밀스러운 것을 벗겨서 드러내 보이는 것, 하나님께서 자신에 관한 내용을 알려주시는 것이다. "이는 사람으로 혹 하나님을 더듬어 찾아 발견하게 하려 하심, 이로데 그는 우리 각 사람에게서 멀리 계시지 아니하도다."(행17:27) 이것이 하나님께서 우리에게 주시는 말씀이다. 하나님께서는 말씀을 통하여 하나님을 아는 지식을 분명하고도 자세하게 계시하셨다.

계시는 오직 하나님 한 분만이 가능한 사역이다. 이것은 하나님의 역사 속에서 구체적이고도 체계적으로 이루어져 간다. 계시의 가장 핵심은 예수그리스도이다. 구약에서의 오실 예수님에 관한 계시와 신약에서의 오신 예수님과 부활, 승천 후 심판자로 다시 오실 예수님으로 최적화할 수 있다. 이러한 일련의 약속이 성경에 있으므로 성경은 가장 특별한 하나님 계시이다.

02 특별 계시

이것을 다른 표현으로는 초자연 계시라고도 한다. 이러한 초자연적 계시가 바로 예수그리스도이시다. "태초에 말씀이 계시니라, 그 말씀이 하나님과 함께 계셨으니 이 말씀은 곧 하나님이시니라."(요1:1) 예수님은 태초부터 하나님과 함께 계셨고 그러므로 하나님을 알 수 있으셨고, 주님 안에 계시는 하나님을 우리에게 전 할 수 있으셨다. 삼위일체 중, 성자이신 예수님께서 자신의 인격과 말씀을 통해 하나님을 우리에게 알려 주셨다. 예수님은 말씀과, 사역, 삶과 죽음, 부활과 승천, 인격을 통해서 하나님 아버지를 계시하셨다. 예수그리스도는 가장 분명하고 정확하게 하나님을 알려주시는 특별계시이시다.

03 일반 계시

자연계시라고 하는 일반 계시는, 인간의 구조와 자연현상을 통하여 전달되는 하나님의 뜻을 말한다. "창세로부터 보이지 아니하는 것들 곧 그의 영원하신 능력과 신성이 그가 만드신 만물에 분명히 보여 알려졌나니 그러므로 그들이 핑계하지 못할지니라."(롬1:20) 하나님께서 우리를 지으실 때 하나님의 형상으로 만드셨기 때문에 사람은 세상의 만물을 보고 하나님의 계시하심을 발견할 수 있다.

성경이 아니더라도 만물과 세상이 돌아가는 것을 보고 하나님의 생존하심을 누구나 알 수 있다. 하나님께서 창조질서를 유지하고 계시므로 성경을 들지 않더라도 느낄 수 있는 것이, 일반 계시이다.

제4절 하나님 말씀은 부족함이 없다

"여호와의 율법은 완전하여 영혼을 소성시키며 여호와의 증거는 확실하여 우둔한 자를 지혜롭게 하며 여호와의 교훈은 정직하여 마음을 기쁘게 하고 여호와의 계명은 순결하여 눈을 밝게 하시도 다, 여호와를 경외하는 도는 정결하여 영원까지 이르고 여호와의 법도 진실하여 다 의로우시니"(시19:7~8) 라고 하나님께서는 시편 기자를 통하여 말씀하고 계신다.

"모든 성경은 하나님의 영감으로 된 것으로, 교훈과 책망과 바르게 함과 의로 교육하기에 유 익함이니"(딤후3:16) 성경은 하나님의 영감으로 기록되었다. 그러므로 오류가 없을 수밖에 없다.

01 하나님 말씀에 오류 없음의 근거

성경은 언제나 진실만을 말하며 거짓이 없다는 말이다. 성경 전체는 흠이 없을 뿐만 아니라, 성경 안에 담겨있는 내용 또한 오류가 없다. 왜냐하면, 성경의 원저자는 하나님이시기 때문이다. 그뿐만 아니라, 성경에 기록된 하나님의 계시에는 오류가 있을 수 없다.

"주 여호와여 오직 주는 하나님이시며 주의 말씀들이 참 되시니이다, 주께서 이 좋은 것을 주의 종에게 말씀하셨사오니"(삼하7:28)

성경을 쓴 저자들이 하나님의 말씀을 기록하는 동안 성령의 인도를 받아 오류가 발생 되지 않도록 일일이 간섭하셨음을 알아야 한다.

02 무엇에 관한 오류(誤謬)가 없는가

아름답고 영롱히 빛나는 보석에도 현미경으로 자세히 관찰해보면 흠결이 있기 마련이다. 그래서 생겨난 말이 "옥에도 티가 있다"라는 말이다.

이 땅을 살아가는 모든 사람도 모두가 흠이 있고, 결점투성이가 들이다. 이러한 흠결이 많은 사람을 흠 없이 할 수 있는 것은 당연히 흠이 없는 무엇인가가 존재해야 한다. 하나님의 말씀인 성경은 사람을 잘못 인도하거나 잘못 가르치는 결점을 지니고 있지 않음으로. 흠결 없는 완벽한 인생의 나침반이 되는 것이다.
"하나님은 사람이 아니시니 거짓말을 하지 않으시고 인생이 아니시니 후회가 없으시도다, 어찌 그 말씀 하신 바를 행하지 않으시며 하신 말씀을 실행하지 않으시랴"(민23:19)

성경은 하나님의 말씀을 옮겨 적은 경전이므로 잘못되거나 오류가 없다. 이것에 관련된 학자들의 두 가지의 견해가 있다. 일명 '축자영감설'이 그 첫 번째이다. '성경에 기록된 모든 한 글자, 한 글자가 역사적, 과학적 사실을 실수 없이 포함하고 있다.' 는 것과. '과학적 엄밀함이나 역사적 정확성을 모두 충족시킬 필요는 없지만, 문맥상 의미가 유기적으로는 구원의 진리를 그릇됨이 없이 나타낸다.' 는 '의역(意譯)적 표현' 방법으로 나타낸다는 것 두 가지이다.

하나님의 말씀은 두루뭉수리가 되어서는 안 된다. 분명하고도 끊고, 맺음이 있음을 알아야 한다. 하나님의 한 말씀 한 말씀, 그리고 성령의 감동으로 한 글자, 한 글자 받아 적었을 저자들을 생각하면 우리는 '축자영감설'을 외면할 수 없다.

초대교회의 위대한 신학자 '아우구스티누스'(Aurelius Augustinus)나, 프랑스 출신의 종교개혁가 이자, 장로교의 창시자 '존 칼빈'(John Calvin)은 축자영감을 주장했다.

제5절 하나님 말씀은 변함이 없다

"하나님은 사람이 아니시니, 거짓말을 하지 않으시고 인생이 아니시니, 후회가 없으시도다, 어찌 그 말씀 하신 바를 행하지 않으시며 하신 말씀을 실행하지, 않으시랴"(민23:19)

변개(變改)란 슬퍼하거나 후회하다, 또는 동정하거나 자신이 한 일을 뉘우치고 돌이키는 것을 말한다. 하나님은 이러한 일을 저질러 놓고 망연해하는 인간과는 확실히 다른 분이시다.

01 변하지 않는 말씀

하나님은 자존 하시는 분이시다.(출3:14) 하나님께서는 시간과 공간에 영향을 받지 않으신다. 그러므로 점점 나아진다거나 못해진다거나 또는 변하시거나, 또는 어디에 소속될 수 없는 분임을 알아야 한다. 권능과 지혜가 더 하시거나 덜 하실 수가 없는 것이다.

항상 거룩하심으로 옷 입으시고 변함없이 영원토록 함께 하시는 지존자 이심을 알아야 한다.

그리고 하나님의 존재와 본성(本性)은 한이 없으시므로 변화에 종속되지 않으신다. 천지는 없어질지언정 내 말은 없어지지 아니하리라. (마24:35) 모든 좋은 은사와 온전한 선물이 다 위로부터 빛들의 아버지께로부터 내려오나니, 그는 변함도 없으시고 회전하는 그림자도 없으시니라(약1:17)

02 변화로 하시는 일

하나님께서는 변함이 없으신 분이시다. 그렇다고 변화도 없으시고,

아무런 일도 하시지 않는, 그리고 부동의 자세로 계시는 것처럼 생각해서는 안 된다. 하나님께서는 무척 활동적이시다.

우리의 한계 보다가 항상 위에 계시고 우리가 무엇을 생각하고 있던지 언제나 그 이상을 넘으시고 항상 앞서가시고 새롭고 여유로운 일을 펼치시는 은혜의 하나님이심을 알아야 한다.

"그것들이 아침마다 새로우니 주의 신실하심이 크시나이다."(애 3:23) 하나님께서 우리를 구원하실 때 우리를 새로운 피조물로 지으셨다. 뒤엉켜 있는 지난 것은 모두 잊어버리시고 날마다 우리를 새롭게 변화시키시므로 변화의 역사를 펼치고 계심을 알아야 한다. 우리에게 새로운 영을 주셔서 새 생명으로 탄생시키시고 새로운 vision과 소망을 주신다.

03 존재의 불변

피조물의 근본은 탄생-성장-사멸, 이라는 공통성을 지닌다. 그리고 생로병사(生老病死)가 존재한다. 그렇지만 하나님께서는 영존하시며, 불변의 존재이시다. 그러한 까닭에, 결단코 변하지 않으신다.(민 23:19, 삼상15:29, 말3:6) 하나님께서는 천지가 창조되기 전부터 계셨고 모든 것이 없어진다. 하더라도 여상히 존재하시는 분이시다. "천지는 없어지려니와 주는 영존하시겠고…주는 여상(如常)하시고 주의 연대는 무궁 하리이다"(시102:25-27) 이러한 하나님의 불변성을 비활동의 존재로(immobility) 착각해서는 안 된다.

하나님의 불변성(不變性, immutability)은 영원히 자존 하시는 하나님께서 그의 존재와 속성, 그리고 목적과 언약에 있어서 전혀 변하시지 않고 변하실

리도 없다는 것을 말한다.

"주께서 옛적에 땅의 기초를 놓으셨사오며 하늘들은 주의 손이 이루신 작품 이니이다.

그것들은 사라지려니와 오직 주는 지속하시겠고 참으로 그것들은 다 옷같이 낡아지리니 주께서 의복같이 그것들을 바꾸시면 그것들이 바뀌려니와 주는 동일하시고 주의 햇수는 끝이 없으리이다."(시 102: 25~27) 하나님께서 창조주이시며, 영원토록 동일하신 분이시다. 그분의 존재, 완전성, 목적, 약속 등에서 영원히 변함이 없는 분이시다. 그러므로 하나님의 말씀은 영원토록 변함이 없는 것이다. 불변하신 하나님을 찬양한다.

제6절 하나님 말씀은 진실(眞實)하시다

하나님께서는 사람들에게 직접 말씀하지 않으시고 계시를 통해서 말씀을 전해 주셨다. 그 현실을 생각하기에 따라서 장단점이 있을 수 있다. 하나님의 입술로 말씀이 전달되지 않고, 문자적 기록에 의해서 전승되다가 보니 사람들은 의구심을 가지게 되었다. 그러나 역사적 근거가 하나님의 말씀은 진실하고, 거짓이 없다는 것을 입증하고 있다.

"주 만군의 하나님, 누가 주님 같은 용사이겠습니까? 오, 주님! 주님의 신실하심이 주님을 둘러싸고 있습니다."(새번역/시89:8)

01 고고학적(考古學的) 증명

대다수사람들은 성경을 전설이나 신화 정도로 여기고 이해하려 하고 있다. 그러나 하나님의 말씀을 사람들의 힘으로 막을 수 없는 사건

이 말씀의 진실함을 입증해주고 있다. 창세기가 기록되기 200년 전에 이미 창세기와 거의 유사한 내용이 함무라비조(朝)(BC1728~1876)에 기록된 것이 1848년과 1876년 사이에 니느웨에 있는 앗수르의 왕 바니팔(BC669~627)의 서고에서 발견되어서 한낱 전설로만 여겨지던 창세기를 비롯한 여러 하나님의 말씀이 사실로 입증되었다.

02 모세오경의 진실

지금으로부터 2300여 년 전에 무슨 법이 있었겠느냐? 라고 생각하는 학자들이 많았다. 그러나 1900년대 초에 함무라비법전이 발굴되면서 논쟁의 불씨는 시들어졌다. 함무라비법전은 하나님의 영감으로 저술한 창세기 보다가도 200여 년이나 앞선 것이다. 모세의 표현보다가 섬세한 부분이 있고, 편집도 잘 된 편이다. 내용 면에서도 모세가 저술한 율법서 보다가 뒤지지 않는다.

여기에 나온 법의 내용이 모세가 표현한 법과 비슷한 부분이 많다. 함무라비법전 말고도 기원전 19세기 것으로 추측되는 Lipit-Ishtar 법전(수메르도시국가의 법조문인데 구약성경의 내용과 일치하는 부문이 소름 돋을 만큼 많음) 또 기원전 209세기 것으로 추정되는 Eshnunna 법전(아모리 사람들의 도시국가, 이 법전에도 모세의 율법과 유사한 내용이 많음), Mardikh법전(기원전23세기경, 천지창조, 노아홍수, 법조문등) 등이 발굴됨으로 기원전 15세기에 모세가 쓴 법조문은 조작이 아님이 입증되었다.

03 모든 성경의 진실성

창세기에는 에덴동산의 위치가 나온다. **유프라데** 강과 **티그리스강**

주변임을 유추할 수 있다. 이 강들의 아래에 문화의 지난 자취를 발견하고 이곳을 세계 삼대 문화의 발상지로 지정할 수밖에 없었다. 에덴동산을 비롯한 곳에서 사람이 살고 문화가 발전하여 역사를 이루게 된 것이다.

창세기 4장 22절에는 라멕의 아들 **두발가인**이 **청동**과 쇠로 물건을 만드는 최초의 금속 세공인이 되었음을 말한다. 그러나 고고학자들은 기원전 3,000년부터 철제 무기와 도구들이 등장했음을 발견했고, 텔 아스마르에서는 기원전 2,700년경의 철제 단검 손잡이를 찾아냈다.

창세기 19장에 보면 **소돔과 고모라**의 멸망에 대하여 나온다. 이것 역시 역사적 사실 이었다는 증거가 확실히 남아있다. 헬라의 지리학자였던 **스트라보**(Strabo. 63BC-AD19)는 그가 쓴 지리책(XVI. 2, 42-44)에 다음과 같이 써 놓았다. 소돔의 중심지였던 그 지방에 한때 사람이 살았던 10여개의 도시들이 존재했다는 것과 또 그곳으로부터 60 스타디아(1Stadium = 200m) 밖에는 재앙을 모면한 증거를 본다.

하나님의 모든 말씀은 전적으로 참되고 믿을 만하다는 사실을 대변하는 말로서 모든 거짓이나 오류로부터 자유롭고 안전하다는 특성을 나타낸다. 하나님의 말씀은 흠과 잘못됨이 없다고 진실하기만 하다고 말할 수 있음은 하나님께서 진실하시기 때문이다.

"오직 하나님은 참 하나님이시오, 살아계신 하나님이시라"(사65:16)
"하나님의 증언을 받는 자는 하나님이 참되시다는 것을 인(印) 쳤느니라" (요3:33)

제7절 하나님의 말씀에는 영적 권능이 있다

하나님께서는 흙으로 사람을 만드시고 그 코에 생기(生靈)을 불어넣으셨다. 사람은 하나님의 형상대로 피조 되었으므로, 사람은 하나님의 성분 중의 하나인 영(靈)으로 행동하고 인식한다. 영은 영의 말씀을 먹어야만 진정한 삶을 영위할 수 있다. 그러므로 하나님의 생명의 양식인 영의 말씀인 성경을 날마다 공급받으며 살아야 한다.

"하나님의 말씀은 살았고 운동력이 있어 좌우에 날 선 어떤 검보다도 예리하여 혼과 영과 및 관절과 골수를 찔러 쪼개기까지 하며 또 마음의 생각과 뜻을 감찰하시나니 지으신 것이 하나라도 그 앞에 나타나지 않음이 없고 오직 만물이 우리를 상관하시는 자의 눈앞에 벌거벗은것 같이 드러나느니라"(히4:12~13)

01 살아있는 성령의 말씀

하나님 말씀은 성령으로 하나님의 백성들에게 전달된다. 하나님은 유일하시나 위는 셋이요, 곧 하나님 한 분이시다. 예수님은 말씀으로 이 땅에 오셨다. 말씀과 성령의 관계는 불가분의 관계이다. 예수님은 말씀이시다. (요1:1) "말씀이 육신이 되신 분이 예수 그리스도이다"(요1:14). 예수님은 하나님의 말씀이다. 성경에서 예수님이 하나님의 말씀이란 표현이 66번이나 나온다.

이는 성경이 주 하나님의 말씀이란 뜻이다. 예수 그리스도와 성경의 관계는 말씀과 말씀의 관계이다. 이 둘은 분리할 수 없다. 그렇다면 말씀과 성령의 관계는 어떠한지 생각해 보자.

02 성경의 저자는 성령(聖靈)

하나님께서 우리 인간들에게 직접 내리신 말씀은 십계명의 두 돌판이다. 이것을 제외하고는 하나님께서 직접 쓰신 것이 없다. 그런데도 성경을 하나님의 말씀이라고 일컫는 것은 성경을 하나님의 말씀이라고 믿는 사람들에게서부터 비롯된다. 믿음이 성경을 완성 시킨 것이다. 물론 믿는 자가 하나도 없다고 하더라도 말씀은 영존하고 불변의 진리임은 변함이 없다. 이것은 엄연히 하나님께서 하신 말씀이요, 하나님이 주신 말씀이기 때문이다. 우리는 모세오경을 두고 저자를 모세라고 하지 않는다. 성경의 저자는 성경에 분명히 기록되어 있다. [모든 성경 기록은 하나님의 영감으로 주신 것으로](딤후3:16). 성경 기록관들은 선지자, 사도 모두가 하나님으로부터 영감을 부여받아 성령의 인도하심으로 썼으므로 성경의 판권은 하나님께 있다.

03 성령은 말씀의 생명, 씨앗

육체의 생명은 피에 있다. [육체의 생명은 피에 있음이라 내가 이 피를 너희에게 주어 제단에 뿌려 너희의 생명을 위하여 속죄하게 하였으나 생명이 피에 있으므로 피가 죄를 속하느니라](레17:11). 영의 생명은 말씀에 있다. 이 말씀은 성령께서 친히 숨을 불어 넣으신 말씀이요, 생명을 부여하신 말씀이다. 하나님의 말씀은 영적 생명의 씨앗이다. [너희가 다시 태어난 것은 썩을 씨에서 난 것이 아니요, 썩지 아니할 씨에서 난 것이니 살아 있고 영원히 거하는 하나님의 말씀으로 된 것이니라](벧전1:23). 하나님의 말씀은 다시 태어남의 씨앗이다. 성령께서 친히 주신 하나님의 말씀 없이 거듭남은 없다. 거듭남의 역사는 성령의 역사이다. 영적 생명, 새 생명의 탄생은 성령으로부터 나는 것이다. 그러므로 하나님의 말씀은 영이 살아 숨 쉬는 성령의 말씀이다.

마음을 가다듬고
"하나님의 말씀은 살았고 운동력이 있어 좌우에 날 선 어떤 검보다 예리하여 혼과 영과 관절과 골수를 찔러 쪼개기까지 하며 또 마음의 생각과 뜻을 감찰하나니"(히4:12)
- The word of God is alive and energetic, sharper than any swords that fly to the left and right, stabbing the soul, spirit, joints, and bone marrow, and judging the thoughts and will of the heart (Hebrews4:12)

♠ **하나님의 말씀은 두려움으로 대해야 한다**

말씀이 살아있다는 것은 역사를 초월하고, 위대한 능력을 지니고 있다.

하나님께서 입으로 직접 하신 말씀을 하나하나 새겨 보면서 실로 놀라운 하나님 말씀의 세계로 여행을 떠나보기 바란다. 성경 속에서 하나님의 **말씀만을 옮겼다.** 사람의 말이 가미되지 않은 순수한 하나님 말씀만 기록했다.

낱권별 구분을 두고 각 낱권 **성경의 주제와 핵심을 제시**하였으며, 각 **장별의 주제도 알기 쉽게** 한 줄로 간략하게 정리했다.

하나님께서 직접 말씀 하시지 않으신 부분도 있다. 어려운 **낱말이나 해석이 필요한 단어, 문맥, 절기 등도 이해하기 쉽도록 풀이 하였다.** 이러한 특징을 염두에 두고 읽어 내려간다면 성경에서 하시는 하나님의 말씀을 충분히 이해하고 성경 전체를 읽는 것과는 색다른 체험을 할 수 있을 것이다.

제2장 | 성경에서의 하나님 음성(音聲)

모세오경(Mose五經)에서의 하나님의 말씀

제1절·창세기 / Genesis　　　　　1~50

창세기(創世記)는 하나님의 천지창조와 기원을 보여주는 동시에, 인류에게 들어온 무서운 죄의 근원을 밝히고 있다. 그로 말미암아 인간사가 풍전등화(風前燈火)의 위기에 있음에 하나님의 사랑의 팔로 구원의 길을 열어주신 놀랍고도 오묘한 구원의 섭리를 보여주신다. 좀 더 자세히 살펴보면 아담과 하와가 에덴동산에서의 추방당하고, 노아가 순종의 자세로 방주를 만들고, 하나님의 진노하심으로 홍수로 심판을 하시고, 인간의 도전인 바벨탑 사건과, Israel민족의 탄생 경위를 담고 있다, 창세기의 저자는 학자들의 다양한 견해가 있으나 모세 저작설이 지배적이다. 그래서 모세오경의 첫 권으로 꼽히고 있다.

▣ 하나님께서는 창세기를 통하여 이렇게 말씀하셨다.

　창세기를 통하여 하나님 말씀의 정체성을 생각해 보자. 하나님께서 사람들에게 친히 말씀하실 때 그 현장의 모습을 생각해 본 적이 있는가? 성량과 어투가 어떠했을지 생각해 보았는가?
　창1:26까지는 아직 사람이 피조 되기 전이었으므로 사람이 알아듣거나 이해할 수 있는 말이 아니더라도 별문제는 없다고 하자, 그래도 궁금증은 남는다. 이 말씀은 사람이 이해할 수 있는 말이었는지 사람이 알아들을 수 있는 언어가 필요 했는지, 혹은 말씀이 필요 없는 삼위 하나님의 대화나 방백(傍白) 이었는지, 사람뿐 아니라 우주, 자연의 모든 것들이 이해될 만한 아주 특별한 메시지(message)이었을는지 설렘으로 시작해 보자.

제1장 하나님께서 천지창조와 만물을 형성을 조성하시고, 하나님의 형상대로 사람을 지으셨다. 無에서 有가 되는 절체절명의 순간의 음성을 들어보자.

* 하나님 능력의 말씀으로 천지와 만물을 지으셨다. (1~25)

3   빛이 있으라 "Let there be light"

6   물 가운데 궁창이 있어 물과 물로 나뉘라

궁창穹蒼

　물과 물을 나눔으로써 생성된 지구를 둘러싸고 있는 넓은 하늘로 대공, 창공, 창궁, 창천 등 여러 가지로도 표현된다.

　히브리적인 우주관에 의하면, 세상은 하늘과 땅과 바다의 3요소로 이루어져 있고 궁창은 하늘과 동일시된다.

9   천하에 물이 한곳으로 모이고 뭍이 드러나라

11 땅은 풀과 씨 맺는 채소와 각기 종류대로 씨 가진 열매 맺는 나무를 내라

14 하늘의 궁창과 광명체 들이 있어 낮과 밤을 나뉘게 하고 그것들

로 징조와 계절과 날과 해를 이루게 하라
15 광명체 들이 하늘의 궁창에 있어 땅을 비추라
20 물들은 생물을 번성하게 하라, 땅 위 하늘의 궁창에는 새가 날으라
22 생육하고 번성하여 여러 바닷물에 충만하라 새들도 땅에 번성하라
24 땅은 생물을 그 종류대로 내되 가축과 기는 것과 땅의 짐승들을 종류대로 내라

* 사람을 지으시고 말씀으로 명령하셔서 만물을 지으심 (26~31)

26 우리의 형상을 따라 우리의 모양대로 우리가 사람을 만들고 그들로 바다의 물고기와 하늘의 새와 가축과 온 땅에 기는 모든 것을 다스리게 하자
28 생육하고 번성하여 땅에 충만하라, 땅을 정복하라, 바다의 물고기와 하늘의 새와 땅에 움직이는 모든 생물을 다스리라
29 내가 온 지면의 씨 맺는 모든 채소와 씨 가진 열매 맺는 모든 나무를 너희에게 주노니 너희의 먹을거리가 되리라
30 땅의 모든 짐승과 하늘의 모든 새와 생명이 있어 땅에 기는 모든 것에게는 내가 모든 푸른 풀을 먹을거리로 주노라

　　28절은 천지창조 이후 하나님께서 처음으로 사람에게 하신 첫마디의 말씀이다. 얼마나 멋진 말씀인가? "Be fruitful and multiply, fill the earth, and conquer the earth!" "생육하고 번성하여 땅에 충만하라, 땅을 정복하라"
　　이렇게 외치신 하나님의 그 말씀이 현재 인류가 사용하고 있는 수천 개의 언어 중에 속한 언어였을까? 혹여 하나님만의 특별한 언어가 있을지, 그것도 아니면 청자가 성령의 감동으로 이해가 된 것인지는 독자의 상상에 맡긴다.
　　사람의 말은 신비성을 지니고 있다. 이토록 다양한 표현으로 서로 간의 의사를 소통할 수 있다는 것은 하나님의 은혜이다. 사람이 처음 사용했던 언어

를 성경을 통해서 추론해 보자.

　창세기 1장 28절에서 하나님께서 아담에게 직접 말씀하셨고 3장 1절에서 5절 사이에 사탄과 하와와의 대화가 이어진다. 이것을 미루어, 하나님과 사탄과 사람들 사이에 이해할 수 있는 매개체가 존재했음은 분명하다. (온 땅의 언어가 하나요, 말이 하나였더라. 창11:1)

　인류는 아담의 계보를 지금까지 이어 내려오고 있다. 지금 인류가 사용하고 있는 언어의 수는 음성과 문자언어를 함께 가진 언어가 약 3,500여개, 음성만 가진 언어는 약 6,000여개 이상이라는 통계가 있다. 그렇다면 이렇게 많이 나누어지기까지는 중도에 무슨 일이 있었을까. 성경 속에 답이 있다. 아담 이후 1700년까지는 아무런 문제 없이 잘 지내왔다. 그러나 기원전 20세기경 구스의 아들, 곧 노아의 4대손 니므롯 왕 시대에 와서 하나님의 명령과는 반대로, 불순종의 반역자들이 한자리에 모여 '시나이' 평지에서 벽돌로 탑을 건설하여 하늘에 닿게 하여 이름을 내고 흩어짐을 면하게 하려고 쌓은 탑을 쌓은 무리들이 있었다. 바로 바벨탑이다.(창11:3~4)

　하나님께 영광을 드리기 위해서가 아니라 "자신들의 이름을 떨치기" 위해서였다. 하나님께서는 그 불순종의 무리들이 사용하던 처음 언어를 흩으셨다. (창11;5~8)

　그 이후 사람들은 온 지면에 흩어져 살게 되고 통신의 부재로 각 족속들이 각자 독립된 언어를 만들게 된 것이다.

제2장 하나님께서는 아담과 하와를 지으시고 낙원(에덴동산)에 살게 하셨다.
* 하나님께서는 일곱째 날에는 안식하셨다. (1~3)
* 하나님께서 지으신 에덴동산의 풍경을 상상해 보라. (4~25)
16 동산 각종 나무의 열매는 네가 임의로 먹되

17 선악을 알게 하는 나무의 열매는 먹지 말라 네가 먹는 날에는 반드시 죽으리라

18 사람이 혼자 사는 것이 좋지 아니하니 내가 그를 위하여 돕는 배필을 지으리라

제3장 그러나 하와가 사탄으로부터 유혹을 받아, 아담과 함께 금단의 열매를 먹어버렸다.

하나님께서는 순종하지 않은 것에 대한 죄를 물으셨다.

* 하나님께서는 사람의 불순종에 대하여 심판을 선언하셨다. (1~10)

3 너희는 먹지도 말고 만지지도 말라 너희가 죽을까 하노라

9 네가 어디있느냐

* 아! 피조물은 타락하고, 하나님께서는 징벌을 내리셨다. (12~21)

11 누가 너의 벗음을 네게 알렸느냐 내가 네게 먹지 말라 명한 그 나무 열매를 네가 먹었느냐

13 네가 어찌하여 이렇게 하였느냐

14 네가 이렇게 하였으니 네가 모든 가축과 들의 모든 짐승보다 더욱 저주를 받아 배로 다니고 살아있는 동안 흙을 먹을지니라

15 내가 너로 여자와 원수가 되게 하고 네 후손도 여자의 후손과 원수가 되게 하리니 여자의 후손은 네 머리를 상하게 할 것이며 너는 그의 발꿈치를 상하게 할 것이니라

16 내가 네게 임신하는 고통을 크게 더하리니 네가 수고하고 자식을 낳을 것이며 너는 남편을 원하고 남편은 너를 다스릴 것이니라

17 네가 네 아내의 말을 듣고 내가 네게 먹지 말라 한 나무의 열매를 먹은즉 땅은 너로 말미암아 저주를 받고 너는 네 평생에 수고하여야 그 소산을 먹으리라

18 땅이 네게 가시덤불과 엉겅퀴를 낼 것이라 네가 먹을 것은 밭의 채소인즉

19 네가 흙으로 돌아갈 때 까지 얼굴에 땀을 흘려야 먹을 것을 먹으리니 네가 그것에서 취함을 입었음이라 너는 흙이니 흙으로 돌아갈 것이니라

22 보라 이 사람이 선악을 아는 일에 우리 중 하나 같이 되었으니 그가 그의 손을 들어 생명나무 열매도 따 먹고 영생할까, 하노라

* <u>말씀을 어긴 대가로 아담과 하와는 추방당하고 만다. (22~24)</u>

여기까지는 아직 언어사회가 구축되지 않은 아담과 하와만 생활하는 단독 공간에서 아담과 하와, 그리고 뱀(사탄)에게 하신 말씀이다. 전달 매개체(媒介體)는 무엇이었을까? 사회구성원들 사이에서 오랜 기간이 지나면서 자연스럽게 만들어지는, 사람의 언어(language)는 아니었을 것이다. 그렇다면 하나님께서 히브리어를 직접 만드셔서 사용하셨을까? 조음기관을 통하여 나타나는 물리적 소리이었겠는가? 아니다, 하나님께서는 조음기관을 통해서 소리를 내시는 분이 아니다.

그러면 그 음성을 사람이 귀로 들을 수 있는 음성언어이었겠는가? 그것이 아니라면 뇌파를 통한 묵시적 전달이었겠는가? 아담에게 하신 message의 정체성은 무엇이겠는가? 아무쪼록 그 말씀을 들은 아담과 하와는 그곳 에덴동산을 떠나고 사탄도 말씀에 순응할 수밖에 없었음을 성경은 증명하고 있다. 오늘날 하나님과 나와의 언어 소통을 생각해 보자.

제4장 하나님께서 아벨을 죽인 가인이 추방당하고, 라멕은 하나님의 징벌을 멸시했다. 저주받은 인류가 시작된 것이다.

하나님과 가인의 대화 장면이다. 비록 가인의 대답은 기록되지 않았으나, 우리가 알고 있는 말씀을 토대로 가인 대신 독자가

대답하며 읽어나가면 훨씬 입체감이 있을 것이다.
* 가인이 아벨을 죽인 후 하나님께서 현현(顯顯)하셨다. (1~15)
6 네가 분함은 어찌 됨이며 안색이 변함은 어찌 됨이냐
7 네가 선을 향하면 어찌 낯을 들지 못하겠느냐 선을 행하지 않으면 죄가 문에 엎드려 있느니라, 죄가 너를 원하나 너는 죄를 다스릴지니라
9 네 아우 아벨이 어디있느냐
10 네가 무엇을 하였느냐? 네 아우의 핏 소리가 땅에서부터 내게 호소하느니라
11 땅이 그 입을 벌려 네 손에서부터 네 아우의 피를 받은즉 네가 땅에서 저주를 받으리니
12 네가 밭을 갈아도 땅이 다시는 그 효력을 네게 주지 아니할 것이요 너는 땅에서 피하며 유리하는 자가 되리라
15 그렇지 아니하다 가인을 죽이는 자는 벌을 칠 배나 받으리라
* 가인의 자손 셋과 에노스에 관한 내용이 이어진다. (16~26)
제5장 홍수 이전 족장들의 계보와 아담의 계보가 가인과 아벨을 거쳐 노아의 대까지 이어진다. (1~32)
제6장 사람의 죄악이 이어지자, 하나님께서 새 세상을 만들기 위한 준비를 하신다. 준비단계로 땅에 관영한 죄를 심판하기로 하시고, 노아에게 방주 짓기를 명령하셨다.
사람의 수명이 120년으로 결정되는 순간이다.
* 사람들의 죄악을 심판하시고, 노아는 말씀에 순종하여 방주를 짓기 시작한다. (1~8)
3 나의 영이 영원히 사람과 함께하지 아니하리니 이는 그들이 육신

이 됨이라 그러나 그들의 날은 백이십 년이 되리라
7 내가 창조한 사람을 내가 지면에서 쓸어버리되 사람으로부터 가축과 기는 것과 공중의 새까지 그리하리니 이는 내가 그것들을 지었음을 한탄함이니라

* **노아의 계보가 이어져 나간다. (9~22)**
13 모든 혈육 있는 자들의 포악함이 땅에 가득하므로 그 끝 날이 이르렀으니 내가 그들을 땅과 함께 멸하리라
14 너는 고페르 나무로 너를 위하여 방주를 만들되 그 안에 칸들을 막고 역청을 그 안팎에 칠하라
15 네가 만들 방주는 이러하리니 그 길이는 삼백 규빗, 너비는 오십 규빗, 높이는 삼십 규빗 이라
16 거기에 창을 내되 위에서부터 한 규빗에 내고 그 문은 옆으로 내고 상 중 하 삼층으로 할지니라
17 내가 홍수를 땅에 일으켜 무릇 생명의 기운이 있는 모든 육체를 천하에서 멸절하리니 땅에 있는 것들이 다 죽으리라
18 그러나 너와는 내가 내 언약을 세우리니 너는 네 아들들과 네 아내와 네 며느리들과 함께 그 방주로 들어가고
19 혈육 있는 모든 생물을 너는 각기 암수 한 쌍씩 방주로 이끌어 들여 너와 함께 생명을 보존하게 하되
20 새가 그 종류대로, 가축이 그 종류대로, 땅에 기는 모든 것이 그 종류대로 각 둘씩 네게로 나오리니 그 생명을 보존하게 하라
21 너는 먹을 모든 양식을 네게로 가져다가 저축하라 이것이 너와 그들의 먹을 것이 되리라

노아에게 방주를 지을 것과, 장차 일어날 일에 대하여 하나하나 말씀해

주신다. 부모가 자식에게 일일이 말 해 주듯, 조곤조곤 타이르듯, 하신 그 말씀이 노아의 귓가를 스치는 장면을 생각해 보면 참으로 노아가 부럽다는 생각이 든다.

제7장 홍수가 일어나고 호흡으로 기생하는 생물들은 방주 선내를 제외하고는 멸절되는 장면이다.

* 홍수로 심판하시고 노아 가족을 구원하셨다. (1~24)
1   너와 네 온 집은 방주로 들어가라 이 세대에서 네가 내 앞에 의로움을 내가 보았음이니라
2   너는 모든 정결한 짐승은 암수 일곱씩, 부정한 것은 암수 둘씩 네게로 데려오며
3   공중의 새도 암수 일곱씩을 데려와 그 씨를 온 지면에 유전하게 하라
4   지금부터 칠 일이면 내가 사십 주야를 땅에 비를 내려 내가 지은 모든 생물을 지면에서 쓸어 버리리라

제8장 지루했던 홍수의 물이 걷히고 노아 가족이 하나님께 번제를 드렸다.
하나님께서 노아 가족을 방주에서 불러내시고 땅에서 번성할 것을 명령하시고 사람 때문에 땅을 저주하지 않으시겠다고 약속하셨다.

* 시간이 지나고 홍수의 물이 잦아들고 장차 살아갈 방도를 이끄시는 하나님 (8~19)
16 너는 네 아내와 네 아들들과 네 며느리들과 함께 방주에서 나오고
17 너와 함께한 모든 혈육 있는 생물 곧 새와 가축과 땅에 기는 모든 것을 다 이끌어내라 이것들이 땅에서 생육하고 땅에서 번성

하리라

(창4:9)에서 가인이 항변할 때 하나님 마음은 어떠셨을까? 또 (창4:10~12)절의 어조(語調)는 어떠했을까? 화를 내시면서 큰소리로 말씀하셨을까? 아마도 장엄한 음성이 아니었겠는지, 어조(語調)를 알 수 없으니 짐작밖에는 할 도리가 없다. 이것이 문자언어의 단점이다.

홍수로 인한 처참함을 보시고 한 가지 약속(約束)을 말씀하셨다. (20~22)

21 내가 다시는 사람으로 말미암아 땅을 저주하지 아니하리니 이는 사람의 마음이 계획하는 바가 어려서부터 악함이라 내가 전에 행한 것 같이 모든 생물을 다시 멸하지 아니하리니

22 땅이 있을, 동안에는 심음과 거둠과 추위와 더위와 여름과 겨울과 낮과 밤이 쉬지 아니하리라

제9장 새 세계가 시작되었다.

> 다시는 홍수심판을 하지 않으시겠다, 말씀하시고 무지개를 약속의 증표로 주셨다.

* 새로운 세상을 여시고, 노아에게 언약을 세우시는 하나님을 보라. (1~17)

1 생육하고 번성하여 땅에 충만하라

2 땅에 모든 짐승과 공중의 모든 새와 땅에 기는 모든 것과 바다의 모든 물고기가 너희를 두려워하며 너희를 무서워하리니 이것들은 너희의 손에 붙였음이니라

3 모든 산, 동물은 너희의 먹을 것이 될 지라 채소같이 내가 이것을 다 너희에게 주노라

4 그러나 고기를 그 생명 되는 피 째 먹지 말 것이니라

5 내가 반드시 너희 피 곧 너희 생명의 피를 찾으리니 짐승이면 그

짐승에게서, 사람이나 사람의 형제면 그에게서 그의 생명을 찾으리라

7 너희는 생육하고 번성하며 땅에 가득하여 그중에서 번성하라
9 내가 내 언약을 너희와 너희 후손과
10 너희와 함께 한 모든 생물 곧 너희와 함께한 새와 가축과 땅의 모든 생물에게 세우리니 방주에서 나온 모든 것, 곧 땅의 모든 짐승에게니라
11 내가 너희와 언약을 세우리니 다시는 모든 생물을 홍수로 멸하지 아니할 것이라 땅을 멸할 홍수가 다시 있지 아니하리라
12 내가 나와 너희와 및 너희와 함께하는 모든 생물 사이에 대대로 영원히 세우는 언약의 증거는 이것이니라
13 내가 내 무지개를 구름 속에 두었나니 이것이 나와 세상 사이 언약의 증거니라
14 내가 구름으로 땅을 덮을 때 무지개가 구름 속에 나타나면
15 내가 나와 너희와 및 육체를 가진 모든 생물 사이에 내 언약을 기억하리
16 무지개가 구름 사이에 있으리니 내가 보고 나 하나님과 모든 육체를 가진 모든 땅의 모든 생물 사이의 모든 언약을 기억하리라
17 내가 나와 땅에 있는 모든 생물 사이에 세운 언약의 증거가 이것이라

* 노아와 그의 후손들이 이어진다. (18~29)

  8장17절 노아(Noah)에게 홍수심판을 알리시고 노아(Noah) 가족 外 백성들은 모두 멸하시고 인류를 새롭게 하셨다. 8장21절에는 하나님과 사람들 사이에 다시는 홍수로 심판하지 않으시겠다는 약속(言約)을 하셨다. 약속의 말

쏨을 하실 당시 분위기를 생각해 보자, 우리가 공원 의자에 앉아 있을 때 잔잔한 음악과 함께 들려오는 성우의 내레이션(narration)과 같은, 가슴 저미게 들려오는 하나님의 음성을 감상해 보자.

자! 여기까지는 온 땅의 언어가 하나였다. 그 언어가 히브리 언어였던, 하나님께서 주셨던 특별한 방법의 언어이었던, 지금 우리는 그 현장으로 돌아가 가슴 뭉클한 현장을 체험 할 수 있다면 얼마나 좋겠는가?

제10장 지상에 세 인종의 삶이 시작되었다.
      곧 함과 셈과 야벳 삼 형제의 계보가 열거되는 장면이다.
* 노아 후손들의 족보가 나열되는 장면이 나온다. (1~32)

제11장 인간의 교만하여 바벨탑 사건을 일으키고, 하나님께서 그들의 언어를 혼잡하게 하셨다. 셈의 계보가 아브라함까지 열거된다.

* 인간들이 교만해져서 하나님께서 원하지 않으시는 바벨탑을 쌓기 시작한다. (1~9)

6   무리가 한 족속이요 언어도 하나이므로 이같이 시작하였으니 이 후로는 그 하고자 하는 일을 막을 수 없으리로다

7   자, 우리가 내려가서 거기서 그들의 언어를 혼잡하게 하여 그들이 서로 알아듣지 못하게 하자

♠ 온땅의 언어를 혼잡하게 하셨음이라 여호와께서 그들을 지면에서 흩으셨더라(창11:)

사람들 상호 간 의사소통의 통로가 하나이었으므로 단결이 잘 되었을 것이다. 그러다가 갑자기 바로 옆 사람이 어떤 말을 해도 알아들을 수 없는 일이 발생했다. 답답함과 불신, 분쟁과 싸움, 이기주의 등 말할 수 없는 일들이 일어났을 것이다. 그것의 결말은 동족들과의 결별이었다.

각기 다른 곳에서 살면서 자연스럽게 생겨난 의사소통이 고착되고 오랜

기간을 거치면서 음성언어, 문자언어가 생겨나면서 오늘에 이르게 되었다. 바벨탑(Tower of Babel)을 통한 인간의 도발은 하나님의 또 다른 결단을 내리시는 계기가 되었다. (창11:9)

제12장 하나님의 명령에 따라 아브라함이 가나안으로 떠났다.
애굽의 바로에게 자신의 부인 사래를 누이라 거짓말을 하는 장면이 전개된다.

* 하나님께서 아브람을 부르신다. (1~9)
1 너는 너의 고향과 친척과 아버지의 집을 떠나 내가 네게 보여 줄 땅으로 가라
2 내가 너로 큰 민족을 이루고 네게 복을 주어 네 이름을 창대하게 하리니 너는 복이 될 지라
3 너를 축복하는 자에게는 내가 복을 내리고 너를 저주하는 자에게는 내가 저주하리니 땅의 모든 족속이 너로 말미암아 복을 얻을 것이라
7 이 땅을 네 자손에게 주리라

* 아브람이 말씀에 순종하여 애굽으로 내려간다. (10~20)

제13장 애굽을 떠나는 아브람이 조카 롯에게 풍요로운 정착지를 양보하고, 롯과 아브람이 결별했다.

* 아브람과 롯이 결별하는 쓸쓸한 현장에도 하나님께서는 함께하셨다. (1~13)

* 아브람은 헤롯으로 삶의 터전을 옮겨간다. (14~18)

14 너는 눈을 들어 너 있는 곳에서 북쪽과 남쪽 그리고 동쪽과 서쪽을 바라보라
15 보이는 땅을 내가 너와 네 자손에게 주리니 영원히 이르리라

16 내가 네 자손이 땅의 티끌 같게 하리니 사람이 땅의 티끌을 능히 셀 수 있을진대 네 자손도 세리라

17 너는 일어나 그 땅을 종과 횡으로 두루 다녀 보라 내가 그것을 네게 주리라

제14장 롯이 정착했던 평야 인근의 왕들로부터 롯이 잡힘으로 아브람이 구출하고, 아브람이 멜기세덱의 축복을 받는다.

* 아브람이 롯을 구하고, 멜기세덱이 아브람을 축복했다. (1~24)

제15장 하나님께서 아브람과 피의 언약을 맺으시고, 애굽에서 노예 생활할 것을 예고하셨다.

* 하나님께서 아브람과 언약을 하시는 부분이다. (1~21)

1 아브람아 두려워하지 말라 나는 네 방패요 너의 지극히 큰 상급이니라

4 그 사람이 네 상속자가 아니라 네 몸에서 날 자가 네 상속자가 되리라

5 하늘을 우러러 뭇별을 셀 수 있나 보라 자손이 이와 같으니라

7 나는 이 땅을 네게 주어 소유로 삼게 하려고 너를 갈대아인의 우르에서 이끌어 낸 여호와니라

9 나를 위하여 삼 년 된 암소와 삼 년 된 암염소와 삼 년 된 숫양과 산비둘기와 집비둘기 새끼를 가져올지니라

13 너는 반드시 알라 네 자손이 이방 에서 객이 되어 그들을 섬기겠고 그들은 사백 년 동안 네 자손을 괴롭히리라

14 그들이 섬기는 나라를 내가 징벌할 지며 그 후에 내 자손이 큰 재물을 이끌고 나오리라

15 너는 장수하다가 평안히 조상에게로 돌아가 장사 될 것이요

16 네 자손은 사대 만에 이 땅으로 돌아오리니 이는 아모리 족속의 죄악이 아직 가득 차지 아니함이니라

18 내가 이 땅을 애굽 강에서부터 그 큰 강 유브라데까지 네 자손에게 주노니

19 곧 겐 족속과 그니스 족속과 갓몬 족속과

20 헷 족속과 브리스 족속과 르바 족속과

21 아모리 족속과 가나안 족속과 기르가스 족속과 여부스 족속의 땅이니라

제16장 하갈이 아브람의 둘째 아내가 되다. 사라는 하갈을 학대했지만, 이스마엘을 낳았다.

8 사래의 여종 하갈아 네가 어디서 왔으며 어디로 가느냐

9 네 여주인에게로 돌아가서 그 수하에 복종하라

10 내가 네 씨를 크게 번성하여 그 수가 많아 셀 수 없게 하리라

11 네가 임신하였으므로 아들을 낳으리니 그 이름을 이스마엘이라 하라 이는 여호와께서 네 고통을 들으셨음이니라

12 그가 사람 중에 들 나귀같이 되리니 그의 손이 모든 사람을 치겠고 모든 사람의 손이 그를 칠지며 그가 모든 형제와 대항해서 살리라

하나님께서는 언제나 약자의 편이시다. 사라가 하갈을 학대하자 하나님께서는 하갈을 위로하시고 조용히 품으신다. 하나님의 말씀을 들은 하갈의 마음은 어떠하였을까?

제17장 아브람과 사래 사이에서도 자녀를 약속하셨다.

그리고 아브람과 사래에게 새 이름을 주신다. 아브람➢아브라함 / 사래➢사라

* 하나님께서는 아브람과 언약하시고 할례를 명령하신다. (1~14)

1. 나는 전능한 하나님이라 너는 내 앞에서 행하여 완전하라
2. 내가 내 언약을 너와 나 사이에 두어 너를 크게 번성하게 하리라
4. 보라 내 언약이 너와 함께 있으니 너는 여러 민족의 아버지가 될 지라
5. 이제 후로는 네 이름을 아브람이라 하지 아니하고 아브라함이라 하리니 이는 내가 너를 여러민족의 아버지가 되게 함이니라
6. 내가 너로 심히 번성하게 하리니 내가 네게서 민족들이 나게 하며 왕들이 네게로부터 나오리라
7. 내가 내 언약을 나와 너 및 네 대대 후손 사이에 세워서 영원한 언약을 삼고 너와 네 후손의 하나님의 하나님이 되리라
8. 내가 너와 네 후손에게 네가 거류하는 이 땅 곧 가나안 온 땅을 주어 영원한 기업이 되게하고 나는 그들의 하나님이 되리라
9. 그런즉 너는 내 언약을 지키고 네 후손도 대대로 지키라
10. 너희 중 남자는 다 할례를 받으라 이것이 나와 너희와 너희 후손 사이에 지킬 내 언약 이니라
11. 너희는 포피를 베어라, 이것이 나와 너희 사이의 언약의 표징이니라
12. 너희는 대대로 모든 남자는 집에서 난 자나, 또는 너희 자손이 아니라 이방 사람에게서 돈으로 산 자를 막론하고 난지 팔 일 만에 할례를 받을 것이라
13. 너희 집에서 난자든지 너희 돈으로 산 자든지 할례를 받아야 하리니 이에 이 언약이 너희 살에 있어 영원한 언약이 되려니와
14. 할례를 받지 아니한 남자 곧 그 포피를 베지 아니한 자는 백성 중

에서 끊어지리니 그가 내 언약을 배반 하였음이니라

* <u>하나님께서는 이삭의 출생도 약속 하셨다.</u> (15~27)

15 네 아내 사래는 이름을 사래라 하지말고 사라라 하라

16 내가 그에게 복을 주어 그가 네게 아들을 낳아 주게 하며 내가 그에게 복을 주어 그를 여러 민족의 어머니가 되게 하리니 민족의 여러 왕이 그에게서 나리라

19 아니라 네 아내 사라가 네게 아들을 낳으리니 너는 그 이름을 이삭이라 하라 내가 그와 내 언약을 세우리니 그의 후손에게 영원한 언약이 되리라

창세기 17장1절부터 하나님께서 아브람에게 오셔서 말씀하신다. 아브람이 하나님 앞에 엎드려 있고, 하나님께서는 말씀하신다. 이름도 고쳐 주시고 할례도 명령하신다. 그런데 17절에서 아브라함이 하나님 말씀 앞에 불신이 담긴 자신의 의견을 속으로 말한다. "백 세나 된 노구에서 어떻게 출산이 가능하겠느냐"는 말을 웃으며 했다. 이에 하나님께서 바로 받아서 황급히 "아니라 네 아내 사라가 아들을 낳으리니"라고 말씀을 이어가신다. 이러한 분위기를 어떻게 받아들여야 할까?

이때 하나님께서 아브라함에게 사용하신 전달의 매개체(媒介體)는 무엇이었을까? 아마도 성육신하신 예수님과 대화하듯 바로 곁에서 도란도란 말씀하신 것은 아닐까?

20 이스마엘에 대하여는 내가 네 말을 들었나니 내가 그에게 복을 주어 그를 매우 크게 생육하고 번성하게 할지라 그가 열두 두령을 낳으리니 내가 그를 큰 나라가 되게 하려니와

21 내 언약은 내가 내년 이 시기에 사라가 네게 낳을 이삭과 세우리라

제18장 천사들이 소돔의 멸망을 알리고, 아브라함은 소돔을 위하여 기도에 돌입했다.

오호~ 의인 십 명이 없으므로 멸망해 버린 소돔과 고모라 성을 보라.

* 하나님께서는 아브라함에게 아들을 꼭 주시겠다고 약속하셨다. (1~15)

10 내년 이맘때 내가 반드시 네게로 돌아오리니 네 아내 사라에게 아들이 있으리라

13 사라가 왜 웃으며 이르기를 내가 늙었거늘 어떻게 아들을 낳으리요 하느냐

14 여호와께 능하지 못한 일이 있겠느냐 기한이 이를 때에 내가 네게로 돌아오리니 사라에게 아들이 있으리라

* 하나님 소돔을 용서하여 주시옵소서 (16~33)

17 내가 하려는 것을 아브라함에게 숨기겠느냐

18 아브라함은 강대한 나라가 되고 천하 만민은 그로 말미암아 복을 받게 될 것이 아니냐

19 내가 그로 그 자식과 권속에게 명하여 여호와의 도를 지켜 의와 공도를 행하게 하려고 그를 택하였나니 이는 나 여호와가 아브라함에 대하여 말한 일을 이루려 함이니라

20 소돔과 고모라에 대한, 부르짖음이 크고 그 죄악이 심히 무거우니

21 내가 이제 내려가서 그 모든 행한 것이 과연 내게 들린 부르짖음과 같은지 그렇지 않은지 내가 보고 알려고 하노라

26 내가 만일 소돔 성읍 가운데에서 의인 오십 명을 찾으면 그들을

위하여 온 지역을 용서하리라

28 내가 거기서 사십오 명을 찾으면 멸하지 아니하리라

29 사십 명으로 말미암아 멸하지 아니하리라

30 내가 거기서 삼십 명을 찾으면 그리하지 아니하리라

31 내가 이십 명으로 말미암아 그리하지 아니하리라

32 내가 십 명으로 말미암아 멸하지 아니하리라

제19장 소돔, 고모라의 멸망, 롯 가족의 도피, 롯의 딸들을 통하여 모압, 암몬족속의 조상을 이룬다.

* 소돔의 죄악으로 롯이 소돔을 떠나고 소돔과 고모라는 멸망 당하고 만다. (1~38)

제20장 아브라함이 사라와의 관계를 거짓으로 말하다. 그러나 아브라함과 사라를 보호하셨다.

* 아브라함과 그랄 왕 아비멜렉에게 얽힌 사연 (1~18)

3 네가 데려간 이 여인으로 말미암아 네가 죽으리니 그는 남편이 있는 여자임이라

6 네가 온전한 마음으로 이렇게 한 줄을 나도 알았으므로 너를 막아 내게 범죄 하지 아니하게 하였나니 여인에게 가까이하지 못하게 함이 이 때문이니라

7 이제 그 사람의 아내를 돌려보내라 그는 선지자라 그가 너를 위하여 기도하리니 네가 살려니와 네가 돌려보내지 아니하면 너와 네게 속한 자가 다 반드시 죽을 줄 알지니라

제21장 이삭이 아브라함과, 사라 사이에서 출생했다. 사라가 하갈과 이스마엘을 쫓아냈다.

그러나 하나님께서는 하갈을 위로하시고, 큰 민족을 이루게

하시겠고 약속하셨다.

12 네 아이나 네 여종으로 말미암아 근심하지 말고, 사라가 네게 이른 말을 다 들으라 이삭에게서 나는 자라야 네 씨라 부를 것임이니라

13 그러나 여종의 아들도 네 씨니 내가 그로 한 민족을 이루게 하리라

17 하갈아 무슨 일이냐, 두려워하지 말라, 하나님이 저기 있는 아이의 소리를 들으셨나니

18 일어나 아이를 일으켜 네 손으로 붙들라 그가 큰 민족을 이루게 하리라

* 아브라함과 아비멜렉이 언약을 맺음(22~34)

이삭(Isaac)
아브라함이 100세, 사라가 90세 때 낳은 외아들, 뜻은 웃음. 180세까지 살다가, 막벨라에 묻힘

제22장 아브라함이 독자 이삭을 제물로 드리려 함으로 하나님으로부터 순종을 인정받았다.
　여러분이 아브라함이 되어 하나님과 직접 대화를 시도해보라.

* 이삭을 번제로 드리라고 하셨다. (1~19)

1 아브라함아

2 네 아들 너의 사랑하는 독자 이삭을 데리고 모리아 땅으로 가서 내가 네게 일러 준 한 산 거기서 그를 번제로 드리라

11 아브라함아, 아브라함아

12 그 아이에게 네 손을 대지 말라 그에게 아무 일도 하지 말라 네
   가 네 아들 네 독자까지도 내게 아끼지 아니하였으니 내가 이제야
   네가 하나님을 경외하는 줄 아노라
16 내가 나를 가리켜 맹세하노니 네가 이같이 행하여 네 아들 네 독
   자도 아끼지 아니하였으므로
17 내가 네게 큰 복을 주고 네 씨가 크게 번성하여 하늘의 별과 같
   고 바닷가의 모래와 같게 하리니 네 씨가 그 대적의 성문을 차
   지하리라
18 또 네 씨로 말미암아 천하 만민이 복을 받으리니 이는 네가 나의
   말을 준행 하였음이라

* 나홀의 후예 (20~24)

　　아브라함이 하나님의 말씀에 순종하여 아들, 이삭을 번제로 드리려고 칼을 내리치려는 순간 하나님께서 하신 말씀이다. 사람의 입장에서 보면 급하게 부르는 소리가 아니었겠는가?

　　소리가 얼마나 컸으면 예비하신 뿔 걸린 숫양에게도 들렸겠는가? 그들 귀에는 어떤 message로 들렸겠는가? 당시 하나님께서 아브라함을 부르셨던 상황을 생각하면서 듣는 아브라함이 되어 보자.

제23장 아브라함의 아내 사라가 죽고 아브라함도 자신의 매장지를 확
　　　　보했다.
제24장 아브라함은 아들, 이삭의 신부를 찾으러 고향으로 종을 보냈
　　　　다.
　　　　이삭의 아내로 리브가가 선택을 받는다.

7　이 땅을 네 씨에게 주리라

제25장 아브라함은 죽고, 이스마엘의 아들들이 나열된다. 야곱과 에

서가 태어난다.
* 아브라함이 하나님 곁으로 가고, 이스마엘의 후예가 등장한다. (1~18)
* 에서와 야곱(Jacob)이 태어남 (19~26)
23 두 국민이 네 태중에 있구나, 두 민족이 네 복중에서부터 나누이리라 이 족속이 저 족속보다 강하겠고 큰 자가 어린 자를 섬기리라
* 에서가 장자의 명분을 야곱(Jacob)에게 팜 (33)

> **에서, 야곱**
> 이삭과 리브가의 쌍둥이 형제, 야곱은 형인 에서에게서, 팥죽 한 그릇으로 장자의 축복을 가로챘다. 형 에서를 피해 외삼촌 집에서 14년간 일하고 라헬을 얻어 금의환향했다. 얍복강 나루터에서 천사와 씨름해서 이스라엘이라는 이름을 얻었다.

제26장 이삭이 아브라함이 했던 것처럼 거짓말을 하고, 아비멜렉과 협정을 한다.
* 하나님께서는 이삭을 그랄 땅에 기거하게 하셨다. (1~25)
2 애굽으로 내려가지 말고 내가 네게 지시하는 땅에 거주하라
3 이 땅에 거류하면 내가 너와 함께 있어 네게 복을 주고 내가 이 모든 땅을 너와 네 자손에게 주리라 내가 네 아버지 아브라함에게 맹세한 것을 이루어
4 네 자손을 하늘의 별과 같이 번성하게 하며 이 모든 땅을 네 자손에게 주리니 네 자손으로 말미암아 천하 만민이 복을 받으리라

5 이는 아브라함이 내 말을 순종하고 내 명령과 내 계명과 내 율례
   와 내 법도를 지켰음이라
24 나는 네 아버지 아브라함의 하나님이니 두려워하지 말라 내 종
   아브라함을 위하여 내가 너와 함께 있어 네게 복을 주어 네 자손
   이 번성하게 하리라
* 이삭과 아비멜렉의 계약(26~33) 에서의 이방인 아내들 (34~35)
제27장 야곱이 에서에게서 장자권을 사고, 이삭이 장자의 축복을 그
   에게 주도록 속였다. 거짓말로 형과 아비를 속인 야곱에게 복
   을 주시는 이유는 무엇인가?

거짓말로 형을 속이고 복을 가로챈 야곱에게 하나님께서는 복을 주셨다. 이것은 거짓말을 한 대가로 복을 받은 것이 아니라, 거짓말을 했음에도 복을 주셨다. 모든 사람이 범죄(원죄, 자범죄)로 말미암아 하나님의 영광에 이를 자가 아무도 없다.(롬3:23) 복을 받을 수 있는 사람은 오직 죄인들뿐이다. 이러한 죄인임에도 하나님께서는 우리를 사랑하시고 복을 주셨다는 사실에 우리는 겸손과 감사의 마음을 가져야 한다.

제28장 야곱은 신부를 얻기 위해 밧단아람으로 떠났다, 꿈에 야곱과
   함께 아브라함 언약을 확인했 다. 꿈도 하나님의 message
   가 될 수 있다. 이것은 하나님의 또 다른 언어 전달방식이다.

* 이삭이 야곱을 라반에게 보냈다. (1~5)
* 에서가 다른 아내를 맞고 야곱이 벧엘에서 꿈을 꿈 (6~9)
* 야곱이 벧엘에서 꿈을 꿈 (10~22)
13 나는 여호와니 너의 조부 아브라함의 하나님이요 이삭의 하나님
   이라 네가 누워 있는 땅을 내가 너와 네 자손에게 주리니
14 네 자손이 땅의 티끌같이 되어 네가 서쪽과 동쪽과 북쪽과 남쪽

으로 퍼져 나갈 지며 땅의 모든 족속이 너와 네 자손으로 말미암아 복을 받으리라
15 내가 너와 함께 있어 네가 어디로 가든지 너를 지키며 너를 이끌어 이 땅으로 돌아오게 할 찌라 내가 네게 허락한 것을 다 이루기까지 너를 떠나지 아니하리라

> **벧엘(Bethel)**
> 兄 에서를 피해 밧단아람으로 달아나던 야곱이 하나님을 체험한 장소이다.
> 우리말 해석은 '하나님의 집'이다.

제29장 야곱은 마음에 드는 신부를 얻으려고 외삼촌 집에서 14년간 일을 하고 라헬을 얻었다.
제30장 하나님께서 복 주심으로 야곱의 식구와 양떼가 불어났다.
* 야곱이 빌하의 아들을 낳음 / 야곱이 라반과 품삯을 정함 (1~43)
　야곱이 양과 염소의 수를 불려가는 방법이 무척 이색적이다. 교잡하여 생긴 잡종 1세대는 우성 형질만 나타나고 열성의 형질은 잠재해 있다가, 2세대에 이르러 분리되어 나타난다고 하는 '멘델의 유전법칙,을 알고 있는 것처럼 보인다. 그리고 껍질을 벗긴 나뭇가지를 구유에 두므로 생겨난 외적 영상이 시각기관을 통해 뇌에 전달되므로 태아의 유전자 변형을 시킬 수 있다는 현대 생물학적 이론을 발견할 수 있는데, 이러한 원리를 알았던 몰랐던 중요한 것이 아니라, 하나님 개입의 결과임을 분명히 알아야 한다.
제31장 고향으로 돌아가는 야곱
　　　야곱이 양떼를 몰고 야반도주를 하고, 뒤따라온 외삼촌 라반

과 협정을 맺는다.
3 네 조상의 땅 네 족속에게로 돌아가라 내가 너와 함께 있으리라
11 야곱아
12 네 눈을 들어보라 양떼를 탄 숫양은 다 얼룩무늬 있는 것, 점 있는 것과 아롱진 것이니라, 라반이 네게 행한 모든 것을 내가 보았노라
13 나는 벧엘의 하나님이라 네가 거기서 기둥에 기름을 붓고 거기서 내게 서원하였으니 지금 일어나 이곳을 떠나서 네 출생지로 돌아가라
24 너는 삼가 야곱에게 선악 간에 말하지 말라
29 너는 삼가 야곱에게 선악 간에 말하지 말라

* 야곱과 라반의 약속 (43~55)

제32장 야곱이 자신의 兄, 에서를 만날 준비를 한다.
　야곱이 에서에게 선물을 보냈다. 얍복강에서 천사와 씨름하여 이스라엘로 개명되었다.

9 네 족속에게로 돌아가라 내가 네게 은혜를 베풀리라
12 내가 반드시 네게 은혜를 베풀어 네 씨로 바다의 셀 수 없는 모래와 같이 많게 하리라

* 야곱(Jacob)이 브니엘에서 하나님의 사자와 씨름을 함 (13~32)

26 날이 새려하니 나로 가게 하라
27 네 이름이 무엇이냐
28 네 이름을 다시는 야곱이라 부를 것이 아니요 이스라엘이라 부를 것이니 이는 네가 하나님과 및 사람들과 겨루어 이겼음이니라
29 어찌하여 내 이름을 묻느냐

하나님과 야곱과의 긴박한 상황이 전개된다. 이러한 상황에서는 직접적 대화가 이루어졌을 가능성이 크다. 야곱의 마음으로 들리는 음성을 야곱 혼자서 독백하듯 중얼거리는 대화의 모습은 좀 어색한 모습으로 생각된다.

제33장 형 에서와 동생 야곱이 만나서 화목하게 되고, 부인 라헬과 자녀들을 일일이 인사를 하게 한다.

* 마음의 부담이 컸던 야곱(Jacob)이 드디어 兄 에서(Esau)를 만남 (1~20)

제34장 야곱의 딸 디나가 히위 족속에게 강탈당하자, 속임수로 그 성의 남자들을 몰살했다.

제35장 야곱이 벧엘에서 이방 신들을 제거하고, 하나님께서는 그 자손들에게 복을 약속하셨다.

　　　　라헬이 난산으로 죽고, 이삭도 나이가 들어 눈을 감게 되다.

1 　일어나 벧엘로 올라가서 거기 거주하며 네가 네 兄 에서의 낯을 피하여 도망하던 때에 네게 나타났던 하나님께 거기서 제단을 쌓으라

10 　네 이름이 야곱이지마는 네 이름을 다시는 야곱이라 부르지 않겠고 이스라엘이 네 이름이 되리라

11 　나는 전능한 하나님이라 생육하며 번성하라 한 백성과 백성들의 총회가 네게서 나오고 왕들이 네 허리에서 나오리라

12 　내가 아브라함과 이삭에게 준 땅을 네게 주고 내가 네 후손에게도 그 땅을 주리라

서원을 지키지 않은 야곱(Jacob)
兄 에서를 피해 삼촌의 집으로 가기 전 하나님 앞에서 서원한 것을 지

키지 않았다. (28:21~22) 그러므로 딸 디나가 욕을 당하게 된다. 시므온과 레위가 일으킨 보복을 통해 서원을 이행하게 된다.

제36장 에서의 후손들 이름
제37장 요셉의 해몽 때문에 형들에게 질투를 사게 되고 결국 애굽으로 팔려가는 요셉
제38장 유다가 며느리에게서 쌍둥이를 얻는다. 이것이 메시야의 계보로 이어짐을 눈여겨보자.

예수님의 족보에 나오는 여인들
 가나안 출신의 다말은 남편이 죽고 계대 결혼에 실패하자 시아버지 유다와 동침하여 베레스와 세라를 낳는다.
가나안 사람 라합은 여호수아가 여리고 성을 정복할 때 두 정탐꾼을 숨겨주었다.
모압 여인 룻은 시어머니 나오미를 따라 Israel로 돌아와 보아스를 남편으로 맞이했다. 이스라엘 여인 밧세바는 우리아의 아내이지만 다윗과 동침하여 솔로몬을 낳았다. 마리아는 이스라엘 여인으로써 예수님의 어머니이다.

제39장 요셉이 주인의 아내로부터 유혹을 거절하고 누명을 쓰고 감옥에 들어간다.
제40장 요셉이 감옥에서 술과 떡 맡은 관원장의 꿈을 해몽해주었다.
제41장 요셉은 애굽 왕 앞에서 흉년을 해몽하고, 흉년의 대책을 위한 국무총리가 되었다.

제42장 요셉의 형들이 곡식을 사러 오지만 자신을 드러내지 않고 돈을 다시 자루에 넣었다.

제43장 요셉의 형들이 막내 베냐민을 데리고 오지만, 자신의 신분을 밝히지 않았다.

제44장 요셉은 자신의 은잔을 자루에 넣어 형들을 다시 애굽으로 오게 하였다.

제45장 요셉은 형들에게 자신을 드러내고 아버지 야곱과 함께 애굽에서 살게 된다.

제46장 애굽에 살게 되는 일흔 명의 이름이 열거되는 장면이 나온다.

* 야곱 가족이 야곱이 있는 애굽으로 들어가게 하신 하나님의 음성을 들어보라. (1~34)

2 야곱아 야곱아
3 나는 하나님이라 네 아버지의 하나님이니 애굽으로 내려가기를 두려워하지 말라 내가 거기서 너로 큰 민족을 이루게 하리라
4 내가 너와 함께 애굽으로 내려가겠고 반드시 너를 인도하여 다시 올라올 것이며 요셉이 그의 손으로 네 눈을 감기리라

창세기 36장부터 45장까지 하나님께서는 긴 침묵을 하셨다. 이삭이 죽고, 에서의 계보가 이어지면서 요셉이 애굽으로 팔려가고, 다말이 시아버지 유다에게서 자식을 얻게 될 때까지도 아무 말씀도 하지 않으셨다.

요셉이 형을 속이고 장자의 권한을 획득하고 형을 피해 외삼촌 집으로 가서 아내를 얻는 일련의 인간적 사고에 대하여서는 일절 함구하시는 하나님의 오래 참으심을 보여주신다. 그러나 모든 불의한 것에는 대가가 따른다는 사실을 잘 알려 주신다.

갈 바를 알지 못하는 야곱에게 야곱의 갈 길을 여시고 두려움 없이 나가

기를 원하신다.

제47장 바로가 야곱을 만나고 가족들을 고센 땅에 살도록 허락했다.

제48장 야곱이 요셉과 그의 두 아들 에브라임과 므낫세 에게 축복해 주었다.

4   너로 생육하고 번성하게 하여 네게서 많은 백성이 나게 하고 내가 이 땅을 네 후손에게 주어 영원한 소유가 되게 하리라

이 말씀은 요셉이 하나님으로부터 복 받은 내용인데 야곱이 그 아들들에게 그대로 축복해 주는 내용이다.

제49장 야곱이 그의 열두 아들 각자에게 축복하고 육신의 삶을 마감하고 죽음을 맞는다.

제50장 요셉은 미라로 만든 야곱을 가나안에 매장, 형제들에게 하나님의 약속을 확인시켰다.

* 요셉이 형들을 위로하고 백십 세에 하나님의 부르심을 받음 (1~26)

제2절 · 출애굽기 / Exodus 1~40

> 애굽은 오늘날 이집트(Egypt)를 말한다. 출애굽은 "이집트 탈출기"로 표현하는 것이 우리말로 가장 적당한 표현이라 하겠다. 창세기가 Israel 백성의 배경을 삼는다면 출애굽기는 Israel 민족의 탄생에 관한 사건을 다루고 있다. 출애굽기는 Israel 백성이 겪은 역경과 모세의 등장, 그의 지도력으로 이집트를 떠나 홍해를 건넌 사건, 광야에서 물이 부족하므로 하나님의 기적을 체험한 사실, 십계명과 율법을 주신 하나님과의 언약 등이 자세하게, 하나님의 직접적 음성으로 실감 나게 묘사되어 있어 너무나 은혜가 넘친다. 저자는 모세 저작설이 우세하다. 모세와 하나님과의 다정하고도 엄숙한 대화를 흥미롭게 엿들어보자.

■ 하나님께서는 출애굽기기를 통하여 이렇게 말씀하셨다.

제1장 Israel이 애굽으로부터 압제를 받지만, 후손은 점점 번성해지는 것에는 하나님의 뜻이 있다.
제2장 모세의 출생, 왕자의 삶, 동족을 돕는 일이 잘못되어 미디안으로의 도피하는 장면이다.
제3장 모세가 불붙은 가시떨기나무 아래에서 하나님으로부터 부름을 받았다.
* 하나님께서 광야에 있는 모세를 부르심을 보라
4 모세야 모세야

5   이리로 가까이 오지 말라 네가 선 곳은 거룩한 땅이니 네 발에서 신을 벗어라
6   나는 네 조상의 하나님이니 아브라함의 하나님, 이삭의 하나님, 야곱의 하나님이니라

　하나님께서 모세를 부르신다. 모세는 하나님과 각별한 관계를 지니고 있다. 그러나 하나님의 부르심에 얼굴마저 가리며 많이 두려워한다. 모세와 하나님과 장시간 동안 대화가 이어진다. 하나님께서 말씀하시고 모세가 대답한다. 마치 일하기 싫어하는 아들에게 타이르고 달래는 아버지와 같은 모습이다. 말씀하시는 음성의 크기나 어감이 어떠했을지 궁금하다.

7   내가 애굽에 있는 내 백성의 고통을 분명히 보고 그들이 그들의 감독자로 말미암아 부르짖음을 듣고 그 근심을 알고
8   내가 내려가서 그들을 애굽인의 손에서 건져내고 그들을 그 땅에서 인도하여 아름답고 광대한 땅, 젖과 꿀이 흐르는 땅 곧 가나안족속, 헷족속, 아모리족속, 브리스족속, 히위족속, 여부스족 속의 지방에 데려가려 하노라
9   이제 가라 이스라엘 자손의 부르짖음이 내게 달하고 애굽 사람이 그들을 괴롭히는 학대도 내가 보았으니
10 이제 내가 너를 바로에게 보내어 너에게 내 백성 이스라엘 자손을 애굽에서 인도하여 내게 하리라
12 내가 반드시 너와 함께 있으리라 네가 그 백성을 애굽에서 인도하여 낸 후에 너희가 이 산에서 하나님을 섬기리니 이것이 내가 너를 보낸 증거니라
14 나는 스스로 있는 자이니라 또 이르시되 너는 이스라엘 자손에게 이같이 이르기를 스스로 있는 자가 나를 너희에게 보내셨다 하라

15 너는 이스라엘 자손에게 이같이 이르기를 너희 조상의 하나님 여호와 곧 아브라함의 하나님, 이삭의 하나님, 야곱의 하나님께서 나를 너희에게 보내셨다 하라 이는 나의 영원한 이름이요 대대로 기억할 나의 칭호니라

16 너는 가서 이스라엘의 장로들을 모으고 그들에게 이르기를 여호와 너희 조상의 하나님 곧 아브라함과 이삭과 야곱의 하나님이 내게 나타나 이르시되 내가 너희를 돌보아 너희가 애굽에서 당한 일을 확실히 보았노라

17 내가 말하였거니와 내가 너희를 애굽의 고난 중에서 인도하여 내어 젖과 꿀이 흐르는 땅 곧 가나안 족속, 헷 족속, 아모리 족속, 브리스 족속, 히위 족속, 여부스 족속의 땅으로 올라가게 하리라

18 그들이 네 말을 들으리니 너는 그들의 장로들과 함께 애굽 왕에게 이르기를 히브리 사람의 하나님 여호와께서 우리에게 임하셨으므로 우리가 우리 하나님 여호와께 제사를 드리려 하오니 사흘 길쯤 광야로 가도록 허락하소서

19 내가 아노니 강한 손으로 치기 전에는 애굽왕이 너희가 가도록 허락하지 아니하다가

20 내가 내 손을 들어 애굽 중에 여러 가지 이적으로 그 나라를 친 후에야 그가 너희를 보내리라

21 내가 애굽사람으로 이 백성에게 은혜를 입히게 할지라 너희가 나갈 때 빈손으로 가지 아니하리니

22 여인들은 모두 그 이웃 사람과 및 자기 집에 거류하는 여인에게 은 패물과 금 패물과 의복을 구하여 너희의 자녀를 꾸미라 너희는 애굽 사람들의 물품을 취하리라

제4장 믿음 없고 나서기를 망설이는 모세에게 하나님의 여러 능력을 보이시며 독려하신다.

2 네 손에 있는 것이 무엇이냐
3 그것을 땅에 던지라
4 네 손을 내밀어 그 꼬리를 잡으라
5 그들의 조상의 하나님 곧 아브라함의 하나님, 이삭의 하나님, 야곱의 하나님 여호와가 네게 나타난 줄을 믿게 하려 함이라
6 손을 품에 넣으라
7 네 손을 다시 품에 넣으라
8 만일 그들이 너를 믿지 아니하며 그 처음 표적의 표징을 받지 아니하여도 나중 표적의 표징은 믿으리라
9 그들이 이 두 이적을 믿지 아니하며 네 말을 듣지 아니하거든 너는 나일강 물을 조금 떠다가 땅에 부으라 네가 떠온 나일강 물이 땅에서 피가 되리라
11 누가 사람의 입을 지었느냐 누가 말 못 하는 자나 못 듣는 자나 눈 밝은 자나 맹인이 되게 하였느냐 나 여호와가 아니냐
12 이제 가라 내가 네 입과 함께 있어서 할 말을 가르치리라
14 레위 사람 네 형 아론이 있지 아니하냐 그가 말 잘하는 것을 내가 아노라 그가 너를 만나러 나오나니 그가 너를 볼 때 그의 마음에 기쁨이 있을 것이라

하나님께서 이스라엘 백성을 해방하시려고 모세를 내 세우셨다. 모세는 순종하려 하지 않는다. 급기야 하나님께서 모세에게 화를 내신다. 어떤 모습이었을까? 음성은 거친 목소리이었을까?

15 너는 그에게 말하고 그의 입에 할 말을 주라 내가 네 입과 그의

입에 함께 있어서 너희들이 행할 일을 가르치리라
16 그가 너를 대신하여 백성에게 말할 것이니 그는 네 입을 대신할 것이요 너는 그에게 하나님 같이 되리라
17 너는 이 지팡이를 손에 잡고 이것으로 이적을 행할지라
* 모세의 생명을 노리던 자들이 모두 없어지므로 애굽으로 들어감 (18~31)
19 애굽으로 돌아가라 네 목숨을 노리던 자가 다 죽었느니라

당시는 정보가 몹시 어두웠다. 하나님께서는 사랑하는 백성들을 위한 정보전달도 직접 해 주시는 자상한 모습을 보이신다. 하나님의 지팡이를 가지고 움직이는 모세 옆에서 계속 말씀하신다.

21 네가 애굽으로 돌아가거든 내가 네 손에 준 이적을 바로 앞에서 다, 행하라, 그러나 내가 그의 마음을 완악하게 한즉 그가 백성을 보내 주지 아니하리니
22 너는 바로에게 이르기를 여호와의 말씀에 이스라엘은 내 아들, 내 장자라
23 내가 네게 이르기를 내 아들을 보내 주어 나를 섬기게 하라 하여도 네가 보내 주기를 거절하니 내가 네 아들 네 장자를 죽이리라
27 광야에 가서 모세를 맞으라

제5장 모세와 아론이 바로를 찾아가 출애굽을 선언하자 바로는 일을 더욱 혹독히 시켰다.

* 드디어 모세와 아론이 바로 앞에 서다 (1~23)
1   내 백성을 보내라, 그러면 그들이 광야에서 내 앞에 절기를 지킬 것이니라

하나님의 계획과 음성을 듣지 못하는 애굽의 지도자들은 Israel 백성을 더

욱 학대하고, 장차 하나님의 말씀이 능력으로 발휘될 것을 전혀 알지 못하고 있다.

더욱 심해진 학대에 모세는 하나님 앞에 돌아와서 "어찌하여 이 백성이 학대를 당하게 하셨나이까? 주의 이름으로 바로에게 말하고 난 이후부터 이 백성을 더 학대 하나이다." 라고 강하게 항의하는 모세의 행동과 심정을 상상해 보라.

제6장 하나님께서 구원을 약속하시고, 모세와 아론의 계보를 정리하시고 아론을 지도자로 세우셨다.

* 모세가 자신의 나약과 무능함을 아뢰자 하나님께서는 다음과 같이 말씀하심 (1~13)

1 이제 내가 바로에게 하는 일을 네가 보리라 강한 손으로 말미암아 바로가 그들을 보내리라 강한 손으로 말미암아 바로가 그들을 그의 땅에서 쫓아내리라
2 나는 여호와이니라
3 내가 아브라함과 이삭과 야곱에게 전능의 하나님으로 나타났으나 나의 이름을 여호와로는 그들에게 알리지 아니하였고
4 가나안 땅 곧 그들이 거류하는 땅을 그들에게 주기로 그들과 언약하였더니
5 이제 애굽 사람이 종으로 삼은 이스라엘 자손의 신음 소리를 내가 듣고 나의 언약을 기억하노라
6 그러므로 이스라엘 자손에게 말하기를 나는 여호와라 내가 애굽 사람의 무거운 짐 밑에서 너희를 빼내며 그들의 노역에서 너희를 건지며 편 팔과 여러 큰 심판들로써 너희를 속량하여
7 너희를 내 백성으로 삼고 나는 너희의 하나님이 되리니 나는 애

굽 사람의 무거운 짐 밑에서 너희를 빼낸 너희의 하나님 여호와
인 줄 너희가 알지라

8 내가 아브라함과 이삭과 야곱에게 주기로 맹세한 땅으로 너희를 인도하고 그 땅을 너희에게 주어 기업을 삼게 하리라 나는 여호와라

* 모세와 아론의 조상을 언급하는 과정에 하나님의 말씀이 삽입됨 (14~30)

11 들어가서 애굽 왕 바로에게 말하여 이스라엘 자손을 그 땅에서 내보내게 하라

26 이스라엘 자손을 그들의 군대대로 애굽 땅에서 인도하라

* 하나님께서 모세와 아론에게 명령하심 (28~30)

29 나는 여호와라 내가 네게 이르는 바를 너는 애굽의 바로에게 다 말하라

제7장 바로 앞에서 하나님의 능력을 보였다. 아론의 지팡이가 뱀으로, 나일강이 피로 변했다.

* 하나님께서 모세와 아론에게 다음과 같이 명령하신다. (1~7)

1 내가 너를 바로에게 신 같이 되게 하였으므로 네 형 아론은 네 대언자가 되리니

2 내가 네게 명령한 바를 너는 네 형 아론에게 말하고 그는 바로에게 말하여 그에게 이스라엘 자손을 그 땅에서 내보내게 할지니라.

3 내가 바로의 마음을 완악하게 하고 내 표징과 내 이적을 애굽 땅에서 많이 행할 것이나

4 바로가 너희의 말을 듣지 아니할 터인즉 내가 내 손을 애굽에 뻗쳐 여러 큰 심판을 내리고 내 군대, 내 백성 이스라엘 자손을 그

땅에서 인도하여 낼 지라

5   내가 내 손을 애굽 위에 펴서 이스라엘 자손을 그 땅에서 인도하여 낼 때에야 애굽 사람이 나를 여호와인 줄 알리라

* 자! 이제부터 고집불통 바로에게 열 가지 재앙이 시작된다. 뱀이 된 아론의 지팡이 (8~13)

9   바로가 너희에게 이르기를 너희는 이적을 보이라 하거든 너는 아론에게 말하기를 너의 지팡이를 들어서 바로 앞에 던지라 하라 그것이 뱀이 되리라

* 첫 번째 재앙 : 하나님께서는 물이 피로 변함 (14~25)

14   바로의 마음이 완강하여 백성 보내기를 거절하는 도다

15   아침에 너는 바로에게로 가라 보라 그가 물 있는 곳으로 나오리니 너는 나일강가에 서서 그를 맞으며 그 뱀 되었던 지팡이를 손에 잡고

16   그에게 이르기를 히브리 사람의 하나님 여호와께서 나를 왕에게 보내어 이르시되 내 백성을 보내라, 그러면 그들이 광야에서 나를 섬길 것이니라 하였으나 이제까지 네가 듣지 아니하도다

17   여호와가 이같이 이르노니 네가 이로 말미암아 나를 여호와인 줄 알리라 볼지어다 내가 내손의 지팡이로 나일강을 치면 그것이 피로 변하고

18   나일강의 고기가 죽고 그 물에서는 악취가 나리니 애굽 사람들이 강물 마시기를 싫어하리라

19   아론에게 명령하기를 네 지팡이를 잡고 네 팔을 애굽의 물들과 강들과 운하와 못과 모든 호수위에 내밀라 하라 그것들이 피가 되리니 애굽 온 땅과 나무 그릇과 돌 그릇 안에 모두 피가 있으리라

제8장 개구리 재앙과, 이 재앙 그리고 파리 재앙이 차례로 나타났다.
* 두 번째 재앙 : 개구리 떼를 올려보내심 (1~15)
1 여호와께서 모세에게 이르시되 너는 바로에게 가서 그에게 이르기를 여호와의 말씀에 내 백성을 보내라 그들이 나를 섬길 것이니라
2 네가 만일 보내기를 거절하면 내가 개구리로 너의 온 땅을 치리라
3 개구리가 나일강에서 무수히 생기고 올라와서 네 궁과 네 침실과 네 침상 위와 네 신하의 집과 네 백성과 네 화덕과 네 떡 반죽 그릇에 들어갈 것이며
4 개구리가 너와 네 백성과 네 모든 신하에게 기어오르리라 하셨다 하라
5 아론에게 명령하기를 네 지팡이를 잡고 네 팔을 강들과 운하들과 못 위에 펴서 개구리들이 애굽 땅에 올라오게 하라 할지니라
* 세 번째 재앙 : 티끌이 이가 되게 하심 (16~19)
16 아론에게 명령하기를 네 지팡이를 들어 땅의 티끌을 치라 하라 그것이 애굽 온 땅에서 이가 되리라
* 네 번째 재앙 : 파리 떼를 보내심 (20~32)
20 아침에 일찍이 일어나 바로 앞에 서라 그가 물 있는 곳으로 나오리니 그에게 이르기를 여호와께서 이같이 말씀하시기를 내 백성을 보내라, 그러면 그들이 나를 섬길 것이니라
21 네가 만일 내 백성을 보내지 않으면 내가 너와 네 신하와 네 백성과 네 집들의 파리 떼를 보내리니 애굽 사람의 집집에 파리 떼가 가득할 것이며 그들이 사는 땅에도 그러하리라
22 그날에 나는 내 백성이 거주하는 고센 땅을 구별하여 그곳에는

파리가 없게 하리니 이로 말미암아 이 땅에서 내가 여호와인 줄을 네가 알게 될 것이라

23 내가 내 백성과 네 백성 사이를 구별하리니 내일이 표징이 있으리라 하셨다 하라

제9장 가축에게 악질이 번지고 악성 종기와 우박재앙이 내리었다.

* 다섯 번째 재앙 : 가축을 죽게 하심 (1~12)

1 바로에게 들어가서 그에게 이르라 히브리 사람의 하나님 여호와께서 말씀하시기를 내 백성을 보내라 그들이 나를 섬길 것이니라
2 네가 만일 보내기를 거절하고 억지로 잡아두면
3 여호와의 손이, 들에 있는 네 가축 곧 말과 나귀와 낙타와 소와 양에게 더하리니 심한 돌림병이 있을 것이며
4 여호와가 이스라엘의 가축과 애굽의 가축을 구별하리니 이스라엘 자손에게 속한 것은 하나도 죽지 아니하리라 하셨다 하라
5 여호와가 내일 이 땅에서 이 일을 행하리라

* 여섯 번째 재앙 : 악성 종기가 생겨나게 하심 (8~12)

8 너희는 화덕의 재 두 움큼을 가지고 모세가 바로의 목전에서 하늘을 향하여 날리라
9 그 재가 애굽 온 땅의 티끌이 되어 애굽 온 땅의 사람과 짐승에게 붙어서 악성 종기가 생기리라

* 일곱 번째 재앙 : 우박을 내리심 (13~35)

13 아침에 일찍이 일어나 바로 앞에 서서 그에게 이르기를 히브리 사람의 하나님 여호와의 말씀에 내 백성을 보내라 그들이 나를 섬길 것이니라
14 내가 이번에는 모든 재앙을 너와 네 신하와 네 백성에게 내려온

천하에 나와 같은 자가 없음을 네가 알게 하리라

15 내가 손을 펴서 돌림병으로 너와 네 백성을 쳤더라면 네가 세상에서 끊어졌을 것이나

16 내가 너를 세웠음은 나의 능력을 네게 보이고 내 이름이 온 천하에 전파되게 하려 하였음이니라

17 네가 여전히 내 백성 앞에 교만하여 그들을 보내지 아니하느냐

18 내일 이맘때면 내가 무거운 우박을 내리리니 애굽 나라가 세워진 그 날로부터 지금까지 그와 같은 일이 없었더라

19 이제 사람을 보내어 네 가축과 네들에 있는 것을 다 모으라 사람이나 짐승이나 무릇 들에 있어서 집에 돌아오지 않는 것들에게는 우박이 그 위에 내리리니 그것들이 죽으리라

22 너는 하늘을 향하여 손을 들어 애굽 전국에 우박이 애굽 땅의 사람과 짐승과 밭의 모든 채소에 내리게 하라

제10장 메뚜기가 왕궁에 들어가고 모세가 손을 내밀매 흑암이 사흘 동안 계속되었다.

* 여덟 번째 재앙 : 메뚜기 떼의 습격을 허락하심 (1~20)

1 바로에게로 들어가라 내가 그의 마음과 그의 신하들의 마음을 완강하게 함은 나의 표징을 그들 중에 보이기 위함이며

2 네게 내가 애굽에서 행한 일들 곧 내가 그들 가운데에서 행한 표징을 네 아들과 네 자손의 귀에 전하기 위함이라 너희는 내가 여호와인 줄을 알리라

3 네가 어느 때까지 내 앞에 겸비하지 아니하겠느냐 내 백성을 보내라 그들이 나를 섬길 것이라

4 네가 만일 내 백성 보내기를 거절하면 내일 내가 메뚜기를 네 경

내에 들어가게 하리니

5 메뚜기가 지면을 덮어서 사람이 땅을 볼 수 없을 것이라 메뚜기가 네게 남은 그것 곧 우박을 면하고 남은 것을 먹으며 너희를 위하여 들에서 자라나는 모든 나무를 먹을 것이며

6 또 네 집들과 네 모든 신하의 집들과 모든 애굽 사람의 집들에 가득하리니 이는 네 아버지와 네 조상이 이 땅에 있었던, 그날로부터 오늘까지 보지 못하였던 것이리라

12 애굽 땅 위에 네 손을 내밀어 메뚜기를 애굽 땅에 올라오게 하여 우박에 상하지 아니한 밭의 모든 채소를 먹게 하라

* 아홉 번째 재앙 : 흑암이 있게 하심 (21~29)

21 하늘을 향하여 네 손을 내밀어 애굽 땅 위에 흑암이 있게 하라 곧 더듬을 만한 흑암이리라

제11장 그래도 고집을 꺾지 않는 바로에게, 사람과 가축의 초 태생을 죽게 하시었다.

* 처음 난 것의 죽음을 예고하심 (1~10)

1 내가 이제 한 가지 재앙을 바로와 애굽에 내린 후에야 그가 너희를 여기서 내보내리라 그가 너희를 내보낼 때는 여기서 반드시 다 쫓아내리니

2 백성에게 말하여 사람들에게 각기 이웃들에게 은금 패물을 구하게 하라

4 밤중에 내가 애굽 가운데로 들어가리니

5 애굽 땅에 있는 모든 처음 난 것은 왕위에 앉아 있는 바로의 장자로부터 맷돌 뒤에 있는 몸종의 장자와 모든 가축의 처음 난 것까지 죽으리니

6 애굽 온 땅에 전무후무한 큰 부르짖음이 있으리라
7 그러나 이스라엘 자손에게는 사람에게나 짐승에게나 개 한 마리도 그 혀를 움직이지 아니하리니 여호와께서 애굽 사람과 이스라엘 사이를 구별하는 줄을 너희가 알리라
9 바로가 너희의 말을 듣지 아니하리라 그러므로 내가 애굽 땅에서 나의 기적을 더하리라

* 유월절 : 애굽으로부터 해방을 기념하기 위한 축제일 (1~14)

제12장 해방이후 있을 여러 가지 일들을 준비시키신다. 무교병과 쓴 나물을 먹고 어린양의 피를 문설주에 바르라고 명령하시었다.

2 이달을 너희에게 달의 시작 곧 해의 첫 달이 되게 하고
3 너희는 이스라엘 온 회중에게 말하여 이르라 이달 열흘에 너희 각자가 어린 양을 잡을지니 각 가족대로 그 식구를 위하여 어린 양을 취하되
4 그 어린 양에 대하여 식구가 너무 적으면 그 집의 이웃과 함께 사람 수를 따라서 하나를 잡고 각 사람이 먹을 수 있는 분량에 따라서 너희 어린 양을 계산할 것이며
5 너희 어린 양은 흠 없고 일 년 된 수컷으로 하되 양이나 염소 중에서 취하고
6 이달 열 나흗날까지 간직하였다가 해 질 때에 이스라엘 회중이 그 양을 잡고
7 그 피를 양을 먹을 집 좌우 문설주와 인방에 바르고
8 그 밤에 그 고기를 불에 구워 무교병과 쓴 나물과 아울러 먹되
9 날것으로나 물에 삶아서 먹지 말고 머리와 다리와 내장을 다 불에 구워 먹고(출12:9)

10 아침까지 남겨두지 말며 아침까지 남은 것은 곧 불사르라

11 너희는 그것을 이렇게 먹을지니 허리에 띠를 띠고 발에 신을 신고 손에 지팡이를 잡고 급히 먹으라 이것이 여호와의 유월절이니라

12 내가 그 밤에 애굽 땅에 두루 다니며 사람이나 짐승을 막론하고 애굽 땅에 있는 모든 처음난 것을 다 치고 애굽의 모든 신을 내가 심판하리라 나는 여호와라

13 내가 애굽 땅을 칠 때 그 피가 너희가 사는 집에 있어서 너희를 위하여 표적이 될 지라 내가 피를 볼 때 너희를 넘어가리니 재앙이 너희에게 내려 멸하지 아니하리라

14 너희는 이날을 기념하여 여호와의 절기를 삼아 영원한 규례로 대대로 지킬지니라

* 무교절 : 누룩 없는 떡을 먹으며 출애굽을 생각하는 절기 (15~20)

15 너희는 이레 동안 무교병을 먹을지니 그 첫날에 누룩을 너희 집에서 제하라 무릇 첫날부터 일곱째 날까지 유교병을 먹는 자는 이스라엘에서 끊어지리라

16 너희에게 첫날에도 성회요 일곱째 날에도 성회가 되니 너희는 이 두 날에는 아무 일도 하지말고 각자의 먹을 것만 갖출 것이니라

17 너희는 무교절을 지키라 이날에 내가 너희 군대를 애굽 땅에서 인도하여 내었음이니라 그러므로 너희가 영원한 규례로 삼아 대대로 이날을 지킬지니라

18 첫째 달 그달 열 나흗날 저녁부터 이십일일 저녁까지 너희는 무교병을 먹을 것이요

19 이레 동안은 누룩이 너희 집에서 발견되지 아니하도록 하라 무릇

유교물을 먹는 자는 타국인이든지 본국에서 난자든지를 막론하고 이스라엘 회중에서 끊어지리니

20 너희는 아무 유교물 이든지 먹지 말고 너희 모든 유하는 곳에서 무교병을 먹을지니라

* 첫 유월절은 지킬 것을 당부하심 (21~28)
* 열 번째 재앙 : 처음 난 것들의 죽음을 말씀하심 (29~36)
* Israel이 애굽 땅에서 나옴 (37~42) 유월절의 규례(43~51)

43 유월절 규례는 이러하니라 이방 사람은 먹지 못할 것이나
44 각 사람이 돈으로 산 종은 할례를 받은 후에 먹을 것이며
45 거류인과 타국 품꾼은 먹지 못하리라
46 한 집에서 먹되 그 고기를 조금도 집 밖으로 내지 말고 뼈도 꺾지 말지며
47 이스라엘 회중이 다 이것을 지킬지니라
48 너희와 함께 거류하는 타국인이 여호와의 유월절을 지키고자 하거든 그 모든 남자는 할례를 받은 후에야 가까이하여 지킬지니 곧 그는 본토인과 같이 될 것이나 할례받지 못한 자는 먹지 못할 것이니라
49 본토인에게나 너희 중에 거류하는 이방인에게 이 법이 같으니라

* 할례 : 하나님의 명령으로 난지 8일 만에 남자아이의 성기의 표피를 자르는 의식 (창17:11)

제13장 가나안에서의 삶을 미리 당부하시고, 홍해 도강을 앞두고 백성들을 안심시키셨다.

* 무교절 누룩을 넣지 않은 떡과 쓴 나물을 함께 먹는 절기 (1~10)
2 이스라엘 자손 중에서 사람이나 짐승을 막론하고 태에서 처음

난 모든 것은 다 거룩히 구별하여 내게 돌리라 이는 내 것이니라
5　　젖과 꿀이 흐르는 땅
* 태(胎)에서 처음 난 것들은 하나님의 것 (11~16)
* 출애굽 이후에 구름 기둥과 불기둥으로 지켜주실 것을 약속하심 (17) (17~22)
17　이 백성이 전쟁을 하게되면 마음을 돌이켜 애굽으로 돌아갈까

제14장 모세가 손을 내밀매 하나님께서 바다를 가르시고 백성들이 홍해를 무사히 도강하였다.
* 꿈에도 그리던 출애굽의 첫 단계, 드디어 홍해를 건넘 (1~31)
2　이스라엘 자손에게 명령하여 돌이켜 바다와 믹돌 사이의 비하히롯 앞 곧 바알스본 맞은편 바닷가에 장막을 치게 하라
3　바로가 이스라엘 자손에 대하여 말하기를 그들이 그 땅에서 멀리 떠나 광야에 갇힌바 되었다 하리라
4　내가 바로의 마음을 완악하게 한즉 바로가 그들의 뒤를 따르리니 내가 그와 그의 온 군대로 말미암아 영광을 얻어 애굽 사람들이 나를 여호와인 줄 알게 하리라
15　너는 어찌하여 내게 부르짖느냐 이스라엘 자손에게 명령하여 앞으로 나아가게 하고
16　지팡이를 들고 손을 바다 위로 내밀어 그것이 갈라지게 하라 이스라엘 자손이 바다 가운데서 마른 땅으로 행하리라
17　내가 애굽 사람들의 마음을 완악하게 할 것인즉 그들이 그 뒤를 따라 들어갈 것이라 내가 바로와 그의 모든 군대와 그의 병거와 마병으로 말미암아 영광을 얻으리니
18　내가 바로와 그의 병거와 마병으로 말미암아 영광을 얻을때에야

애굽 사람들이 나를 여호와인 줄 알리라

26 네 손을 바다 위로 내밀어 물이 애굽 사람들과 그들의 병거들과 마병들 위에 다시 흐르게 하라

제15장 도강 후 모세와 미리암이 하나님을 찬양했다. 마라의 쓴물이 단물이 되었다.

* 모세의 찬송 / 미리암의 노래 / 마라의 쓴물이 단물로 변하는 하나님의 권능 (1~27)

26 너희가 너희 하나님 나 여호와의 말을 들어 순종하고 내가 보기에 의를 행하며 내 계명에 귀를 기울이며 내 모든 규례를 지키면 내가 애굽 사람에게 내린 모든 질병 중 하나도 너희에게 내리지 아니하리니 나는 너희를 치료하는 여호와임이라

하나님께서는 자신을 가리켜 "나 여호와가 말하노라"라고 엄숙히 말씀하신 것이 아니라 자신을 객관화 시키셔서 말씀을 이어가신다. 불만이 많은 Israel 백성들을 광야에서 투정 부리는 아이를 달래는 부드러운 부모님의 음성을 체험한다. 이곳에서는 말씀을 듣는 청자가 숫자가 많은 무리임을 생각한다면 일명 스피커 음성을 들려주셨을 가능성이 있어 보인다.

제16장 출애굽 이후 Israel 백성들이 먹을 것으로 투정했다. 만나와 메추라기를 주시었다.

* 먹을 것이 없는 광야에서 하나님께서는 만나와 메추라기를 주심 (1~36)

4 보라 내가 너희를 위하여 하늘에서 양식을 비같이 내리리니 백성이 나가서 일용할 것을 날마다 거둘 것이라 이같이 하여 그들이 내 율법을 준행하나 아니하나 내가 시험하리라

12 내가 이스라엘 자손의 원망함을 들었노라 그들에게 말하여 이르

기를 너희가 해 질 때에는 고기를 먹고 아침에는 떡으로 배부르리니 내가 여호와 너희의 하나님인 줄 알리라 하라

16 너희 각 사람은 먹을 만큼만 이것을 거둘지니 곧 너희 사람 수효대로 한 사람에 한 오멜씩 거두되 각 사람이 그의 장막에 있는 자들을 위하여 거둘지니라

23 내일은 휴일이니 여호와께 거룩한 안식일이라 너희가 구울 것은 굽고 삶을 것은 삶고 그 나머지는 다 너희를 위하여 아침까지 간수하라

28 어느 때까지 너희가 내 계명과 내 율법을 지키지 아니하려느냐

29 볼지어다 여호와가 너희에게 안식일을 줌으로 여섯째 날에는 이틀 양식을 너희에게 주는 것이니 너희는 각기 처소에 있고 일곱째 날에는 아무도 그의 처소에서 나오지 말지니라

32 이것을 오멜에 채워서 너희의 대대 후손을 위하여 간수하라 이는 내가 너희를 애굽 땅에서 인도하여 낼 때에 광야에서 너희에게 먹인 양식을 그들에게 보이기 위함이니라

제17장 호렙산 반석에서 물이 나왔다. 모세가 여호수아의 손을 듦으로 아말렉을 이기었다.

* 하나님께서 바위에서 물을 내셔서 하나님의 전능하심을 보이심 (1~7)

5 백성 앞을 지나서 이스라엘 장로들을 데리고 나일강을 치던 네 지팡이를 손에 잡고 가라

6 호렙산에 있는 그 반석 위 거기서 네 앞에 서리니 너는 그 반석을 치라 그것에서 물이 나오리니 백성이 마시리라

* 아말렉과 의 싸움에서 승리하게 하심 (8~16)

14 이것을 책에 기록하여 기념하게 하고 여호수아의 귀에 외워 들리라 내가 아말렉을 없이하여 천하에서 기억도 못 하게 하리라

제18장 모세의 장인 이드로를 만나 그의 말을 듣고 천 부장, 백 부장, 십 부장을 세웠다.

제19장 Israel 백성이 새내광야에 도착하고, 하나님께서 시내산에 강림하셨다.

3 너는 이같이 야곱의 집에 말하고 이스라엘 자손들에게 말하라
4 내가 애굽 사람에게 어떻게 행하였음과 내가 어떻게 독수리 날개로 너희를 업어 내게로 인도하였음을 너희가 보았느니라
5 세계가 다 내게 속하였나니 너희가 내 말을 잘 듣고 내 언약을 지키면 너희는 모든 민족 중에서 내 소유가 되겠고
6 너희가 내게 대하여 제사장 나라가 되며 거룩한 백성이 되리라 너는 이 말을 이스라엘 자손에게 전할지니라
9 내가 **빽빽한** 구름 가운데서 네게 임함은 내가 너와 말하는 것을 백성들이 듣게 하며 또한 너를 영영히 믿게 하려 함이니라
10 너는 백성에게로 가서 오늘과 내일 그들을 성결하게 하며 그들에게 옷을 빨게 하고
11 준비하게 하여 셋째 날을 기다리게 하라 이는 셋째 날에 나 여호와가 온 백성의 목전에서 시내 산에 강림할 것임이니
12 너는 백성을 위하여 주위에 경계를 정하고 이르기를 너희는 삼가 산에 오르거나 그 경계를 침범하지 말지니 산을 침범하는 자는 반드시 죽임을 당할 것이라
13 그런 자에게는 손을 대지 말고 돌로 쳐 죽이거나 화살로 쏘아 죽여야 하리니 짐승이나 사람을 막론하고 살아남지 못하리라 하고

나팔을 길게 불거든 산 앞에 이를 것이니라

21 내려가서 백성을 경고하라 백성이 밀고 들어와 나 여호와에게로 와서 보려고 하다가 많이 죽을까 하노라

22 또 여호와에게 가까이하는 제사장들에게 그 몸을 성결하게 하라 나 여호와가 그들을 칠까 하노라

23 산 주위에 경계를 세워 산을 거룩하게 하라

24 가라 너는 내려가서 아론과 함께 올라오고 제사장들과 백성에게는 경계를 넘어, 나 여호와에게로 올라오지 못하게 하라 내가 그들을 칠까 하노라

제20장 십계명을 주셨다. 강림하신 하나님을 두려워했다. 제단에 관한 규칙을 일러주셨다.

* 십계명(十誡命)의 법(法) (1~21)

2 나는 너를 애굽땅, 종 되었던 집에서 인도하여 낸 네 하나님 여호와니라

3 너는 나 외에는 다른 신들을 네게 두지 말라

4 너를 위하여 새긴 우상을 만들지 말고 또 위로 하늘에 있는 것이나 아래로 땅에 있는 것이나 땅 아래 물속에 있는 것의 어떤 형상도 만들지 말며

5 그것들에게 절하지 말며 그것들을 섬기지 말라 나 네 하나님 여호와는 질투하는 하나님인즉 나를 미워하는 자의 죄를 갚되 아버지로부터 아들에게로 삼사 대까지 이르게 하거니와

6 나를 사랑하고 내 계명을 지키는 자에게는 천 대까지 은혜를 베푸느니라

7 너는 네 하나님 여호와의 이름을 망령되게 부르지 말라 여호와

는 그의 이름을 망령되게 부르는 자를 죄 없다 하지 아니하리라
8 안식일을 기억하여 거룩하게 지키라
9 엿새 동안은 힘써 네 모든 일을 행할 것이나
10 일곱째 날은 네 하나님 여호와의 안식일인즉 너나 네 아들이나 네 딸이나 네 남종이나 네 여종이나 네 가축이나 네 문안에 머무는 객이라도 아무 일도 하지 말라
11 이는 엿새 동안에 나 여호와가 하늘과 땅과 바다와 그 가운데 모든 것을 만들고 일곱째 날에 쉬었음이라 그러므로 나 여호와가 안식일을 복되게 하여 그날을 거룩하게 하였느니라
12 네 부모를 공경하라 그리하면 네 하나님 여호와가 네게 준 땅에서 네 생명이 길리라
13 살인하지 말라
14 간음하지 말라
15 도둑질하지 말라
16 네 이웃에 대하여 거짓 증거 하지 말라
17 네 이웃의 집을 탐내지 말라 네 이웃의 아내나 그의 남종이나 그의 여종이나 그의 소나 그의 나귀나 무릇 네 이웃의 소유를 탐내지 말라

* 제단(祭壇)과 관련된 법(法) (22~26)

22 너는 이스라엘 자손에게 이같이 이르라 내가 하늘로부터 너희에게 말하는 것을 너희 스스로 보았으니
23 너희는 나를 비겨서 은으로나 금으로나 너희를 위하여 신상을 만들지 말고
24 내게 토단을 쌓고 그 위에 네 양과 소로 네 번제와 화목제를 드

리라 내가 내 이름을 기념하게 하는 모든 곳에서 네게 임하여 복을 주리라
25 네가 내게 돌로 제단을 쌓거든 다듬은 돌로 쌓지 말라 네가 정으로 그것을 쪼면 부정하게 함이니라
26 너는 층계로 내 제단에 오르지 말라 네 하체가 그 위에서 드러날까 함이니라

제21장 종을 쉬게 하는 안식년을 정하셨다. 폭행과 짐승 주인에 관한 법을 주셨다.

* 종과 관련된 법(法) (1~11)
1 네가 백성 앞에 세울 법규는 이러하니라
2 네가 히브리 종을 사면 그는 여섯 해 동안 섬길 것이요 일곱째 해에는 몸값을 물지 않고 나가 자유인이 될 것이며
3 만일 그가 단신으로 왔으면 단신으로 나갈 것이요 장가들었으면 그의 아내도 그와 함께 나가려니와
4 만일 상전이 그에게 아내를 주어 그의 아내가 아들이나 딸을 낳았으면 그의 아내와 그의 자식들은 상전에게 속할 것이요 그는 단신으로 나갈 것이로되
5 만일 종이 분명히 말하기를 내가 상전과 내 처자를 사랑하니 나가서 자유인이 되지 않겠노라 하면
6 상전이 그를 데리고 재판장에게로 갈 것이요 또 그를 문이나 문설주 앞으로 데리고 가서 그것에다가 송곳으로 그의 귀를 뚫을 것이라 그는 종신토록 그 상전을 섬기리라
7 사람이 자기의 딸을 여종으로 팔았으면 그는 남종같이 나오지 못할 지며

8 만일 상전이 그를 기뻐하지 아니하여 상관하지 않으면 그를 속량하게 할 것이나 상전이 그 여자를 속인 것이 되었으니 외국인에게는 팔지 못할 것이요

9 만일 그를 자기 아들에게 주기로 하였으면 그를 딸 같이 대우할 것이요

10 만일 상전이 다른 여자에게 장가들지라도 그 여자의 음식과 의복과 동침하는 것은 끊지 말것이요

11 그가 이 세 가지를 시행하지 않으면, 여자는 속전을 내지 않고 거저 나가게 할 것이니라

* 폭행(暴行)과 관련된 법(法) (12~27)

12 사람을 쳐 죽인 자는 반드시 죽일 것이나

13 만일 사람이 일부러 한 것이 아니라 나 하나님이 사람을 그의 손에 넘긴 것이면 내가 그를 위하여 한 곳을 정하리니 그 사람이 그리로 도망할 것이며

14 사람이 그의 이웃을 고의로 죽였으면 너는 그를 내 제단에서라도 잡아내려 죽일지니라

15 자기 아버지나 어머니를 치는 자는 반드시 죽일지니라

16 사람을 납치한 자가 그 사람을 팔았든지 자기 수하에 두었든지 그를 반드시 죽일지니라

17 자기의 아버지나 어머니를 저주하는 자는 반드시 죽일지니라

18 사람이 서로 싸우다가 하나가 돌이나 주먹으로 그의 상대방을 쳤으나 그가 죽지 않고 자리에 누웠다가

19 지팡이를 짚고 일어나 걸으면 그를 친자가 형벌은 면하되 그간의 손해를 배상하고 그가 완치되게 할 것이니라

20 사람이 매로 그 남종이나 여종을 쳐서 당장에 죽으면 반드시 형벌을 받으려니와
21 그가 하루나 이틀을 연명하면 형벌을 면하리니 그는 상전의 재산임이라
22 사람이 서로 싸우다가 임신한 여인을 쳐서 낙태하게 하였으나 다른 해가 없으면 그 남편의 청구대로 반드시 벌금을 내되 재판장의 판결을 따라 낼 것이니라
23 그러나 다른 해가 있으면 갚되 생명은 생명으로,
24 눈은 눈으로, 이는 이로, 손은 손으로, 발은 발로,
25 덴 것은 덴 것으로, 상하게 한 것은 상함으로, 때린 것은 때림으로 갚을지니라
26 사람이 그 남종의 한 눈이나 여종의 한눈을 쳐서 상하게 하면 그 눈에 대한 보상으로 그를 놓아줄 것이며
27 그 남종의 이나 여종의 이를 쳐서 빠뜨리면 그 이에 대한 보상으로 그를 놓아줄지니라
28 소가 남자나 여자를 받아서 죽이면 그 소는 반드시 돌로 쳐서 죽일 것이요 그 고기는 먹지 말것이며 임자는 형벌을 면 하려니와

* 주인(主人)과 관련된 법(法) (28~36)

29 소가 본래 받는 버릇이 있고 그 임자는 그로 말미암아 경고를 받았으되 단속하지 아니하여 남녀를 막론하고 받아 죽이면 그 소는 돌로 쳐 죽일 것이고 임자도 죽일 것이며
30 만일 그에게 속죄금을 부과하면 무릇 그 명령한 것을 생명의 대가로 낼 것이요
31 아들을 받든지 딸을 받든지 이 법규대로 그 임자에게 행할 것이

며

32 소가 만일 남종이나 여종을 받으면 소 임자가 은 삼십 세겔을 그의 상전에게 줄 것이요 소는 돌로 쳐서 죽일지니라

33 사람이 구덩이를 열어두거나 구덩이를 파고 덮지 아니하므로 소나 나귀가 거기에 빠지면

34 그 구덩이 주인이 잘 보상하여 짐승의 임자에게 돈을 줄 것이요 죽은 것은 그가 차지할 것이니라

35 이 사람의 소가 저 사람의 소를 받아 죽이면 살아 있는 소를 팔아 그 값을 반으로 나누고 또한 죽은 것도 반으로 나누려니와

36 그 소가 본래 받는 버릇이 있는 줄을 알고도 그 임자가 단속하지 않았으면 그는 소로 소를 갚을 것이요 죽은 것은 그가 차지할지니라

제22장 배상과 윤리, 도덕에 관한 법을 주셨다.

* 배상(賠償)과 관련된 법(法) (1~15)

1 사람이 소나 양을 도둑질하여 잡거나 팔면 그는 소 한 마리에 소 다섯 마리로 갚고 양 한 마리에 양 네 마리로 갚을지니라

2 도둑이 뚫고 들어오는 것을 보고 그를 쳐 죽이면 피 흘린 죄가 없으나

3 해 돋은 후에는 피 흘린 죄가 있으리라 도둑은 반드시 배상할 것이나 배상할 것이 없으면 그 몸을 팔아 그 도둑질한 것을 배상할 것이요

4 도둑질한 것이 살아 그의 손에 있으면 소나 나귀나 양을 막론하고 갑절을 배상할지니라

5 사람이 밭에서나 포도원에서 짐승을 먹이다가 자기의 짐승을 놓

아 남의 밭에서 먹게 하면 자기 밭의 가장 좋은 것과 자기 포도원의 가장 좋은 것으로 배상할지니라(출22:5)
6 불이 나서 가시나무에 댕겨 낟가리나 거두지 못한 곡식이나 밭을 태우면 불 놓은 자가 반드시 배상할지니라
7 사람이 돈이나 물품을 이웃에게 맡겨 지키게 하였다가 그 이웃집에서 도둑을 맞았는데 그 도둑이 잡히면 갑절을 배상할 것이요
8 도둑이 잡히지 않으면 그 집 주인이 재판장 앞에 가서 자기가 그 이웃의 물품에 손댄 여부의 조사를 받을 것이며
9 어떤 잃은 물건 즉 소나 나귀나 양이나 의복이나, 또는 다른 잃은 물건에 대하여 어떤 사람이 이르기를 이것이 그것이라 하면 양편이 재판장 앞에 나아갈 것이요 재판장이 죄 있다고 하는 자가 그 상대편에게 갑절을 배상할지니라
10 사람이 나귀나 소나 양이나 다른 짐승을 이웃에게 맡겨 지키게 하였다가 죽거나 상하거나 끌려가도 본 사람이 없으면
11 두 사람 사이에 맡은 자가 이웃의 것에 손을 대지 아니하였다고 여호와께 맹세할 것이요 그 임자는 그대로 믿을 것이며 그 사람은 배상하지 아니 하려니와
12 만일 자기에게서 도둑맞았으면 그 임자에게 배상할 것이며
13 만일 찢겼으면 그것을 가져다가 증언할 것이요 그 찢긴 것에 대하여 배상하지 않을지니라
14 만일 이웃에게 빌려온 것이 그 임자가 함께 있지 아니할 때 상하거나 죽으면 반드시 배상하려니와
15 그 임자가 그것과 함께 있었으면 배상하지 아니할지니라 만일 세 낸 것이면 세로 족하니라

* 도덕(道德)과 관련된 법(法) (16~31)

16 사람이 약혼하지 아니한 처녀를 꾀어 동침하였으면 납폐금을 주고 아내로 삼을 것이요

17 만일 처녀의 아버지가 딸을 그에게 주기를 거절하면 그는 처녀에게 납폐금으로 돈을 낼지니라

18 너는 무당을 살려두지 말라

19 짐승과 행음하는 자는 반드시 죽일지니라

20 여호와 외에 다른 신에게 제사하는 자는 멸할지니라

21 너는 이방 나그네를 압제하지 말며 그들을 학대하지 말라 너희도 애굽 땅에서 나그네였음이라

22 너는 과부나 고아를 해롭게 하지 말라

23 네가 만일 그들을 해롭게 하므로 그들이 내게 부르짖으면 내가 반드시 그 부르짖음을 들으리라

24 나의 노가 맹렬하므로 내가 칼로 너희를 죽이리니 너희의 아내는 과부가 되고 너희 자녀는 고아가 되리라

25 네가 만일 너와 함께한 내 백성 중에서 가난한 자에게 돈을 꾸어 주면 너는 그에게 채권자처럼 하지 말며 이자를 받지 말 것이며

26 네가 만일 이웃의 옷을 전당 잡거든 해가 지기 전에 그에게 돌려보내라

27 그것이 유일한 옷이라 그것이 그의 알몸을 가릴 옷인즉 그가 무엇을 입고 자겠느냐, 그가 내게 부르짖으면 내가 들으리니 나는 자비로운 자임이니라

28 너는 재판장을 모독하지 말며 백성의 지도자를 저주하지 말지니라

29 너는 네가 추수한 것과 네가 짜낸 즙을 바치기를 더디 하지 말 지 며 네 처음 난 아들들을 내게 줄지며
30 네 소와 양도 그와 같이하되 이레 동안 어미와 함께 있게 하다가 여드레 만에 내게 줄 지니라
31 너희는 내게 거룩한 사람이 될지니 들에서 짐승에게 찢긴 동물의 고기를 먹지 말고 그것을 개에게 던질지니라

제23장 공평, 안식년, 일 / 세 가지 절기와 Israel 백성에게 말씀하신 명령과 약속을 말씀하심

* 공평(公平)과 관련된 法 (1~9)
1 너는 거짓된 풍설을 퍼뜨리지 말며 악인과 연합하여 위증하는 증인이 되지 말며
2 다수를 따라 악을 행하지 말며 송사에 다수를 따라 부당한 증언을 하지 말며
3 가난한 자의 송사라고 해서 편벽되이 두둔하지 말지니라
4 네가 만일 네 원수의 길 잃은 소나 나귀를 보거든 반드시 그 사람에게로 돌릴 지며
5 네가 만일 너를 미워하는 자의 나귀가 짐을 싣고 엎드러짐을 보거든 그것을 버려두지 말고 그것을 도와 그 짐을 부릴지니라
6 너는 가난한 자의 송사라고 정의를 굽게 하지 말며
7 거짓 일을 멀리하며 무죄한 자와 의로운 자를 죽이지 말라 나는 악인을 의롭다 하지, 아니하겠노라
8 너는 뇌물을 받지 말라 뇌물은 밝은 자의 눈을 어둡게 하고 의로운 자의 말을 굽게 하느니라 9 너는 이방 나그네를 압제하지 말라 너희가 애굽 땅에서 나그네 되었으므로 나그네의 사정을 아

느니라

* 안식년(安息年)과 안식일(安息日)에 관련된 法 (10~13)
10 너는 여섯 해 동안은 너의 땅에 파종하여 그 소산을 거두고
11 일곱째 해에는 갈지 말고 묵혀두어서 네 백성의 가난한 자들이 먹게 하라 그 남은 것은 들짐승이 먹으리라 네 포도원과 감람원도 그리할지니라
12 너는 엿새 동안에 네 일을 하고 일곱째 날에는 쉬라 네 소와 나귀가 쉴 것이며 네 여종의 자식과 나그네가 숨을 돌리리라
13 내가 네게 이른 모든 일을 삼가 지키고 다른 신들의 이름은 부르지도 말며 네 입에서 들리게도 하지 말지니라

* 세 가지14 절기(節氣)와 관련된 法 (14~19)
14 너는 매년 세 번 내게 절기를 지킬지니라
15 너는 무교병의 절기를 지키라 내가 네게 명령한 대로 아빕월의 정한 때에 이레 동안 무교병을 먹을지니 이는 그달에 네가 애굽에서 나왔음이라 빈손으로 내 앞에 나오지 말지니라
16 맥추절을 지키라 이는 네가 수고하여 밭에 뿌린 것의 첫 열매를 거둠이니라 수장절을 지키라이는 네가 수고하여 이룬 것을, 연말에 밭에서부터 거두어 저장함이니라
17 네 모든 남자는 매년 세 번씩 주 여호와께 보일지니라
18 너는 네 제물의 피를 유교병과 함께 드리지 말며 내 절기 제물의 기름을 아침까지 남겨두지 말지니라
19 네 토지에서 처음 거둔 열매의 가장 좋은 것을 가져다가 너의 하나님 여호와의 전에 드릴지니라 너는 염소 새끼를 그 어미의 젖으로 삶지 말지니

20 내가 사자를 네 앞서 보내어 길에서 너를 보호하여 너를 내가 예비한 곳에 이르게 하리니

* 명령(命令)과 약속(約束)에 관련된 法 (20~33)

21 너희는 삼가 그의 목소리를 청종하고 그를 노엽게 하지 말라 그가 너희의 허물을 용서하지 아니할 것은 내 이름이 그에게 있음이니라

22 네가 그의 목소리를 잘 청종하고 내 모든 말대로 행하면 내가 네 원수에게 원수가 되고 네 대적에게 대적이 될지라

23 내 사자가 네 앞서가서 너를 아모리 사람과 헷 사람과 브리스 사람과 가나안 사람과 히위 사람과 여부스 사람에게로 인도하고 나는 그들을 끊으리니

24 너는 그들의 신을 경배하지 말며 섬기지 말며 그들의 행위를 본받지 말고 그것들을 다 깨뜨리며 그들의 주상을 부수고

25 네 하나님 여호와를 섬기라 그리하면 여호와가 너희의 양식과 물에 복을 내리고 너희 중에서 병을 제하리니

26 네 나라에 낙태하는 자가 없고, 임신하지 못하는 자가 없을 것이라 내가 너의 날 수를 채우리라

27 내가 내 위엄을 네 앞서 보내어 네가 이를 곳의 모든 백성을 물리치고 네 모든 원수들이 네게 등을 돌려 도망하게 할 것이며

28 내가 왕벌을 네 앞에 보내리니 그 벌이 히위 족속과 가나안 족속과 헷 족속을 네 앞에서 쫓아내리라

29 그러나 그 땅이 황폐하게 되므로 들짐승이 번성하여 너희를 해할까 하여 일 년 안에는 그들을 네 앞에서 쫓아내지 아니하고

30 네가 번성하여 그 땅을 기업으로 얻을 때까지 내가 그들을 네 앞

에서 조금씩 쫓아내리라

31 내가 네 경계를 홍해에서부터 블레셋 바다까지, 광야에서부터 강까지 정하고 그 땅의 주민을 네 손에 넘기리니 네가 그들을 네 앞에서 쫓아낼 지라

32 너는 그들과 그들의 신들과 언약하지 말라

33 그들이 네 땅에 머무르지 못할 것은 그들이 너를 내게 범죄 하게 할까 두려움이라 네가 그 신들을 섬기면 그것이 너의 올무가 되리라

제24장 시내산에서 모세와 70 장로에게 언약하시고, 모세가 시내산에서 40일을 머물렀다.

* 시내산에서 언약을 세우심 (1~11)

1 너는 아론과 나답과 아비후와 이스라엘 장로 칠십 명과 함께 여호와께로 올라와 멀리서 경배하고

2 너 모세만 여호와께 가까이 나아오고 그들은 가까이 나아오지 말며 백성은 너와 함께 올라오지 말지니라

* 모세에게 시내산에서 사십 일 동안 있을 것을 명령하심 (12~18)

12 너는 산에 올라 내게로 와서 거기 있으라 네가 그들을 가르치도록 내가 율법과 계명을 친히 기록한 돌 판을 네게 주리라

제25장 성소 지을 예물을 종류대로 말씀하셨다.
(증거궤, 상, 등잔대와 여러 기구)

* 백성들이 성소(聖所) 지을 예물(禮物)을 가져옴 (1~9)

2 내게 예물을 가져오라 하고 기쁜 마음으로 내는 자가 내게 바치는 모든 것을 너희는 받을지니라

3 너희가 그들에게서 받을 예물은 이러하니 금과 은과 놋과

4 청색 자색 홍색 실과 가는 베 실과 염소 털과
5 붉은 물들인 숫양의 가죽과 해달의 가죽과 조각목과
6 등유와 관유에 드는 향료와 분향할 향을 만들 향품과
7 호마노며 에봇과 흉패에 물릴 보석이니라
8 내가 그들 중에 거할 성소를 그들이 나를 위하여 짓되
9 무릇 내가 네게 보이는 모양대로 장막을 짓고 기구들도 그 모양을 따라 지을지니라

* 증거궤의 제료와 규격을 친절하게 말씀하심 (10~22)
  [증거궤는 지성소에 위치하고 십계명, 싹 난 지팡이, 맛나가 담긴 언약궤이다.]

10 그들은 조각목으로 궤를 짜되 길이는 두 규빗 반, 너비는 한 규빗 반, 높이는 한 규빗 반이 되게 하고
11 너는 순금으로 그것을 싸되 그 안팎을 싸고 위쪽 가장자리로 돌아가며 금 테를 두르고
12 금 고리 넷을 부어 만들어 그, 네 발에 달되 이쪽에 두 고리 저쪽에 두 고리를 달며
13 조각목으로 채를 만들어 금으로 싸고
14 그 채를 궤 양쪽 고리에 꿰어서 궤를 메게 하며
15 채를 궤의 고리에 꿴 대로 두고 빼내지 말 지며
16 내가 네게 줄 증거판을 궤 속에 둘 지며
17 순금으로 속죄소를 만들되 길이는 두 규빗 반, 너비는 한 규빗 반이 되게 하고
18 금으로 그룹 둘을 속죄소 두 끝에 쳐서 만들되
19 한 그룹은 이 끝에, 또 한 그룹은 저 끝에 곧 속죄소 두 끝에 속

속죄소와 한 덩이로 연결할지며

20 그룹들은 그 날개를 높이 펴서 그 날개로 속죄소를 덮으며 그 얼굴을 서로 대하여 속죄소를 향하게 하고

21 속죄소를 궤 위에 얹고 내가 네게 줄 증거판을 궤 속에 넣으라

22 거기서 내가 너와 만나고 속죄소 위 곧 증거궤 위에 있는 두 그룹 사이에서 내가 이스라엘 자손을 위하여 네게 명령할 모든 일을 네게 이르리라

* '진설병을 두는 상은 이렇게 만들어라' 하심 (23~30)
  [진설병은 성소에 두기 위하여 누룩 없는 고운 가루로 만든 12개의 떡이다.]

23 너는 조각목으로 상을 만들되 길이는 두 규빗, 너비는 한 규빗, 높이는 한 규빗 반이 되게 하고

24 순금으로 싸고 주위에 금테를 두르고

25 그 주위에 손바닥 넓이 만한 턱을 만들고 그 턱 주위에 금으로 테를 만들고

26 그것을 위하여 금 고리 넷을 만들어 그, 네 발 위 네 모퉁이에 달되

27 턱 곁에 붙이라 이는 상을 멜 채를 꿸 곳이며

28 또 조각목으로 그 채를 만들고 금으로 싸라 상을 이것으로 멜 것이니라

29 너는 대접과 숟가락과 병과 붓는 잔을 만들되 순금으로 만들며

30 상 위에 진설병을 두어 항상 내 앞에 있게 할지니라

* '등잔대와 기구들은 이렇게 만들어라' (31~40)

31 너는 순금으로 등잔대를 쳐 만들되 그 밑판과 줄기와 잔과 꽃받

침과 꽃을 한 덩이로 연결하고

32 가지 여섯을 등잔대 곁에서 나오게 하되 다른 세 가지는 이쪽으로 나오고 다른 세 가지는 저쪽으로 나오게 하며

33 이쪽 가지에 살구꽃 형상의 잔 셋과 꽃받침과 꽃이 있게 하고 저쪽 가지에도 살구꽃 형상의 잔 셋과 꽃받침과 꽃이 있게 하여 등잔대에서 나온 가지 여섯을 같게 할 지며

34 등잔대 줄기에는 살구꽃 형상의 잔 넷과 꽃받침과 꽃이 있게 하고

35 등잔대에서 나온 가지 여섯을 위하여 꽃받침이 있게 하되 두 가지 아래에 한 꽃받침이 있어 줄기와 연결하며 또 두 가지 아래에 한 꽃받침이 있어 줄기와 연결하며 또 두 가지 아래에 한 꽃받침이 있어 줄기와 연결하게 하고

36 그 꽃받침과 가지를 줄기와 연결하여 전부를 순금으로 쳐 만들고

37 등잔 일곱을 만들어 그 위에 두어 앞을 비추게 하며

38 그 불집게와 불 똥 그릇도 순금으로 만들지니

39 등잔대와 이 모든 기구를 순금 한 달란트로 만들되

40 너는 삼가 이 산에서 네게 보인 양식대로 할지니라

제26장 성막 짓는 법을 말씀하시고, 성막에 필요한 여러 가지와 규칙과 재료를 알려주셨다.

* '성막은 이렇게 만들라' (1~37)

[성전이 있기 전 광야에서 하나님께 제사 드렸던 거룩한 처소]

1 너는 성막을 만들되 가늘게 꼰 베실과 청색 자색 홍색 실로 그룹을 정교하게 수놓은 열 폭의 휘장을 만들지니

2 매 폭의 길이는 스물여덟 규빗, 너비는 네 규빗으로 각 폭의 장단을 같게 하고

3 그 휘장 다섯 폭을 서로 연결하며 다른 다섯 폭도 서로 연결하고
4 그 휘장을 이을 끝폭 가에 청색 고를 만들며 이어질 다른 끝폭 가에도 그와 같이하고
5 휘장 끝폭 가에 고 쉰 개를 달며 다른 휘장 끝 폭 가에도 고 쉰 개를 달고 그 고들을 서로 마주 보게 하고
6 금 갈고리 쉰 개를 만들고 그 갈고리로 휘장을 연결하게 한 성막을 이룰 지며
7 그 성막을 덮는 막 곧 휘장을 염소 털로 만들되 열한 폭을 만들 지며
8 각 폭의 길이는 서른 규빗, 너비는 네 규빗으로 열한 폭의 길이를 같게 하고
9 그 휘장 다섯 폭을 서로 연결하며 또 여섯 폭을 서로 연결하고 그 여섯째 폭 절반은 성막 전면에 접어 드리우고
10 휘장을 이을, 끝 폭 가에 고 쉰 개를 달며 다른 이을, 끝 폭 가에 도 고 쉰 개를 달고
11 놋 갈고리 쉰 개를 만들고 그 갈고리로 그 고를 꿰어 연결하여 한 막이 되게 하고
12 그 막 곧 휘장의 그 나머지 반폭은 성막 뒤에 늘어뜨리고
13 막 곧 휘장의 길이의 남은 것은 이쪽에 한 규빗, 저쪽에 한 규빗씩 성막 좌우 양쪽에 덮어 늘어뜨리고
14 붉게 물들인 숫양의 가죽으로 막의 덮개를 만들고 해달의 가죽으로 그 윗 덮개를 만들지니라
15 너는 조각목으로 성막을 위하여 널판을 만들어 세우되
16 각 판의 길이는 열 규빗, 너비는 한 규빗 반으로 하고

17 각 판에 두 촉씩 내어 서로 연결하게 하되 너는 성막 널판을 다 그와 같이하라

18 너는 성막을 위하여 널판을 만들되 남쪽을 위하여 널판 스무 개를 만들고

19 스무 널판 아래에 은 받침 마흔 개를 만들지니 이쪽 널판 아래에도 그 두 촉을 위하여 두 받침을 만들고 저쪽 널판 아래에도 그 두 촉을 위하여 두 받침을 만들지며

20 성막 다른 쪽 곧 그 북쪽을 위하여도 널판 스무 개로 하고

21 은 받침 마흔 개를 이쪽 널판 아래에도 두 받침, 저쪽 널판 아래에도 두 받침으로 하며

22 성막 뒤 곧 그 서쪽을 위하여는 널판 여섯 개를 만들고

23 성막 뒤 두 모퉁이 쪽을 위하여는 널판 두 개를 만들되

24 아래에서부터 위까지 각기 두 겹 두께로 하여 윗 고리에 이르게 하고 두 모퉁이 쪽을 다 그리하며

25 그 여덟 널판에는 은 받침이 열여섯이니 이쪽 판 아래에도 두 받침이요 저쪽 판 아래에도 두 받침이니라

26 너는 조각목으로 띠를 만들지니 성막 이쪽 널판을 위하여 다섯 개요

27 성막 저쪽 널판을 위하여 다섯 개요 성막 뒤 곧 서쪽 널판을 위하여 다섯 개이며

28 널판 가운데에 있는 중간 띠는 이 끝에서 저 끝에 미치게 하고

29 그 널판들을 금으로 싸고 그 널판들의 띠를 꿸 금 고리를 만들고 그 띠를 금으로 싸라

30 너는 산에서 보인 양식대로 성막을 세울지니라

31 너는 청색 자색 홍색 실과 가늘게 꼰 베 실로 짜서 휘장을 만들고 그 위에 그룹들을 정교하게 수 놓아서

32 금 갈고리를 네 기둥 위에 늘어뜨리되 그, 네 기둥을 조각목으로 만들고 금으로 싸서 네 은받침 위에 둘 지며

33 그 휘장을 갈고리 아래에 늘어뜨린 후에 증거궤를 그 휘장 안에 들여놓으라 그 휘장이 너희를 위하여 성소와 지성소를 구분하리라

34 너는 지성소에 있는 증거궤 위에 속죄소를

35 그 휘장 바깥 북쪽에 상을 놓고 남쪽에 등잔대를 놓아 상과 마주하게 할 지며

36 청색 자색 홍색 실과 가늘게 꼰 베 실로 수 놓아 짜서 성막 문을 위하여 휘장을 만들고

37 그 휘장 문을 위하여 기둥 다섯을 조각목으로 만들어 금으로 싸고 그 갈고리도 금으로 만들지며 또 그 기둥을 위하여 받침 다섯 개를 놋으로 부어 만들지니라

하나님께서는 모세에게 성막과 제사에 필요한 성물을 만들도록 모양과 크기, 색상, 재료 등을 상세하고도 소상하게 일러 주셨다. 이에 모세는 메모를 하거나 진행 도중 잊어버린 것에 대하여 되묻는 장면이 일절 나오지 않는다. 그럼 모세는 그 많은 분량의 내용을 어떻게 모두 기억하였을까?

영국의 기억술사 '도미닉 오브라이언(Dominic O' Brien, 1957년 8월 10일 ~)'은 고대 사람들의 기억력은 현재와 비교 할 수 없을 만큼 좋았고 아주 복잡한 내용은 그들만의 문자가 도움을 주었을 것이라고 말한다. 시내산에서 하나님의 음성을 들은 모세는 하나님의 특별한 섭리에 의하여 한 음절, 한 소절이 머리와 마음에 각인 되었을 것이다. 그 음성은 엄숙하고도 분명한

voice 이었을 것이다.
제27장 제단의 모습과 규격을 알려주심. 성막 뜰을 만들라 하시고 등불 관리 규례를 말씀하심

* 제단은 이렇게 만들어라. (1~8)
1 너는 조각목으로 길이가 다섯 규빗, 너비가 다섯 규빗의 제단을 만들되 네모반듯하게 하며 높이는 삼 규빗으로 하고
2 그, 네 모퉁이 위에 뿔을 만들되 그 뿔이 그것에 이어지게 하고 그 제단을 놋으로 싸고
3 재를 담는 통과 부삽과 대야와 고기 갈고리와 불 옮기는 그릇을 만들되 제단의 그릇을 다 놋으로 만들 지며
4 제단을 위하여 놋으로 그물을 만들고 그 위 네 모퉁이에 놋 고리 넷을 만들고
5 그물은 제단 주위 가장자리 아래 곧 제단 절반에 오르게 할지며
6 또 그 제단을 위하여 채를 만들되 조각 목으로 만들고 놋으로 쌀 지며
7 제단 양쪽 고리에 그 채를 꿰어 제단을 메게 할지며
8 제단은 널판으로 속이 비게 만들되 산에서 네게 보인 대로 그들이 만들게 하라

* 성막 뜰은 이렇게 만들어라. (9~19)
9 너는 성막의 뜰을 만들지니 남쪽을 향하여 뜰 남쪽에 너비가 백 규빗의 세마포 휘장을 쳐서 그 한 쪽을 당하게 할지니
10 그 기둥이 스물이며 그 받침 스물은 놋으로 하고 그 기둥의 갈고리와 가름대는 은으로 할지며
11 그 북쪽에도 너비가 백 규빗의 포장을 치되 그 기둥이 스물이며

그 기둥의 받침 스물은 놋으로 하고 그 기둥의 갈고리와 가름대
는 은으로 할지며

12 뜰의 옆 곧 서쪽에 너비 쉰 규빗의 포장을 치되 그 기둥이 열이
요 받침이 열이며

13 동쪽을 향하여 뜰 동쪽의 너비도 쉰 규빗이 될 지며

14 문 이쪽을 위하여 포장이 열다섯 규빗이며 그 기둥이 셋이요 받
침이 셋이요

15 문 저쪽을 위하여도 포장이 열다섯 규빗이며 그 기둥이 셋이요
받침이 셋이며

16 뜰 문을 위하여는 청색 자색 홍색 실과 가늘게 꼰 베 실로 수 놓
아 짠 스무 규빗의 휘장이있게 할지니 그 기둥이 넷이요 받침이
넷이며

17 뜰 주위 모든 기둥의 가름대와 갈고리는 은이요 그 받침은 놋이
며

18 뜰의 길이는 백 규빗이요 너비는 쉰 규빗이요 세마포 휘장의 높이
는 다섯 규빗이요 그 받침은 놋이며

19 성막에서 쓰는 모든 기구와 그 말뚝과 뜰의 포장 말뚝을 다 놋
으로 할지니라

* 등불 관리는 이렇게 하라. (20~21)

20 너는 또 이스라엘 자손에게 명령하여 감람으로 짠 순수한 기름을
등불을 위하여 네게로 가져오게 하고 끊이지 않게 등불을 켜되

21 아론과 그의 아들들로 회막 안 증거 궤 앞 휘장 밖에서 저녁부터
아침까지 항상 여호와 앞에 그 등불을 보살피게 하라 이는 이스
라엘 자손이 대대로 지킬 규례이니라

제28장 제사장은 거룩한 옷을 입고, 판결 흉패를 짜서 만들고 다른 옷을 입히라고 하셨다.

* '제사장의 옷은 이렇게 만들어라' (1~14)
1 너는 이스라엘 자손 중 네 형 아론과 그의 아들들 곧 아론과 아론의 아들들 나답과 아비후와 엘르아살과 이다말을 그와 함께 네게로 나아오게 하여 나를 섬기는 제사장 직분을 행하게 하되
2 네 형 아론을 위하여 거룩한 옷을 지어 영화롭고 아름답게 할지니
3 너는 무릇 마음에 지혜 있는 모든 자 곧 내가 지혜로운 영으로 채운 자들에게 말하여 아론의 옷을 지어 그를 거룩하게 하여 내게 제사장 직분을 행하게 하라
4 그들이 지을 옷은 이러하니 곧 흉패와 에봇과 겉옷과 반포 속옷과 관과 띠라 그들이 네 형 아론과 그, 아들들을 위하여 거룩한 옷을 지어 아론이 내게 제사장 직분을 행하게 하라
5 그들이 쓸 것은 금실과 청색 자색 홍색 실과 가늘게 꼰 베실 이니라
6 그들이 금실과 청색 자색 홍색 실과 가늘게 꼰 베 실로 정교하게 짜서 에봇을 짓되
7 그것에 어깨 받이 둘을 달아 그 두 끝을 이어지게 하고
8 에봇 위에 매는 띠는 에봇 짜는 법으로 금실과 청색 자색 홍색 실과 가늘게 꼰 베 실로 에봇에 정교하게 붙여 짤 지며
9 호마노 두 개를 가져다가 그 위에 이스라엘 아들들의 이름을 새기되
10 그들의 나이대로 여섯 이름을 한 보석에, 나머지 여섯 이름은 다

른 보석에 새기라

11 보석을 새기는 자가 도장에 새김 같이 너는 이스라엘 아들들의 이름을 그 두 보석에 새겨 금테에 물리고

12 그 두 보석을 에봇의 두 어깨 받이에 붙여 이스라엘 아들들의 기념 보석으로 삼되 아론이 여호와 앞에서 그들의 이름을 그 두 어깨에 메워서, 기념되게 할 지며

13 너는 금으로 테를 만들고

14 순금으로 노끈처럼 두 사슬을 땋고 그 땋은 사슬을 그 테에 달지니라

* '판결 흉패는 이렇게 만들어라' (15~30)

15 너는 판결 흉패를 에봇 짜는 방법으로 금실과 청색 자색 홍색 실과 가늘게 꼰 베 실로 정교하게 짜서 만들되

16 길이와 너비가 한 뼘씩 두 겹으로 네모반듯하게 하고

17 그것에 네 줄로 보석을 물리되 첫 줄은 홍보석 황옥 녹주옥이요

18 둘째 줄은 석류석 남보석 홍마노요

19 셋째 줄은 호박 백마노 자수정이요

20 넷째 줄은 녹보석 호마노 벽옥으로 다 금테에 물릴지니

21 이 보석들은 이스라엘 아들들의 이름대로 열둘이라 보석마다 열두 지파의 한 이름씩 도장을 새기는 법으로 새기고

22 순금으로 노끈처럼 땋은 사슬을 흉패 위에 붙이고

23 또 금 고리 둘을 만들어 흉패 위 곧 흉패 두 끝에 그 두 고리를 달고

24 땋은 두 금 사슬로 흉패 두 끝 두 고리에 꿰어 매고

25 두 땋은 사슬의 다른 두 끝을 에봇 앞 두 어깨받이의 금테에 매고

26 또 금 고리 둘을 만들어 흉패 아래 양쪽 가 안쪽 곧 에봇에 닿은 곳에 달고

27 또 금 고리 둘을 만들어 에봇 앞 두 어깨받이 아래 매는 자리 가까운 쪽 곧 정교하게 짠 띠 위쪽에 달고

28 청색 끈으로 흉패 고리와 에봇 고리에 꿰어 흉패로 정교하게 짠 에봇 띠 위에 붙여 떨어지지 않게 하라

29 아론이 성소에 들어갈 때 이스라엘 아들들의 이름을 기록한 이 판결 흉패를 가슴에 붙여 여호와 앞에 영원한 기념으로 삼을 것이니라

30 너는 우림과 둠밈을 판결 흉패 안에 넣어 아론이 여호와 앞에 들어갈 때 그의 가슴에 붙이게 하라 아론은 여호와 앞에서 이스라엘 자손의 흉패를 항상 그의 가슴에 붙일지니라

* '제사장의 또 다른 옷은 이렇게 만들어라' (31~43)

31 너는 에봇 받침 겉옷을 전부 청색으로 하되

32 두 어깨 사이에 머리 들어갈 구멍을 내고 그 주위에 갑옷 깃같이 깃을 짜서 찢어지지 않게 하고

33 그 옷 가장자리로 돌아가며 청색 자색 홍색 실로 석류를 수놓고 금 방울은 간격을 두어 달되

34 그 옷 가장자리로 돌아가며 한 금 방울, 한 석류, 한 금 방울, 한 석류가 있게 하라

35 아론이 입고 여호와를 섬기러 성소에 들어갈 때와 성소에서 나올 때 그 소리가 들릴 것이라 그리하면 그가 죽지 아니하리라

36 너는 또 순금으로 패를 만들어 도장을 새기는 법으로 그 위에 새기되 '여호와께 성결'이라 하고

37 그 패를 청색 끈으로 관 위에 매되 곧 관 전면에 있게 하라
38 이패를 아론의 이마에 두어 그가 이스라엘 자손이 거룩하게 드리는 성물과 관련된 죄책을 담당하게 하라 그 패가 아론의 이마에 늘 있으므로 그 성물을 여호와께서 받으시게 되리라
39 너는 가는 베 실로 반포 속옷을 짜고 가는 베 실로 관을 만들고 띠를 수 놓아 만들지니라
40 너는 아론의 아들들을 위하여 속옷을 만들며 그들을 위하여 띠를 만들며 그들을 위하여 관을 만들어 영화롭고 아름답게 하되
41 너는 그것들로 네 형 아론과 그와 함께 한 그의 아들들에게 입히고 그들에게 기름을 부어 위임하고 거룩하게 하여 그들이 제사장 직분을 내게 행하게 할 지며
42 또 그들을 위하여 베로 속바지를 만들어 허리에서부터 두 넓적다리까지 이르게 하여 하체를 가리게 하라
43 아론과 그의 아들들이 회막에 들어갈 때나 제단에 가까이하여 거룩한 곳에서 섬길 때 그것들을 입어야 죄를 짊어진 채 죽지 아니하리니 그와 그의 후손이 영원히 지킬 규례니라

제29장 아론과 아들들에게 제사장 직분을 위임하게 하시고, 매일 드리는 번제를 알려 주셨다.

* 제사장의 직분을 위임하심 (1~37)

1 네가 그들에게 나를 섬길 제사장 직분을 위임하여 그들을 거룩하게 할 일은 이러하니 곧 어린 수소 하나와 흠 없는 숫양 둘을 택하고
2 무교병과 기름 섞인 무교 과자와 기름 바른 무교 전병을 모두 고운 밀가루로 만들고

3 그것들을 한 광주리에 담고 그것을 광주리에 담은 채 그 송아지와 두 양과 함께 가져오라
4 너는 아론과 그의 아들들을 회막 문으로 데려다가 물로 씻기고
5 의복을 가져다가 아론에게 속옷과 에봇 받침 겉옷과 에봇을 입히고 흉패를 달고 에봇에 정교하게 짠 띠를 띠게 하고
6 그의 머리에 관을 씌우고 그 위에 거룩한 패를 더하고
7 관유를 가져다가 그의 머리에 부어 바르고
8 그의 아들들을 데려다가 그들에게 속옷을 입히고
9 아론과 그의 아들들에게 띠를 띠우며 관을 씌워 그들에게 제사장의 직분을 맡겨 영원한 규례가 되게 하라 너는 이같이 아론과 그의 아들들에게 위임하여 거룩하게 할지니라
10 너는 수송아지를 회막 앞으로 끌어오고 아론과 그의 아들들은 그 송아지 머리에 안수할 지며
11 너는 회막 문 여호와 앞에서 그 송아지를 잡고
12 그 피를 네 손가락으로 제단 뿔들에 바르고 그 피 전부를 제단 밑에 쏟을지며
13 내장에 덮인 모든 기름과 간 위에 있는 꺼풀과 두 콩팥과 그 위의 기름을 가져다가 제단 위에 불사르고
14 그 수소의 고기와 가죽과 똥을 진 밖에서 불사르라 이는 속죄제니라
15 너는 또 숫양 한 마리를 끌어오고 아론과 그의 아들들은 그 숫양의 머리 위에 안수할 지며
16 너는 그 숫양을 잡고 그 피를 가져다가 제단 위의 주위에 뿌리고
17 그 숫양의 각을 뜨고 그 장부와 다리는 씻어 각을 뜬 고기와 그

머리와 함께 두고

18 그 숫양 전부를 제단 위에 불사르라 이는 여호와께 드리는 번제요 이는 향기로운 냄새니 여호와께 드리는 화제니라

19 너는 다른 숫양을 택하고 아론과 그 아들들은 그 숫양의 머리 위에 안수할 지며

20 너는 그 숫양을 잡고 그것의 피를 가져다가 아론의 오른쪽 귓부리와 그의 아들들의 오른쪽 귓부리에 바르고 그 오른손 엄지와 오른발 엄지에 바르고 그 피를 제단 주위에 뿌리고

21 제단 위의 피와 관유를 가져다가 아론과 그의 옷과 그의 아들들과 그의 아들들의 옷에 뿌리라 그와 그의 옷과 그의 아들들과 그의 아들들의 옷이 거룩하리라

22 또 너는 그 숫양의 기름과 기름진 꼬리와 그것의 내장에 덮인 기름과 간 위의 꺼풀과 두 콩팥과 그것들 위의 기름과 오른쪽 넓적다리를 가지라 이는 위임식의 숫양이라

23 또 여호와 앞에 있는 무교병 광주리에서 떡 한 개와 기름 바른 과자 한 개와 전병 한 개를 가져다가

24 그 전부를 아론의 손과 그의 아들들의 손에 주고 그것을 흔들어 여호와 앞에 요제를 삼을지며

25 너는 그것을 그들의 손에서 가져다가 제단 위에서 번제물을 더하여 불사르라 이는 여호와 앞에 향기로운 냄새니 곧 여호와께 드리는 화제니라

26 너는 아론의 위임식 숫양의 가슴을 가져다가 여호와 앞에 흔들어 요제를 삼으라 이것이 네 분깃이니라

27 너는 그 흔든 요제물 곧 아론과 그의 아들들의 위임식 숫양의 가

슴과 넓적다리를 거룩하게 하라

28 이는 이스라엘 자손이 아론과 그의 자손에게 돌릴 영원한 분깃이요 거제물이니 곧 이스라엘 자손이 화목제의 제물 중에서 취한 거제물로서 여호와께 드리는 거제물이니라
29 아론의 성의는 후에 아론의 아들들에게 돌릴지니 그들이 그것을 입고 기름 부음으로 위임을 받을 것이며
30 그를 이어 제사장이 되는 아들이 회막에 들어가서 성소에서 섬길 때는 이레 동안 그것을 입을지니라
31 너는 위임식 숫양을 가져다가 거룩한 곳에서 그 고기를 삶고
32 아론과 그의 아들들은 회막 문에서 그 숫양의 고기와 광주리에 있는 떡을 먹을 지라
33 그들은 속죄물 곧 그들을 위임하며 그들을 거룩하게 하는 데 쓰는 것을 먹되 타인은 먹지 못할지니 그것이 거룩하기 때문이라
34 위임식 고기나 떡이 아침까지 남아있으면 그것을 불에 사를지니 이는 거룩한즉 먹지 못할지니라
35 너는 내가 네게 한 모든 명령대로 아론과 그의 아들들에게 그같이 하여 이레 동안 위임식을 행하되
36 매일 수송아지 하나로 속죄하기 위하여 속죄제를 드리며 또 제단을 위하여 속죄하여 깨끗하게 하고 그것에 기름을 부어 거룩하게 하라
37 너는 이레 동안 제단을 위하여 속죄하여 거룩하게 하라 그리하면 지극히 거룩한 제단이 되리니 제단에 접촉하는 모든 것이 거룩하리라

* 번제는 매일 이렇게 드려라. (38~46)

38 네가 제단 위에 드릴 것은 이러하니라 매일, 일 년 된 어린 양 두 마리니
39 한 어린 양은 아침에 드리고 한 어린 양은 저녁때에 드릴 지며
40 한 어린 양에 고운 밀가루 십 분의 일 에바와 찧은 기름 사 분의 일 힌을 더하고 또 전제로 포도주 사 분의 일 힌을 더할 지며
41 한 어린 양은 저녁때에 드리되 아침에 한 것처럼 소제와 전제를 그것과 함께 드려 향기로운 냄새가 되게 하여 여호와께 화제로 삼을지니
42 이는 너희가 대대로 여호와 앞 회막 문에서 늘 드릴 번제라 내가 거기서 너희와 만나고 네게 말하리라
43 내가 거기서 이스라엘 자손을 만나리니 내 영광으로 말미암아 회막이 거룩하게 될 지라
44 내가 그 회막과 제단을 거룩하게 하며 아론과 그의 아들들도 거룩하게 하여 내게 제사장 직분을 행하게 하며
45 내가 이스라엘 자손 중에 거하여 그들의 하나님이 되리니
46 그들은 내가 그들의 하나님 여호와로서 그들 중에 거하려고 그들을 애굽 땅에서 인도하여 낸 줄을 알리라 나는 그들의 하나님 여호와니라

제30장 분향할 제단 만드는 방법, 속전은 받아 회막 봉사에 쓰고, 놋 물두멍과, 향과 향 기름을 만들라

* 분향할 제단 (1~10)
1 너는 분향할 제단을 만들지니 곧 조각목으로 만들되
2 길이가 한 규빗, 너비가 한 규빗으로 네모가 반듯하게 하고 높이는 두 규빗으로 하며 그 뿔을 그것과 이어지게 하고

3 제단 상면과 전후, 좌우 면과 뿔을 순금으로 싸고 주위에 금테를 두를 지며
4 금 테 아래 양쪽에 금 고리 둘을 만들되 곧 그 양쪽에 만들지니 이는 제단을 메는 채를 꿸 곳이며
5 그 채를 조각 목으로 만들고 금으로 싸고
6 그 제단을 증거궤 위 속죄소 맞은편 곧 증거궤 앞에 있는 휘장 밖에 두라 그 속죄소는 내가 너와 만날 곳이며
7 아론이 아침마다 그 위에 향기로운 향을 사르되 등불을 손질할 때에 사를 지며
8 또 저녁때 등불을 킬때 사를지니 이 향은 너희가 대대로 여호와 앞에 끊지 못할 지며
9 너희는 그 위에 다른 향을 사르지 말며 번제나 소제를 드리지 말며 전제의 술을 붓지 말며
10 아론이 일 년에 한 번씩이 향단 뿔을 위하여 속죄하되 속죄제의 피로 일 년에 한 번씩 대대로 속죄할지니라 이 제단은 여호와께 지극히 거룩하니라

* 회막 봉사에 쓰이는 속전은 이렇게 드려라. (11~16)

12 네가 이스라엘 자손의 수효를 조사할 때에 조사받은 각 사람은 그들을 계수할 때에 자기 생명의 속전을 여호와께 드릴지니 이는 그것을 계수할 때에 그들 중에 질병이 없게 하려 함이라
13 무릇 계수 중에 드는 자마다 성소의 세겔로 반 세겔을 낼지니 한 세겔은 이십 게라라 그 반세겔을 여호와께 드릴 지며
14 계수 중에 드는 모든 자 곧 스무 살 이상 된 자가 여호와께 드리되
15 너희의 생명을 대속하기 위하여 여호와께 드릴 때에 부자라고 반

세겔에서 더 내지 말고 가난한 자라고 덜 내지 말 지며
16 너는 이스라엘 자손에게서 속전을 취하여 회막 봉사에 쓰라 이것이 여호와 앞에서 이스라엘 자손의 기념이 되어서 너희의 생명을 대속하리라

* 놋 물두멍 이렇게 (17~21)
18 너는 물두멍을 놋으로 만들고 그 받침도 놋으로 만들어 씻게 하되 그것을 회막과 제단 사이에 두고 그 속에 물을 담으라
19 아론과 그의 아들들이 그 두멍에서 수족을 씻되
20 그들이 회막에 들어갈 때 물로 씻어 죽기를 면할 것이요 제단에 가까이 가서 그 직분을 행하여 여호와 앞에 화제를 사를 때에도 그리할지니라
21 이같이 그들이 그 수족을 씻어 죽기를 면할지니 이는 그와 그의 자손이 대대로 영원히 지킬 규례니라

* 거룩한 향 기름은 이렇게 (22~33)
23 너는 상등 향품을 가지되 액체 몰약 오백 세겔과 그 반수의 향기로운 육계 이백오십 세겔과 향기로운 창포 이백오십 세겔과
24 계피 오백 세겔을 성소의 세겔로 하고 감람 기름 한 힌을 가지고
25 그것으로 거룩한 관유를 만들되 향을 제조하는 법대로 향 기름을 만들지니 그것이 거룩한 관유가 될 지라
26 너는 그것을 회막과 증거궤에 바르고
27 상과 그 모든 기구이며 등잔대와 그 기구이며 분향단과
28 및 번제단과 그 모든 기구와 물두멍과 그 받침에 발라
29 그것들을 지극히 거룩한 것으로 구별하라 이것에 접촉하는 것은 모두 거룩하리라

30 너는 아론과 그의 아들들에게 기름을 발라 그들을 거룩하게 하고 그들이 내게 제사장 직분을 행하게 하고

31 이스라엘 자손에게 말하여 이르기를 이것은 너희 대대로 내게 거룩한 관유니

32 사람 몸에 붓지 말며 이 방법대로 이와 같은 것을 만들지 말라 이는 거룩하니 너희는 거룩히 여기라

33 이와 같은 것을 만드는 모든 자와 이것을 타인에게 붓는 모든 자는 그 백성 중에서 끊어지리라

* 거룩한 향은 이렇게 만들어라. (22~33)

34 너는 소합향과 나감향과 풍자향의 향품을 가져다가 그 향품을 유향에 섞되 각기 같은 분량으로 하고

35 그것으로 향을 만들되 향 만드는 법대로 만들고 그것에 소금을 쳐서 성결하게 하고

36 그 향 얼마를 곱게 찧어 내가 너와 만날 회막 안 증거궤 앞에 두라 이 향은 너희에게 지극히 거룩하니라

37 네가 여호와를 위하여 만들 향은 거룩한 것이니 너희를 위하여는 그 방법대로 만들지 말라   38 냄새를 맡으려고 이 같은 것을 만드는 모든 자는 그 백성 중에서 끊어지리라

제31장 브살렐과 오홀리압에게 회막 기구를 만들라 하시고, 안식일 지키고, 증거판을 주셨다.

* 회막 기구는 이렇게 만들어라. (1~11)

2 내가 유다 지파 훌의 손자요 우리의 아들인 브살렐을 지명하여 부르고

3 하나님의 영을 그에게 충만하게 하여 지혜와 총명과 지식과 여

러 가지 재주로
4 정교한 일을 연구하여 금과 은과 놋으로 만들게 하며
5 보석을 깎아 물리며 여러 가지 기술로 나무를 새겨 만들게 하리라
6 내가 또 단 지파 아히사막의 아들 오홀리압을 세워 그와 함께하며 지혜로운 마음이 있는 모든 자에게 내가 지혜를 주어 그들이 내가 네게 명령한 것을 다 만들게 할지니
7 곧 회막과 증거궤와 그 위의 속죄소와 회막의 모든 기구와
8 상과 그 기구와 순금 등잔대와 그 모든 기구와 분향단과
9 번제단과 그 모든 기구와 물두멍과 그 받침과
10 제사직을 행할 때 입는 정교하게 짠 의복 곧 제사장 아론의 성의와 그의 아들들의 옷과
11 관유와 성소의 향기로운 향이라 무릇 내가 네게 명령한 대로 그들이 만들지니라

* 안식일은 이렇게 (12~17)
13 너는 이스라엘 자손에게 말하여 이르기를 너희는 나의 안식일을 지키라 이는 나와 너희 사이에 너희 대대의 표징이니 나는 너희를 거룩하게 하는 여호와인 줄 너희가 알게 함이라
14 너희는 안식일을 지킬지니 이는 너희에게 거룩한 날이 됨이니라 그날을 더럽히는 자는 모두 죽일 지며 그날에 일하는 자는 모두 그 백성 중에서 그 생명이 끊어지리라
15 엿새 동안은 일할 것이나 일곱째 날은 큰 안식일이니 여호와께 거룩한 것이라 안식일에 일하는 자는 누구든지 반드시 죽일지니라
16 이같이 이스라엘 자손이 안식일을 지켜서 그것으로 대대로 영원한 언약으로 삼을 것이니

17 이는 나와 이스라엘 자손 사이에 영원한 표징이며 나 여호와가 엿새 동안에 천지를 창조하고 일곱째 날에 일을 마치고 쉬었음이니라 하라

하나님께서 친히 쓰신 증거판(十誡命)

하나님께서 음성으로만 말씀하신 것이 아니라 문자언어도 우리에게 주셨다. 처음으로 주신 것이 증거판 즉 두 돌비(十誡命)이다. 음성언어의 특징은 오래 보관할 수가 없고 듣는 순간 잘 잊어버리고 저장이 불가능하다. 즉, 시간과 공간의 한계가 있다. 이것을 하나님께서는 아시고 영원히 두고 보면서 실천하라고 주셨다. 증거판의 소재를 살펴보자, 물리적 재료는 말씀에서 보듯이 돌(stone)이다. 그 돌 위에 글자를 쓰셨는데 어느 나라 문자였을까? 구약이 히브리 문자이었으므로 히브리 문자였을까? 아니면 하나님 나라의 별도 문자였는데 모세가 알아본 것일까? 필자는 전자를 선호한다. 이유는, 계명을 백성들 모두가 보아야 했기 때문이다. 어떻게 쓰였을까? 필체는 어떤 것이었겠는가?

돌 판에 지워지지 않는 물감으로 쓰셨을까? 영화에서처럼 레이저(laser)로 쏘아서 쓰셨을까? 십계명 돌 판을 꼭 한번 보고 싶다.

제32장 금송아지를 만듦, Israel을 멸하시려는 하나님께 간구함, 모세가 레위인 삼천 명을 죽였다.

7 너는 내려가라 네가 애굽 땅에서 인도하여 낸 네 백성이 부패하였도다

8 그들이 내가 그들에게 명령한 길을 속히 떠나 자기를 위하여 송아지를 부어 만들고 그것을 예배하며 그것에게 제물을 드리며 말하기를 이스라엘아 이는 너희를 애굽 땅에서 인도하여 낸 너희 신이라 하였도다

9 내가 이 백성을 보니 목이 뻣뻣한 백성이로다

10 그런즉 내가 하는 대로 두라 내가 그들에게 진노하여 그들을 진멸하고 너를 큰 나라가 되게 하리라

13 내가 너희의 자손을 하늘의 별처럼 많게 하고 내가 허락한 이 온 땅을 너희의 자손에게 주어 영원한 기업이 되게 하리라

27 너희는 각각 허리에 칼을 차고 진 이 문에서 저 문까지 왕래하며 각 사람이 그 형제를, 각 사람이 자기의 친구를, 각 사람이 자기의 이웃을 죽이라

33 누구든지 내게 범죄하면 내가 내 책에서 그를 지워 버리리라(출 32:33)

34 이제 가서 내가 네게 말한 곳으로 백성을 인도하라 내 사자가 네 앞서가리라 그러나 내가 보응할 날에는 그들의 죄를 보응 하리라

제33장 가나안으로 가라, 회막에서 하나님과 대화, 하나님께서 직접 가시겠다고 하셨다.

* 시내산을 떠나라고 말씀하심 (1~6)

1 너는 네가 애굽 땅에서 인도하여 낸 백성과 함께 여기를 떠나서 내가 아브라함과 이삭과 야곱에게 맹세하여 네 자손에게 주기로 한 그 땅으로 올라가라

2 내가 사자를 너보다 앞서 보내어 가나안 사람과 아모리 사람과 헷 사람과 브리스 사람과 히위 사람과 여부스 사람을 쫓아내고

3 너희를 젖과 꿀이 흐르는 땅에 이르게 하려니와 나는 너희와 함께 올라가지 아니하리니 너희는 목이 곧은 백성인즉 내가 길에서 너희를 진멸할까 염려함이니라

5 이스라엘 자손에게 이르라 너희는 목이 곧은 백성인즉 내가 한

순간이라도 너희 가운데에 이르면 너희를 진멸하리니 너희는 장신구를 떼어 내라 그리하면 내가 너희에게 어떻게 할 것인지 정하겠노라

* 회막에 관하여 말씀하심 (7~11) 하나님께서 친히 가시겠다고 하심 (12~23)

12 나는 이름으로도 너를 알고 너도 내 앞에 은총을 입었다
14 내가 친히 가리라 내가 너를 쉬게 하리라
17 네가 말하는 이 일도 내가 하리니 너는 내 목전에 은총을 입었고 내가 이름으로도 너를 앎이니라
19 내가 내 모든 선한 것을 네 앞으로 지나가게 하고 여호와의 이름을 네 앞에 선포하리라 나는 은혜 베풀 자에게 은혜를 베풀고 긍휼히 여길 자에게 긍휼을 베푸느니라
21 보라 내 곁에 한 장소가 있으니 너는 그 반석 위에 서라
22 내 영광이 지나갈 때 내가 너를 반석 틈에 두고 내가 지나도록 내 손으로 너를 덮었다가
23 손을 거두리니 네가 내 등을 볼 것이요 얼굴은 보지 못하리라

제34장 두 번째 돌 판과 언약을 받아들고 시내산에서 내려오는 모세 얼굴에 광채가 났다.

* 두 번째 돌 판을 주심 (1~9)

1 너는 돌판 둘을 처음 것과 같이 다듬어 만들라 네가 깨뜨린 처음 판에 있던 말을 내가 그 판에 쓰리니
2 아침까지 준비하고 아침에 시내 산에 올라와 산꼭대기에서 내게 보이되
3 아무도 너와 함께 오르지 말며 온 산에 아무도 나타나지 못하게

하고 양과 소도 산 앞에서 먹지 못하게 하라

6 여호와라, 여호와라 자비롭고 은혜롭고 노하기를 더디하고 인자와 진실이 많은 하나님이라

7 인자를 천대까지 베풀며 악과 과실과 죄를 용서하리라 그러나 벌을 면제하지는 아니하고 아버지의 악행을 자손 삼사 대까지 보응하리라

* 다시 언약을 세우심 (10~35)

10 보라 내가 언약을 세우나니 곧 내가 아직 온 땅 아무 국민에게도 행하지 아니한 이적을 너희 전체 백성 앞에 행할 것이라 네가 머무는 나라 백성이 다 여호와의 행하심을 보리니 내가 너를 위하여 행할 일이 두려운 것임이니라

11 너는 내가 오늘 네게 명령하는 것을 삼가 지키라 보라 내가 네 앞에서 아모리 사람과 가나안 사람과 헷 사람과 브리스 사람과 히위 사람과 여부스 사람을 쫓아내리니

12 너는 스스로 삼가 네가 들어가는 땅의 주민과 언약을 세우지 말라 그것이 너희에게 올무가 될까 하노라

13 너희는 도리어 그들의 제단들을 헐고 그들의 주상을 깨뜨리고 그들의 아세라 상을 찍을지어다

14 너는 다른 신에게 절하지 말라 여호와는 질투라 이름하는 질투의 하나님임이니라(출34:14)

15 너는 삼가 그 땅의 주민과 언약을 세우지 말지니 이는 그들이 모든 신을 음란하게 섬기며 그들의 신들에게 제물을 드리고 너를 청하면 네가 그 제물을 먹을까 함이며

16 또 네가 그들의 딸들을 네 아들들의 아내로 삼음으로 그들의 딸

들이 그들의 신들을 음란하게 섬기며 네 아들에게 그들의 신들을 음란하게 섬기게 할까 함이니라

17 너는 신상들을 부어 만들지 말지니라
18 너는 무교절을 지키되 내가 네게 명령한 대로 아빕월 그 절기에 이레 동안 무교병을 먹으라 이는 네가 아빕월에 애굽에서 나왔음이니라
19 모든 첫 태생은 다 내 것이며 네 가축의 모든 처음 난 수컷인 소와 양도 다 그러하며
20 나귀의 첫 새끼는 어린 양으로 대속할 것이요 그렇게 하지 아니하려면 그 목을 꺾을 것이며 네 아들 중 장자는 다 대속할 것이며 빈손으로 내 얼굴을 보지 말지니라
21 너는 엿새 동안 일하고 일곱째 날에는 쉬지니 밭 갈 때나 거둘 때에도 쉴 지며(출34:21)
22 칠칠절 곧 맥추의 초실절을 지키고 세말에는 수장절을 지키라
23 너희의 모든 남자는 매년 세 번씩 주 여호와 이스라엘의 하나님 앞에 보일 지라
24 내가 이방 나라들을 네 앞에서 쫓아내고 네 지경을 넓히리니 네가 매년 세 번씩 여호와 네 하나님을 뵈려고 올 때 아무도 네 땅을 탐내지 못하리라
25 너는 내 제물의 피를 유교병과 함께 드리지 말며 유월절 제물을 아침까지 두지 말며
26 네 토지 소산의 처음 익은 것을 가져다가 네 하나님 여호와의 전에 드릴 지며 너는 염소새끼를 그 어미의 젖으로 삶지 말지니라
27 너는 이 말들을 기록하라 내가 이 말들의 뜻대로 너와 이스라엘

과 언약을 세웠음이니라
* 모세가 시내산에서 내려옴 (29~35)
제35장 안식일의 규례, 드려야 할 것, 자원하여 드릴 예물, 브살렐 오 홀리압 일을 시키셨다.
* 안식일[安息日(금)일몰~(토)일몰]을 지키는 규칙 (1~19)
2 엿새 동안은 일하고 일곱째 날은 너희를 위한 거룩한 날이니 여호와께 엄숙한 안식일이라 누구든지 이날에 일하는 자는 죽일지니
3 안식일에는 너희의 모든 처소에서 불도 피우지 말지니라
* 하나님께 드리는 것들은 이러하다. (20~29)
5 너희의 소유 중에서 너희는 여호와께 드릴 것을 택하되 마음에 원하는 자는 누구든지 그것을 가져다가 여호와께 드릴지니 곧 금과 은과 놋과
6 청색 자색 홍색 실과 가는 베 실과 염소 털과
7 붉은 물들인 숫양의 가죽과 해달의 가죽과 조각목과
8 등유와 및 관유에 드는 향품 과 분향할 향을 만드는 향품과
9 호마노며 에봇과 흉패에 물릴 보석이니라
10 무릇 너희 중 마음이 지혜로운 자는 와서 여호와께서 명령하신 것을 다 만들지니
11 곧 성막과 천막과 그 덮개와 그 갈고리와 그 널판과 그 띠와 그 기둥과 그 받침과
12 증거궤와 그 채와 속죄소와 그 가리는 휘장과
13 상과 그 채와 그 모든 기구와 진설병과
14 불 켜는 등잔대와 그 기구와 그 등잔과 등유와
15 분향단과 그 채와 관유와 분향할 향품과 성막 문의 휘장과

16 번제단과 그 놋 그물과 그 채와 그 모든 기구와 물두멍과 그 받침과
17 뜰의 포장과 그 기둥과 그 받침과 뜰 문의 휘장과
18 장막 말뚝과 뜰의 말뚝과 그 줄과
19 성소에서 섬기기 위하여 정교하게 만든 옷 곧 제사 직분을 행할 때 입는 제사장 아론의 거룩한 옷과 그의 아들들의 옷이니라

제36장 백성들이 드린 예물이 쓰고도 남았다. 성막을 만들기 시작하였다.

제37장 브살렐이 조각목으로 언약궤를 만들었다. 상, 등잔대, 분향할 제단도 만들었다.

제38장 조각목으로 번제단을 만들고 물두멍과 울타리 뜰을 만들고, 물자목록과 건축비용을 추산 하게하심

제39장 제사장 옷과 흉패를 짜라. 제사장의 다른 옷을 짓고, 성막의 모든 성업을 이루라 하셨다.

제40장 성막 안에 물품을 진설하고 제사장 직분을 행하게 하심, 성막을 봉헌하니 영광이 충만했다.

2 너는 첫째 달 초하루에 성막 곧 회막을 세우고
3 또 증거궤를 들여놓고 또 휘장으로 그 궤를 가리고
4 또 상을 들여놓고 그 위에 물품을 진설하고 등잔대를 들여놓아 불을 켜고
5 또 금 향단을 증거궤 앞에 두고 성막 문에 휘장을 달고
6 또 번제단을 회막의 성막 문 앞에 놓고
7 또 물두멍을 회막과 제단 사이에 놓고 그 속에 물을 담고
8 또 뜰 주위에 포장을 치고 뜰 문에 휘장을 달고

9 또 관유를 가져다가 성막과 그 안에 있는 모든 것에 발라 그것과 그 모든 기구를 거룩하게 하라 그것이 거룩하리라
10 너는 또 번제단과 그 모든 기구에 발라 그 안을 거룩하게 하라 그 제단이 지극히 거룩하리라
11 너는 또 물두멍과 그 받침에 발라 거룩하게 하고
12 너는 또 아론과 그 아들들을 회막 문으로 데려다가 물로 씻기고
13 아론에게 거룩한 옷을 입히고 그에게 기름을 부어 거룩하게 하여 그가 내게 제사장의 직분을 행하게 하라
14 너는 또 그 아들들을 데려다가 그들에게 겉옷을 입히고
15 그 아버지에게 기름을 부음 같이 그들에게도 부어서 그들이 내게 제사장의 직분을 행하게 하라 그들이 기름 부음을 받았으므로 대대로 영영히 제사장이 되리라

제3절 · 레위기 / Leviticus   1~27

모세 오경 중 세 번째 책이다. 레위기에는 하나님께 드리는 제사와 예물, 가지고 있는 의미, 그리고 제사장의 자격과 성별(聖別), 깨끗한 것과 부정한 것, 일상생활에서의 규칙, 속죄일에 관한 말씀도 자세히 언급하신다. 예배의 규칙에 관한 말씀도 빠짐없이 일러 주신다.

레위기의 핵심은 [하나님께서 거룩하시므로 사람도 거룩하여야 한다.] 이다. 순종과 불순종에 관한 말씀을 하시므로 하나님과 우리가 더욱 가까워지기를 원하시는 하나님의 사랑의 말씀이 녹아 있다고 할 수 있다. 하나님의 음성을 잘 들어보자.

▣ 하나님께서는 레위기를 통하여 이렇게 말씀하셨다.

제1장 번제에 관한 규례와 번제는 희생제물을 불에 태워 향기로, 드리는 것인데 이렇게 하라.

* 번제를 드려라. (1~17) [태워서 향기로 드리는 제사]
2 이스라엘 자손에게 말하여 이르라 너희 중에 누구든지 여호와께 예물을 드리려거든 가축 중에서 소나 양으로 예물을 드릴지니라
3 그 예물이 소의 번제이면 흠 없는 수컷으로 회막 문에서 여호와 앞에 기쁘게 받으시도록 드릴지니라
4 그는 번제물의 머리에 안수할지니 그를 위하여 기쁘게 받으심이 되어 그를 위하여 속죄가 될 것이라
5 그는 여호와 앞에서 그 수송아지를 잡을 것이요 아론의 자손 제

사장들은 그 피를 가져다가 회막 문 앞 제단 사방에 뿌릴 것이며
6 그는 또 그 번제물의 가죽을 벗기고 각을 뜰 것이요
7 제사장 아론의 자손들은 제단 위에 불을 붙이고, 불 위에 나무를 벌여 놓고
8 아론의 자손 제사장들은 그 뜬 각과 머리와 기름을 제단 위의 불 위에 있는 나무에 벌여 놓을 것이며
9 그 내장과 정강이를 물로 씻을 것이요 제사장은 그 전부를 제단 위에서 불살라 번제를 드릴지니 이는 화제라 여호와께 향기로운 냄새니라
10 만일 그 예물이 가축 떼의 양이나 염소의 번제이면 흠 없는 수컷으로 드릴지니
11 그가 제단 북쪽 여호와 앞에서 그것을 잡을 것이요 아론의 자손 제사장들은 그것의 피를 제단 사방에 뿌릴 것이며
12 그는 그것의 각을 뜨고 그것의 머리와 그것의 기름을 베어낼 것이요 제사장은 그것을 다 제단위의 불 위에 있는 나무 위에 벌여 놓을 것이며
13 그 내장과 그 정강이를 물로 씻을 것이요 제사장은 그 전부를 가져다가 제단 위에서 불살라 번제를 드릴지니 이는 화제라 여호와께 향기로운 냄새니라
14 만일 여호와께 드리는 예물이 새의 번제이면 산비둘기나 집비둘기 새끼로 예물을 드릴 것이요
15 제사장은 그것을 제단으로 가져다가 그것의 머리를 비틀어 끊고 제단 위에서 불사르고 피는 제단 곁에 흘릴 것이며
16 그것의 모이주머니와 그 더러운 것은 제거하여 제단 동쪽 재 버

리는 곳에 던지고
17 또 그 날개 자리에서 그 몸을 찢되 완전히 찢지 말고 제사장이 그 것을 제단 위의 불 위에 있는 나무 위에서 불살라 번제를 드릴지니 이는 화제라 여호와께 향기로운 냄새니라

제2장 소제에 관한 규례, 소제는 동물의 피 대신 곡식을 주요 제물로 삼아 드리는 제사이다.

* 소재(곡물로 드리는 제사)의 예물은 이렇게 드려라. (1~16)
1 누구든지 소제의 예물을 여호와께 드리려거든 고운 가루로 예물을 삼아 그 위에 기름을 붓고 또 그 위에 유향을 놓아
2 아론의 자손 제사장들에게로 가져갈 것이요 제사장은 그 고운 가루 한 움큼과 기름과 그 모든 유향을 가져다가 기념물로 제단 위에서 불사를지니 이는 화제라 여호와께 향기로운 냄새니라
3 그 소제물의 남은 것은 아론과 그의 자손에게 돌릴지니 이는 여호와의 화제물 중에 지극히 거룩한 것이니라
4 네가 화덕에 구운 것으로 소제의 예물을 드리려거든 고운 가루에 기름을 섞어 만든 무교병이나 기름을 바른 무교전병을 드릴 것이요
5 철판에 부친 것으로 소제의 예물을 드리려거든 고운 가루에 누룩을 넣지 말고 기름을 섞어
6 조각으로 나누고 그 위에 기름을 부을지니 이는 소제니라
7 네가 냄비의 것으로 소제를 드리려거든 고운 가루와 기름을 섞어 만들지니라
8 너는 이것들로 만든 소제물을 여호와께로 가져다가 제사장에게 줄 것이요 제사장은 그것을 제단으로 가져가서

9 그 소제물 중에서 기념할 것을 가져다가 제단 위에서 불사를지니 이는 화제라 여호와께 향기로운 냄새니라
10 소제물의 남은 것은 아론과 그의 아들들에게 돌릴지니 이는 여호와의 화제물 중에 지극히 거룩한 것이니라
11 너희가 여호와께 드리는 모든 소제물에는 누룩을 넣지 말지니 너희가 누룩이나 꿀을 여호와께 화제로 드려 사르지 못할지니라
12 처음 익은 것으로는 그것을 여호와께 드릴지나 향기로운 냄새를 위하여는 제단에 올리지 말지며
13 네 모든 소제물에 소금을 치라 네 하나님 언약의 소금을 네 소제에 빼지 못할지니 네 모든 예물에 소금을 드릴지니라
14 너는 첫 이삭의 소제를 여호와께 드리거든 첫 이삭을 볶아 찧은 것으로 네 소제를 삼되
15 그 위에 기름을 붓고 그 위에 유향을 더할지니 이는 소제니라
16 제사장은 찧은 곡식과 기름을 모든 유향과 함께 기념물로 불사를지니 이는 여호와께 드리는 화제니라

제3장 화목제에 관한 규례, 하나님과 화목, 이웃과의 친교를 위한 자발적으로 드리는 제사이다.

* 화목제(하나님과 화목을 위한 제사)의 예물은 이렇게 드려라. (1~17)

1 사람이 만일 화목제의 제물을 예물로 드리되 소로 드리려면 수컷이나 암컷이나 흠 없는 것으로 여호와 앞에 드릴지니
2 그 예물의 머리에 안수하고 회막 문에서 잡을 것이요 아론의 자손 제사장들은 그 피를 제단 사방에 뿌릴 것이며
3 그는 또 그 화목제의 제물 중에서 여호와께 화제를 드릴지니 곧

내장에 덮인 기름과 내장에 붙은 모든 기름과

4 두 콩팥과 그 위의 기름 곧 허리 쪽에 있는 것과 간에 덮인 꺼풀을 콩팥과 함께 떼어낼 것이요

5 아론의 자손은 그것을 제단 위의 불 위에 있는 나무 위의 번제물 위에서 사를지니 이는 화제라 여호와께 향기로운 냄새니라

6 만일 여호와께 예물로 드리는 화목제의 제물이 양이면 수컷이나 암컷이나 흠 없는 것으로 드릴 지며

7 만일 그의 예물로 드리는 것이 어린 양이면 그것을 여호와 앞으로 끌어다가

8 그 예물의 머리에 안수하고 회막 앞에서 잡을 것이요 아론의 자손은 그 피를 제단 사방에 뿌릴 것이며

9 그는 그 화목제의 제물 중에서 여호와께 화제를 드릴지니 그 기름 곧 미골에서 벤 기름진 꼬리와 내장에 덮인 기름과 내장에 붙은 모든 기름과

10 두 콩팥과 그 위의 기름 곧 허리 쪽에 있는 것과 간에 덮인 꺼풀을 콩팥과 함께 떼어 낼것이요

11 제사장은 그것을 제단 위에서 불사를지니 이는 화제로 여호와께 드리는 음식이니라

12 만일 그의 예물이 염소면 그것을 여호와 앞으로 끌어다가

13 그것의 머리에 안수하고 회막 앞에서 잡을 것이요 아론의 자손은 그 피를 제단 사방에 뿌릴 것이며

14 그는 그중에서 예물을 가져다가 여호와께 화제를 드릴지니 곧 내장에 덮인 기름과 내장에 붙은 모든 기름과

15 두 콩팥과 그 위의 기름 곧 허리 쪽에 있는 것과 간에 덮인 꺼풀

을 콩팥과 함께 떼어 낼 것이요

16 제사장은 그것을 제단 위에서 불사를지니 이는 화제로 드리는 음식이요 향기로운 냄새라 모든 기름은 여호와의 것이니라

17 너희는 기름과 피를 먹지 말라 이는 너희의 모든 처소에서 너희 대대로 지킬 영원한 규례니라

제4장 속죄제에 관한 규례, 이것은 죄인이 하나님께 죄 사함을 받기 위하여 드리는 제사이다.

* 속죄제(贖罪祭/죄를 제사로 비겨 없이하는 제사)를 드리는 규례 (1~35)

2 이스라엘 자손에게 말하여 이르라 누구든지 여호와의 계명 중 하나라도 그릇 범하였으되

3 만일 기름 부음을 받은 제사장이 범죄 하여 백성의 허물이 되었으면 그가 범한 죄로 말미암아 흠 없는 수송아지로 속죄제물을 삼아 여호와께 드릴지니

4 그 수송아지를 회막 문 여호와 앞으로 끌어다가 그 수송아지의 머리에 안수하고 그것을 여호와 앞에서 잡을 것이요

5 기름 부음을 받은 제사장은 그 수송아지의 피를 가지고 회막에 들어가서

6 그 제사장이 손가락에 그 피를 찍어 여호와 앞 곧 성소의 휘장 앞에 일곱 번 뿌릴 것이며

7 제사장은 또 그 피를 여호와 앞 곧 회막 안 향단 뿔들에 바르고 그 송아지의 피 전부를 회막 문 앞 번제단 밑에 쏟을 것이며

8 또 그 속죄 제물이 된 수송아지의 모든 기름을 떼어 낼지니 곧 내장에 덮인 기름과 내장에 붙은 모든 기름과

9 두 콩팥과 그 위의 기름 곧 허리 쪽에 있는 것과 간에 덮인 꺼풀을 콩팥과 함께 떼어 내되
10 화목제 제물의 소에게서 떼어냄 같이 할 것이요 제사장은 그것을 번제단 위에서 불사를 것이며
11 그 수송아지의 가죽과 그 모든 고기와 그것의 머리와 정강이와 내장과
12 똥 곧 그 송아지의 전체를 진영 바깥 재 버리는 곳인 정결한 곳으로 가져다가 불로 나무위에서 사르되 곧 재 버리는 곳에서 불사를지니라
13 만일 이스라엘 온 회중이 여호와의 계명 중 하나라도 부지중에 범하여 허물이 있으나 스스로 깨닫지 못하다가
14 그 범한 죄를 깨달으면 회중은 수송아지를 속죄제로 드릴지니 그것을 회막 앞으로 끌어다가
15 회중의 장로들이 여호와 앞에서 그 수송아지 머리에 안수하고 그것을 여호와 앞에서 잡을 것이요
16 기름 부음을 받은 제사장은 그 수송아지의 피를 가지고 회막에 들어가서
17 그 제사장이 손가락으로 그 피를 찍어 여호와 앞, 휘장 앞에 일곱 번 뿌릴 것이며
18 또 그 피로 회막 안 여호와 앞에 있는 제단 뿔들에 바르고 그 피 전부는 회막문 앞 번제단 밑에 쏟을 것이며
19 그것의 기름은 모두 떼어 제단 위에서 불사르되
20 그 송아지를 속죄제의 수송아지에게 한 것 같이할 지며 제사장이 그것으로 회중을 위하여 속죄한즉 그들이 사함을 받으리라

21 그는 그 수송아지를 진영 밖으로 가져다가 첫 번 수송아지를 사름 같이 불사를지니 이는 회중의 속죄제니라
22 만일 족장이 그의 하나님 여호와의 계명 중 하나라도 부지중에 범하여 허물이 있었는데
23 그가 범한 죄를 누가 그에게 깨우쳐 주면 그는 흠 없는 숫염소를 예물로 가져다가
24 그 숫염소의 머리에 안수하고 여호와 앞 번제물을 잡는 곳에서 잡을지니 이는 속죄제라
25 제사장은 그 속죄 제물의 피를 손가락에 찍어 번제단 뿔들에 바르고 그 피는 번제단 밑에 쏟고
26 그 모든 기름은 화목제 제물의 기름 같이 제단 위에서 불사를지니 이같이 제사장이 그 범한 죄에 대하여 그를 위하여 속죄한즉 그가 사함을 얻으리라
27 만일 평민의 한 사람이 여호와의 계명 중 하나라도 부지중에 범하여 허물이 있었는데
28 그가 범한 죄를 누가 그에게 깨우쳐 주면 그는 흠 없는 암염소를 끌고 와서 그 범한 죄로 말미암아 그것을 예물로 삼아
29 그 속죄제물의 머리에 안수하고 그 제물을 번제물을 잡는 곳에서 잡을 것이요
30 제사장은 손가락으로 그 피를 찍어 번제단 뿔들에 바르고 그 피 전부를 제단 밑에 쏟고
31 그 모든 기름을 화목제물의 기름을 떼어 낸 것 같이 떼어 내 제단 위에서 불살라 여호와께 향기롭게 할지니 제사장이 그를 위하여 속죄한즉 그가 사함을 받으리라

32 그가 만일 어린 양을 속죄 제물로 가져오려거든 흠 없는 암컷을 끌어다가

33 그 속죄제 제물의 머리에 안수하고 번제물을 잡는 곳에서 속죄제물로 잡을 것이요

34 제사장은 그 속죄제물의 피를 손가락으로 찍어 번제단 뿔들에 바르고 그 피는 전부 제단 밑에 쏟고

35 그 모든 기름을 화목제 어린 양의 기름을 떼 낸 것 같이 떼 내어 제단 위 여호와의 화제물 위에서 불사를지니 이같이 제사장이 그가 범한 죄에 대하여 그를 위하여 속죄한즉 그가 사함을 받으리라

제5장 속건제의 규례, 이것은 하나님의 성물, 법 & 이웃에게 피해 끼쳤을 때 드리는 제사이다.

* 속죄제(贖罪祭/죄를 제사로 비겨 없이하는 제사)를 드리는 규례 (1~13)

1 만일 누구든지 저주하는 소리를 듣고서도 증인이 되어 그가 본 것이나 알고 있는 것을 알리지 아니하면 그는 자기의 죄를 져야 할 것이요 그 허물이 그에게로 돌아갈 것이며

2 만일 누구든지 부정한 것들 곧 부정한 들짐승의 사체나 부정한 가축의 사체나 부정한 곤충의 사체를 만졌으면 부지중이라고 할지라도 그 몸이 더러워져서 허물이 있을 것이요

3 만일 부지중에 어떤 사람의 부정에 닿았는데 그 사람의 부정이 어떠한 부정이든지 그것을 깨달았을 때에는 허물이 있을 것이요

4 만일 누구든지 입술로 맹세하여 악한 일이든지 선한 일이든지 하리라고 함부로 말하면 그 사람이 함부로 말하여 맹세한 것이 무

엇이든지 그가 깨닫지 못하다가 그것을 깨닫게 되었을 때는 그중 하나에 그에게 허물이 있을 것이니

5 이 중 하나에 허물이 있을 때는 아무 일에 잘못하였노라 자복하고

6 그 잘못으로 말미암아 여호와께 속죄제를 드리되 양 떼의 암컷 어린 양이나 염소를 끌어다가 속죄제를 드릴 것이요 제사장은 그의 허물을 위하여 속죄할지니라

7 만일 그의 힘이 어린 양을 바치는 데에 미치지 못하면 그가 지은 죄를 속죄하기 위하여 산비둘기 두 마리나 집비둘기 새끼 두 마리를 여호와께로 가져가되 하나는 속죄제물을 삼고 하나는 번제물을 삼아

8 제사장에게로 가져갈 것이요 제사장은 그 속죄 제물을 먼저 드리되 그 머리를 목에서 비틀어 끊고 몸은 아주 쪼개지 말며

9 그 속죄제물의 피를 제단 곁에 뿌리고 그 남은 피는 제단 밑에 흘릴지니 이는 속죄제요

10 그다음 것은 규례대로 번제를 드릴지니 제사장이 그의 잘못을 위하여 속죄한즉 그가 사함을 받으리라

11 만일 그의 손이 산비둘기 두 마리나 집비둘기 두 마리에도 미치지 못하면 그의 범죄로 말미암아 고운 가루 십 분의 일 에바를 예물로 가져다가 속죄 제물로 드리되 이는 속죄제인즉 그 위에 기름을 붓지 말며 유향을 놓지 말고

12 그것을 제사장에게로 가져갈 것이요 제사장은 그것을 기념물로 한 움큼을 가져다가 제단 위 여호와의 화제물 위에서 불사를지니 이는 속죄제라

13 제사장이 그가 이 중에서 하나를 범하여 얻은 허물을 위하여 속죄한즉 그가 사함을 받으리라 그 나머지는 소제물 같이 제사장에게 돌릴지니라

* 속건제(贖愆祭/허물을 씻기 위한 제사)를 드리는 규례는 이것이다. (14~19)

15 누구든지 여호와의 성물에 대하여 부지중에 범죄 하였으면 여호와께 속건제를 드리되 네가 지정한 가치를 따라 성소의 세겔로 몇 세겔 은에 상당한 흠 없는 숫양을 양 떼 중에서 끌어다가 속건제로 드려서

16 성물에 대한 잘못을 보상하되 그것에 오분의일을 더하여 제사장에게 줄 것이요 제사장은 그 속건제의 숫양으로 그를 위하여 속죄한즉 그가 사함을 받으리라

17 만일 누구든지 여호와의 계명 중 하나를 부지중에 범하여도 허물이라 벌을 당할 것이니

18 그는 네가 지정한 가치대로 양 떼 중 흠 없는 숫양을 속건 제물로 제사장에게로 가져갈 것이요 제사장은 그가 부지중에 범죄한 허물을 위하여 속죄한즉 그가 사함을 받으리라

19 이는 속건제니 그가 여호와 앞에 참으로 잘못을 저질렀음이니라

제6장 상술한 5대 제사 이외에 보충적 의미가 있고, 제사장 관점에서 제사 드리는 특징이 있다.

* 속건제(贖愆祭/허물을 씻기 위한 제사)를 드리는 규례 (1~7)

2 누구든지 여호와께 신실하지 못하여 범죄 하되 곧 이웃이 맡긴 물건이나 전당물을 속이거나 도둑질하거나 착취하고도 사실을 부인하거나

3 남의 잃은 물건을 줍고도 사실을 부인하여 거짓 맹세하는 등 사람이 이 모든 일 중의 하나라도 행하여 범죄 하면
4 이는 죄를 범하였고 죄가 있는 자니 그 훔친 것이나 착취한 것이나 맡은 것이나 잃은 물건을 주운 것이나
5 그 거짓 맹세한 모든 물건을 돌려보내되 곧 그 본래 물건에 오분의 일을 더하여 돌려보낼 것이니 그 죄가 드러나는 날에 그 임자에게 줄 것이요
6 그는 또 그 속건 제물을 여호와께 가져갈지니 곧 네가 지정한 가치대로 양 떼 중 흠 없는 숫양을 속건 제물을 위하여 제사장에게로 끌고 갈 것이요
7 제사장은 여호와 앞에서 그를 위하여 속죄한즉 그는 무슨 허물이든지 사함을 받으리라

* 번제(燔祭/짐승을 통째로 태워드리는 제사)를 드리는 규례 (8~13)

9 아론과 그의 자손에게 명령하여 이르라 번제의 규례는 이러하니라 번제물은 아침까지 제단위에 있는 석쇠 위에 두고 제단의 불이 그 위에서 꺼지지 않게 할 것이요
10 제사장은 세마포 긴 옷을 입고 세마포 속바지로 하체를 가리고 제단 위에서 불태운 번제의 재를 가져다가 제단 곁에 두고
11 그 옷을 벗고 다른 옷을 입고 그 재를 진영 바깥 정결한 곳으로 가져갈 것이요
12 제단 위의 불은 항상 피워 꺼지지 않게 할지니 제사장은 아침마다 나무를 그 위에서 태우고 번제물을 그 위에 벌여 놓고 화목제의 기름을 그 위에서 불사를 지며
13 불은 끊임이 없이 제단 위에 피워 꺼지지 않게 할지니라

* **소제(素祭/노동의 열매를 드리는 제사)를 드리는 규례 (14~23)**
14 소제의 규례는 이러하니라 아론의 자손은 그것을 제단 앞 여호와 앞에 드리되
15 그 소제의 고운 가루 한 움큼과 기름과 소제물 위의 유향을 다 가져다가 기념물로 제단위에서 불살라 여호와 앞에 향기로운 냄새가 되게 하고
16 그 나머지는 아론과 그의 자손이 먹되 누룩을 넣지 말고 거룩한 곳 회막 뜰에서 먹을지니라
17 그것에 누룩을 넣어 굽지 말라 이는 나의 화제물 중에서 내가 그들에게 주어 그들의 소득이되게 하는 것이라 속죄제와 속건제같이 지극히 거룩한즉
18 아론 자손의 남자는 모두 이를 먹을지니 이는 여호와의 화제물 중에서 대대로 그들의 영원한 소득이 됨이라 이를 만지는 자마다 거룩하리라
20 아론과 그의 자손이 기름 부음을 받는 날에 여호와께 드릴 예물은 이러하니라 고운 가루 십분의 일 에바를 항상 드리는 소제물로 삼아 그 절반은 아침에, 절반은 저녁에 드리되
21 그것을 기름으로 반죽하여 철판에 굽고 기름에 적셔 썰어서 소제로 여호와께 드려 향기로운 냄새가 되게 하라
22 이 소제는 아론의 자손 중 기름 부음을 받고 그를 이어 제사장 된 자가 드릴 것이요 영원한 규례로 여호와께 온전히 불사를 것이니
23 제사장의 모든 소제물은 온전히 불사르고 먹지 말지니라
* **속죄제(贖罪祭/죄를 없이하기 위하여 드리는 제사)를 드리는 규례 (24~30)**

25 아론과 그의 아들들에게 말하여 이르라 속죄제의 규례는 이러하니라 속죄제 제물은 지극히 거룩하니 여호와 앞 번제물을 잡는 곳에서 그 속죄제 제물을 잡을 것이요
26 죄를 위하여 제사 드리는 제사장이 그것을 먹되 곧 회막 뜰 거룩한 곳에서 먹을 것이며
27 그 고기에 접촉하는 모든 자는 거룩할 것이며 그 피가 어떤 옷에 묻었으면 묻은 그것을 거룩한 곳에서 빨 것이요
28 그 고기를 토기에 삶았으면 그 그릇을 깨뜨릴 것이요 유기에 삶았으면 그 그릇을 닦고 물에 씻을 것이며
29 제사장인 남자는 모두 그것을 먹을지니 그것은 지극히 거룩하니라
30 그러나 피를 가지고 회막에 들어가 성소에서 속죄하게 한 속죄제 제물의 고기는 먹지 못할지니 불사를지니라

제7장 속건제, 화목제의 덧붙임이고, 피와 기름은 먹지 말고 제사장 분깃을 정하여 주셨다.

* 속건제(贖愆祭/실수로 범한 죄를 속하려고 드리는 제사)를 드리는 규례 (1~10)

1 속건제의 규례는 이러하니라 이는 지극히 거룩하니
2 번제물을 잡는 곳에서 속건제의 번제물을 잡을 것이요 제사장은 그 피를 제단 사방에 뿌릴 것이며
3 그 기름을 모두 드리되 곧 그 기름진 꼬리와 내장에 덮인 기름과
4 두 콩팥과 그 위의 기름 곧 허리 쪽에 있는 것과 간에 덮인 꺼풀을 콩팥과 함께 떼어 내고
5 제사장은 그것을 다 제단 위에서 불살라 여호와께 화제로 드릴

것이니 이는 속건제니라

6 제사장인 남자는 모두 그것을 먹되 거룩한 곳에서 먹을지니라 그 것은 지극히 거룩하니라
7 속죄제와 속건제는 규례가 같으니 그 제물은 속죄하는 제사장에게로 돌아갈 것이요
8 사람을 위하여 번제를 드리는 제사장 곧 그 제사장은 그 드린 번제물의 가죽을 자기가 가질 것이며
9 화덕에 구운 소제물과 냄비에나 철판에서 만든 소제물은 모두 그 드린 제사장에게로 돌아갈 것이니
10 소제물은 기름 섞은 것이나 마른 것이나 모두 아론의 모든 자손이 균등하게 분배할 것이니라

* 화목제(和睦祭/하나님과 화평을 감사로 드리는 제사)를 드리는 규례 (11~21)

11 여호와께 드릴 화목제물의 규례는 이러하니라
12 만일 그것을 감사함으로 드리려면 기름 섞은 무교병과 기름 바른 무교전병과 고운 가루에 기름 섞어 구운 과자를 그 감사 제물과 함께 드리고
13 또 유교병을 화목제의 감사 제물과 함께 그 예물로 드리되
14 그 전체의 예물 중에서 하나씩 여호와께 거제로 드리고 그것을 화목제의 피를 뿌린 제사장들에게로 돌릴지니라
15 감사함으로 드리는 화목제물의 고기는 드리는 그 날에 먹을 것이요 조금이라도 이튿날 아침까지 두지 말 것이니라
16 그러나 그의 예물의 제물이 서원이나 자원하는 것이면 그 제물을 드린 날에 먹을 것이요 그 남은 것은 이튿날에도 먹되

17 그 제물의 고기가 셋째 날까지 남았으면 불사를지니
18 만일 그 화목제물의 고기를 셋째 날에 조금이라도 먹으면 그 제사는 기쁘게 받아들여지지 않을 것이라 드린 자에게도 예물답게 되지 못하고 도리어 가증한 것이 될 것이며 그것을 먹는자는 그 죄를 짊어지리라
19 그 고기가 부정한 물건에 접촉되었으면 먹지 말고 불사를 것이라 그 고기는 깨끗한 자만 먹을것이니
20 만일 몸이 부정한 자가 여호와께 속한 화목제물의 고기를 먹으면 그 사람은 자기 백성 중에서 끊어질 것이요
21 만일 누구든지 부정한 것 곧 사람의 부정이나 부정한 짐승이나 부정하고, 가증한 무슨 물건을 만지고 여호와께 속한 화목제물의 고기를 먹으면 그 사람도 자기 백성 중에서 끊어지리라

* 피와 기름은 먹지 말지니라. (22~27)

22 이스라엘 자손에게 말하여 이르라 너희는 소나 양이나 염소의 기름을 먹지 말 것이요
23 스스로 죽은 것의 기름이나 짐승에게 찢긴 것의 기름은 다른 데는 쓰려니와 결단코 먹지는 말지니라
25 사람이 여호와께 화제로 드리는 제물의 기름을 먹으면 그 먹는 자는 자기 백성 중에서 끊어지리라
26 너희가 사는 모든 곳에서 새나 짐승의 피나 무슨 피든지 먹지 말라
27 무슨 피든지 먹는 사람이 있으면 그 사람은 다 자기 백성 중에서 끊어지리라

* 화목제물 중에서 제사장의 분깃은 이것이니라. (28~34)

29 이스라엘 자손에게 말하여 이르라 화목제물을 여호와께 드리려는 자는 그 화목제물 중에서 그의 예물을 여호와께 가져오되
30 여호와의 화제물은 그 사람이 자기 손으로 가져올지니 곧 그 제물의 기름과 가슴을 가져올 것이요 제사장은 그 가슴을 여호와 앞에 흔들어 요제를 삼고
31 그 기름은 제단 위에서 불사를 것이며 가슴은 아론과 그의 자손에게 돌릴 것이며
32 또 너희는 그 화목제물의 오른쪽 뒷다리를 제사장에게 주어 거제로 삼을지니
33 아론의 자손 중에서 화목제물의 피와 기름을 드리는 자는 그 오른쪽 뒷다리를 자기의 소득으로 삼을 것이니라
34 내가 이스라엘 자손의 화목제물 중에서 그 흔든 가슴과 든 뒷다리를 가져다가 제사장 아론과 그의 자손에게 주었나니 이는 이스라엘 자손에게서 받을 영원한 소득이니라

* 맺음말 (35~38)

제8장 아론과 그의 아들들의 제사장 위임식이 7일동안 진행되는 최초의 제사장 위임식 현장이다.

* 아론과 그의 아들들의 제사장 위임식 (1~36)

1 너는 아론과 그의 아들들과 함께 그 의복과 관유와 속죄제의 수송아지와 숫양 두 마리와 무교병 한 광주리를 가지고
2 온 회중을 회막문에 모으라

제9장 위임식을 마친 후 제사장의 신분과 자격을 갖추고 하나님께 첫 제사를 드리는 장면이다.

* 아론이 드디어 첫 제사 드리게 됨 (1~24)

제10장 아론의 두 아들이 제사 규례를 어겨 죽임을 당하고, 제사장 소득에 관한 말씀을 하셨다.

* 나답과 아비후가 제사법을 어긴 죄로 죽임당함 (1~20)

3 나는 나를 가까이하는 자 중에서 내 거룩함을 나타내겠고 온 백성 앞에서 내 영광을 나타내리라

* 제사장이 회막에 들어갈 때는 이렇게 하라. (8~20)

9 너와 네 자손들이 회막에 들어갈 때는 포도주나 독주를 마시지 말라 그리하여 너희 죽음을 면하라 이는 너희 대대로 지킬 영영한 규례라

10 그리하여야 너희가 거룩하고 속된 것을 분별하며 부정하고 정한 것을 분별하고

11 또 나 여호와가 모세를 통하여 모든 규례를 이스라엘 자손에게 가르치리라

* 제사장이 거룩한 곳에서 먹을 제물은 이것이라. (12~20)

제11장 성도의 정결한 삶을 위한 지침, 정한 짐승과 섭취해서는 안 되는 부정한 동물을 언급하셨다.

* 정한 짐승과 부정한 짐승을 말씀하시다. (1~47)

2 이스라엘 자손에게 말하여 이르라 육지의 모든 짐승 중 너희가 먹을 만한 생물은 이러하니

3 모든 짐승 중, 굽이 갈라져 쪽발이 되고 새김질하는 것은 너희가 먹되

4 새김질하는 것이나 굽이 갈라진 짐승 중에도 너희가 먹지 못할 것은 이러하니 낙타는 새김질은 하되 굽이 갈라지지 아니하였으므로 너희에게 부정하고

5 사반도 새김질은 하되 굽이 갈라지지 아니하였으므로 너희에게 부정하고

6 토끼도 새김질은 하되 굽이 갈라지지 아니하였으므로 너희에게 부정하고

7 돼지는 굽이 갈라져 쪽발이로되 새김질을 못 하므로 너희에게 부정하니

8 너희는 이러한 고기를 먹지 말고 그 주검도 만지지 말라 이것들은 너희에게 부정하니라

9 물에 있는 모든 것 중에서 너희가 먹을 만한 것은 이것이니 강과 바다와 다른 물에 있는 모든것 중에서 지느러미와 비늘 있는 것은 너희가 먹되

10 물에서 움직이는 모든 것과 물에서 사는 모든 것 곧 강과 바다에 있는 것으로서 지느러미와 비늘 없는 모든 것은 너희에게 가증한 것이라

11 이들은 너희에게 가증한 것이니 너희는 그 고기를 먹지 말고 그 주검을 가증하게 여기라

12 수중 생물에 지느러미와 비늘 없는 것은 너희가 혐오할 것이니라

13 새 중에 너희가 가증하게 여길 것은 이것이라 이것들이 가증한즉 먹지 말지니 곧 독수리와 솔개와 물수리와

14 말똥가리와 말똥가리 종류와

15 까마귀 종류와

16 타조와 타흐마스와 갈매기와 새매 종류와

17 올빼미와 가마우지와 부엉이와

18 흰 올빼미와 사다새와 너새와

19 황새와 백로 종류와 오디새와 박쥐니라
20 날개가 있고 네발로 기어 다니는 곤충은 너희가 혐오할 것이로되
21 다만 날개가 있고 네발로 기어 다니는 모든 곤충 중에 그 발에 뛰는 다리가 있어서 땅에서 뛰는 것은 너희가 먹을지니
22 곧 그중에 메뚜기 종류와 베짱이 종류와 귀뚜라미 종류와 팥중이 종류는 너희가 먹으려니와
23 오직 날개가 있고 기어 다니는 곤충은 다 너희가 혐오할 것이니라
24 이런 것은 너희를 부정하게 하나니 누구든지 이것들의 주검을 만지면 저녁까지 부정할 것이며
25 그 주검을 옮기는 모든 자는 그 옷을 빨지니 저녁까지 부정하리라
26 굽이 갈라진 모든 짐승 중에 쪽발이 아닌 것이나, 새김질 아니 하는 것의 주검은 다 네게 부정하니 만지는 자는 부정할 것이요
27 네 발로 다니는 모든 짐승 중 발바닥으로 다니는 것은 다 네게 부정하니 그 주검을 만지는자는 저녁까지 부정할 것이며
28 그 주검을 옮기는 자는 그 옷을 빨지니 저녁까지 부정하리라 그것들이 네게 부정하니라
29 땅에 기는 길짐승 중에 네게 부정한 것은 이러하니 곧 두더지와 쥐와 큰 도마뱀 종류와
30 도마뱀붙이와 육지 악어와 도마뱀과 사막 도마뱀과 카멜레온이라
31 모든 기는 것 중 이것들은 네게 부정하니 그 주검을 만지는 모든 자는 저녁까지 부정할 것이며
32 이런 것 중 어떤 것의 주검이 나무 그릇에든지 의복에든지 가죽에든지 자루에든지 무엇에 쓰는 그릇에든지 떨어지면 부정하여지

리니 물에 담그라 저녁까지 부정하다가 정할 것이며
33 그것 중 어떤 것이 어느 질그릇에 떨어지면 그 속에 있는 것이 다 부정하여지나니 너는 그 그릇을 깨뜨리라
34 먹을 만한 축축한 식물이 거기 담겼으면 부정하여질 것이요 그 같은 그릇에 담긴 마실 것도 부정할 것이며
35 이런 것의 주검이 물건 위에 떨어지면 그것이 모두 부정하여지리니 화덕이든지 화로이든지 깨뜨려버리라 이것이 부정하여져서 너희에게 부정한 것이 되리라
36 샘물이나 물이 고인 웅덩이는 부정하여지지 아니하되 그 주검에 닿는 것은 모두 부정하여질 것이요
37 이것들의 주검이 심을 종자에 떨어지면 그것이 정하거니와
38 만일 종자에 물이 묻었을 때에 그것이 그 위에 떨어지면 너희에게 부정하리라
39 너희가 먹을 만한 짐승이 죽은 때에 그 주검을 만지는 자는 저녁까지 부정할 것이며
40 그것을 먹는 자는 그 옷을 빨 것이요 저녁까지 부정할 것이며 그 주검을 옮기는 자도 그의 옷을 빨 것이요 저녁까지 부정하리라
41 땅에 기어 다니는 모든 길짐승은 가증한즉 먹지 못할지니
42 곧 땅에 기어 다니는 모든 기는 것 중에 배로 밀어 다니는 것이나 네 발로 걷는 것이나 여러발을 가진 것이라 너희가 먹지 말지니 이것들은 가증함이니라
43 너희는 기는바 기어 다니는 것 때문에 자기를 가증하게 되게 하지 말며 또한 그것 때문에 스스로 더럽혀 부정하게 되게 하지 말라
44 나는 여호와 너희의 하나님이라 내가 거룩하니 너희도 몸을 구별

하여 거룩하게 하고 땅에 기는 길짐승으로 말미암아 스스로 더 럽히지 말라

45 나는 너희의 하나님이 되려고 너희를 애굽 땅에서 인도하여 낸 여호와라 내가 거룩하니 너희도 거룩할지어다

46 이는 짐승과 새와 물에서 움직이는 모든 생물과 땅에 기는 모든 길짐승에 대한 규례니

47 부정하고 정한 것과 먹을 생물과 먹지 못할 생물을 분별한 것이니라

제12장 신생아를 낳은 산모에게 적용되는 산모 정결법에 관한 말씀을 하셨다.

* 출산하는 여인의 규칙은 이러하니라. (2~8)

2 이스라엘 자손에게 말하여 이르라 여인이 임신하여 남자를 낳으면 그는 이레 동안 부정하리니 곧 월경할 때와 같이 부정할 것이며

3 여덟째 날에는 그 아이의 포피를 벨 것이요

4 그 여인은 아직도 삼십삼 일을 지내야 산혈이 깨끗하리니 정결하게 되는 기한이 차기 전에는 성물을 만지지도 말며 성소에 들어가지도 말 것이며

5 여자를 낳으면 그는 두 이레 동안 부정하리니 월경할 때와 같을 것이며 산혈이 깨끗하게 됨은 육십육 일을 지내야 하리라

6 아들이나 딸이나 정결하게 되는 기한이 차면 그 여인은 번제를 위하여 일 년 된 어린 양을 가져가고 속죄제를 위하여 집비둘기 새끼나 산비둘기를 회막 문 제사장에게로 가져갈 것이요

7 제사장은 그것을 여호와 앞에 드려서 그 여인을 위하여 속죄할지

니 그리하면 산혈이 깨끗하리라 이는 아들이나 딸을 생산한 여인에게 대한 규례니라
8 그 여인이 어린 양을 바치기에 힘이 미치지 못하면 산비둘기 두 마리나 집비둘기 새끼 두 마리를 가져다가 하나는 번제물로, 하나는 속죄 제물로 삼을 것이요 제사장은 그를 위하여 속죄할지니 그가 정결하리라

제13장 나병의 진단, 판별, 정결 규례에 관한 말씀, 의복, 가죽, 곰팡이로 나병 분별을 말씀하시다.

* 피부에 나병 같은 것이 생기거든 이렇게 하라. (1~46)
2 만일 사람이 그의 피부에 무엇이 돋거나 뾰루지가 나거나 색 점이 생겨서 그의 피부에 나병 같은것이 생기거든 그를 곧 제사장 아론에게나 그의 아들 중 한 제사장에게로 데리고 갈 것이요
3 제사장은 그 피부의 병을 진찰할지니 환부의 털이 희어졌고 환부가 피부보다 우묵하여졌으면 이는 나병의 환부라 제사장이 그를 진찰하여 그를 부정하다 할 것이요
4 피부에 색 점이 희나 우묵하지 아니하고 그 털이 희지 않으면 제사장은 그 환자를 이레동안 가두어둘 것이며
5 이레 만에 제사장이 그를 진찰할지니 그가 보기에 그 환부가 변하지 아니하고 병색이 피부에 퍼지지 아니하였으면 제사장이 그를 또 이레 동안을 가두어둘 것이며
6 이레 만에 제사장이 또 진찰할지니 그 환부가 엷어졌고 병색이 피부에 퍼지지 아니하였으면 피부병이라 제사장이 그를 정하다 할 것이요 그의 옷을 빨 것이라 그리하면 정하리라
7 그러나 그가 정결한지를 제사장에게 보인 후에 병이 피부에 퍼지

면 제사장에게 다시 보일 것이요

8 제사장은 진찰할지니 그 병이 피부에 퍼졌으면 그를 부정하다 할지니라 이는 나병임이니라
9 사람에게 나병이 들었거든 그를 제사장에게로 데려갈 것이요
10 제사장은 진찰할지니 피부에 흰 점이 돋고 털이 희어지고 거기 생살이 생겼으면
11 이는 그의 피부의 오랜 나병이라 제사장이 부정하다 할 것이요 그가 이미 부정하였으므로 가두어두지는 않을 것이며
12 제사장이 보기에 나병이 그 피부에 크게 발생하였으되 그 환자의 머리부터 발끝까지 퍼졌으면
13 그가 진찰할 것이요 나병이 과연 그의 전신에 퍼졌으면 그 환자를 정하다 할지니 다 희어진 자인즉 정하거니와
14 아무 때든지 그에게 생살이 보이면 그는 부정한즉
15 제사장이 생살을 진찰하고 그를 부정하다 할지니 그 생살은 부정한 것인즉 이는 나병이며
16 그 생살이 변하여 다시 희어지면 제사장에게로 갈 것이요
17 제사장은 그를 진찰하여서 그 환부가 희어졌으면 환자를 정하다 할지니 그는 정하니라
18 피부에 종기가 생겼다가 나았고
19 그 종처에 흰 점이 돋거나 희고 불그스름한 색 점이 생겼으면 제사장에게 보일 것이요
20 그는 진찰하여 피부보다 얕고 그 털이 희면 그를 부정하다 할지니 이는 종기로 된 나병의 환부임이니라
21 그러나 제사장이 진찰하여 거기 흰 털이 없고 피부보다 얕지 아

니하고 빛이 엷으면 제사장은 그를 이레 동안 가두어둘 것이며

22 그 병이 크게 피부에 퍼졌으면 제사장은 그를 부정하다 할지니 이는 환부임이니라

23 그러나 그 색 점이 여전하고 퍼지지 아니하였으면 이는 종기 흔적이니 제사장은 그를 정하다 할지니라

24 피부가 불에 데었는데 그 덴 곳에 불그스름하고 희거나 순전히 흰색 점이 생기면

25 제사장은 진찰할지니 그 색 점의 털이 희고 그 자리가 피부보다 우묵하면 이는 화상에서 생긴 나병인즉 제사장이 그를 부정하다 할 것은 나병의 환부가 됨이니라

26 그러나 제사장이 보기에 그 색 점에 흰 털이 없으며 그 자리가 피부보다 얕지 아니하고 빛이 엷으면 그는 그를 이레 동안 가두어 둘 것이며

27 이레 만에 제사장이 그를 진찰할지니 만일, 병이 크게 피부에 퍼졌으면 그가 그를 부정하다 할 것은 나병의 환부임이니라

28 만일 색 점이 여전하여 피부에 퍼지지 아니하고 빛이 엷으면 화상으로 부은 것이니 제사장이 그를 정하다 할 것은 이는 화상의 흔적임이니라

29 남자나 여자의 머리에나, 수염에 환부가 있으면

30 제사장은 진찰할지니 환부가 피부보다 우묵하고 그 자리에 누르스름하고 가는 털이 있으면 그가 그를 부정하다 할 것은 이는 옴이니라 머리에나, 수염에 발생한 나병임이니라

31 만일 제사장이 보기에 그 옴의 환부가 피부보다 우묵하지 아니하고 그 자리에 검은 털이 없으면 제사장은 그 옴 환자를 이레 동

안 가두어둘 것이며

32 이레 만에 제사장은 그 환부를 진찰할지니 그 옴이 퍼지지 아니하고 그 자리에 누르스름한 털이 없고 피부보다 우묵하지 않으면
33 그는 모발을 밀되 환부는 밀지 말 것이요 제사장은 옴 환자를 또 이레 동안 가두어둘 것이며
34 이레 만에 제사장은 그 옴을 또 진찰할지니 그 옴이 피부에 퍼지지 아니하고 피부보다 우묵하지 않으면 그는 그를 정하다 할 것이요 그는 자기의 옷을 빨아서 정하게 되려니와
35 깨끗한 후에라도 옴이 크게 피부에 퍼지면
36 제사장은 그를 진찰할지니 과연 옴이 피부에 퍼졌으면 누른 털을 찾을 것 없이 그는 부정하니라
37 그러나 제사장이 보기에 옴이 여전하고 그 자리에 검은 털이 났으면 그 옴은 나았고 그 사람은 정하니 제사장은 그를 정하다 할지니라
38 남자나 여자의 피부에 색 점, 곧 흰색 점이 있으면
39 제사장은 진찰할지니 그 피부의 색 점이 부유스름하면 이는 피부에 발생한 어루러기라 그는 정하니라
40 누구든지 그 머리털이 빠지면 그는 대머리니 정하고
41 앞머리가 빠져도 그는 이마 대머리니 정하니라
42 그러나 대머리나 이마 대머리에 희고 불그스름한 색 점이 있으면 이는 나병이 대머리에나 이마 대머리에 발생함이라
43 제사장은 그를 진찰할지니 그 대머리에나 이마 대머리에 돋은 색 점이 희고 불그스름하여 피부에 발생한 나병과 같으면
44 이는 나병 환자라 부정하니 제사장이 그를 확실히 부정하다고 할

것은 그 환부가 그 머리에 있음이니라

45 나병 환자는 옷을 찢고 머리를 풀며 윗입술을 가리고 외치기를 부정하다 부정하다 할 것이요

46 병 있는 날 동안은 늘 부정할 것이라 그가 부정한즉 혼자 살되 진영 밖에서 살지니라

* 의복이나 가죽에 곰팡이가 생기면 이렇게 하라. (47~59)

47 만일 의복에 나병 색 점이 발생하여 털옷에나 베옷에나

48 베나 털의 날에나, 씨에나 혹 가죽에나 가죽으로 만든 모든 것에 있으되

49 그 의복에나, 가죽에나 그, 날에나, 씨에나 가죽으로 만든 모든 것에 병색이 푸르거나 붉으면 이는 나병의 색 점이라 제사장에게 보일 것이요

50 제사장은 그 색 점을 진찰하고 그것을 이레 동안 간직하였다가

51 이레 만에 그 색 점을 살필지니 그 색 점이 그 의복의 날에나, 씨에나 가죽에나 가죽으로 만든 것에 퍼졌으면 이는 악성 나병이라 그것이 부정하므로

52 그는 그 색점 있는 의복이나 털이나 베의 날이나 씨나 모든 가죽으로 만든 것을 불사를지니 이는 악성 나병인즉 그것을 불사를지니라

53 그러나 제사장이 보기에 그 색 점이 그 의복의 날에나, 씨에나, 모든 가죽으로 만든 것에 퍼지지 아니하였으면

54 제사장은 명령하여 그 색 점있는 것을 빨게 하고 또 이레 동안 간직하였다가

55 그 빤 곳을 볼지니 그 색 점의 빛이 변하지 아니하고 그 색 점이

퍼지지 아니하였으면 부정하니, 너는 그것을 불사르라 이는 거죽에 있든지 속에 있든지 악성 나병이니라

56 빤 후에 제사장이 보기에 그 색 점이 엷으면 그 의복에서나 가죽에서나 그날에서나 씨에서나 그 색 점을 찢어 버릴 것이요

57 그 의복의 날에나, 씨에나 가죽으로 만든 모든 것에 색 점이 여전히 보이면 재발하는 것이니 너는 그 색 점있는 것을 불사를지니라

58 네가 빤 의복의 날에나, 씨에나 가죽으로 만든 모든 것에 그 색 점이 벗겨졌으면 그것을 다시 빨아야 정하리라

제14장 나병의 진단, 판별, 정결 규례에 관한 말씀. 의복, 가죽, 곰팡이로 나병 분별을 말씀하셨다.

* 환자가 정결하게 되는 날의 규칙은 이러하니라. (1~32)

2 나병 환자가 정결하게 되는 날의 규례는 이러하니 곧 그 사람을 제사장에게로 데려갈 것이요

3 제사장은 진영에서 나가 진찰할지니 그 환자에게 있던 나병 환부가 나았으면

4 제사장은 그 정결함을 받을 자를 위하여 명령하여 살아 있는 정결한 새 두 마리와 백 향목과 홍색 실과 우슬초를 가져오게 하고

5 제사장은 또 명령하여 그 새 하나는 흐르는 물 위 질그릇 안에서 잡게 하고

6 다른 새는 산 채로 가져다가 백 향목과 홍색 실과 우슬초와 함께 가져다가 흐르는 물 위에서 잡은 새의 피를 찍어

7 나병에서 정결함을 받을 자에게 일곱 번 뿌려 정하다 하고 그 살아 있는 새는 들에 놓을 지며

8 정결함을 받는 자는 그의 옷을 빨고 모든 털을 밀고 물로 몸을

씻을 것이라 그리하면 정하리니 그 후에 진영에 들어올 것이나 자기 장막 밖에 이레를 머물 것이요
9 일곱째 날에 그는 모든 털을 밀되 머리털과 수염과 눈썹을 다 밀고 그의 옷을 빨고 몸을 물에 씻을 것이라 그리하면 정하리라
10 여덟째 날에 그는 흠 없는 어린 숫양 두 마리와 일 년 된 흠 없는 어린 암양 한 마리와 또 고운 가루 십 분의 삼 에바에 기름 섞은 소제물과 기름 한 록을 취할 것이요
11 정결하게 하는 제사장은 정결함을 받을 자와 그 물건들을 회막 문 여호와 앞에 두고
12 어린 숫양 한 마리를 가져다가 기름 한 록과 아울러 속건제로 드리되 여호와 앞에 흔들어 요제를 삼고
13 그 어린 숫양은 거룩한 장소 곧 속죄제와 번제물 잡는 곳에서 잡을 것이며 속건 제물은 속죄 제물과 마찬가지로 제사장에게 돌릴지니 이는 지극히 거룩한 것이니라
14 제사장은 그 속건 제물의 피를 취하여 정결함을 받을 자의 오른쪽 귓부리와 오른쪽 엄지손가락과 오른쪽 엄지발가락에 바를 것이요
15 제사장은 또 그 한 록의 기름을 취하여 자기 왼쪽 손바닥에 따르고
16 오른쪽 손가락으로 왼쪽 손의 기름을 찍어 그 손가락으로 그것을 여호와 앞에 일곱 번 뿌릴 것이요
17 손에 남은 기름은 제사장이 정결함을 받을 자의 오른쪽 귓부리와 오른쪽 엄지손가락과 오른쪽 엄지발가락 곧 속건 제물의 피 위에 바를 것이며

18 아직도 그 손에 남은 기름은 제사장이 그 정결함을 받는 자의 머리에 바르고 제사장은 여호와 앞에서 그를 위하여 속죄하고

19 또 제사장은 속죄제를 드려 그 부정함으로 말미암아 정결함을 받을 자를 위하여 속죄하고 그후에 번제물을 잡을 것이요

20 제사장은 그 번제와 소제를 제단에 드려 그를 위하여 속죄할 것이라 그리하면 그가 정결하리라

21 만일 그가 가난하여 그의 힘이 미치지 못하면 그는 흔들어 자기를 속죄할 속건제를 위하여 어린 숫양 한 마리와 소제를 위하여 고운 가루 십분의 일 에바에 기름섞은 것과 기름 한 록을 취하고

22 그의 힘이 미치는 대로 산비둘기 둘이나 집비둘기 새끼 둘을 가져다가 하나는 속죄 제물로, 하나는 번제물로 삼아

23 여덟째 날에 그 결례를 위하여 그것들을 회막 문 여호와 앞 제사장에게로 가져갈 것이요

24 제사장은 속건제의 어린 양과 기름 한 록을 가져다가 여호와 앞에 흔들어 요제를 삼고

25 속건제의 어린 양을 잡아서 제사장은 그 속건제물의 피를 가져다가 정결함을 받을 자의 오른쪽 귓부리와 오른쪽 엄지손가락과 오른쪽 엄지발가락에 바를 것이요

26 제사장은 그 기름을, 자기 왼쪽 손바닥에 따르고

27 오른쪽 손가락으로 왼쪽 손의 기름을 조금 찍어 여호와 앞에 일곱 번 뿌릴 것이요

28 그 손의 기름은 제사장이 정결함을 받을 자의 오른쪽 귓부리와 오른쪽 엄지손가락과 오른쪽 엄지발가락 곧 속건제물의 피를 바른 곳에 바를 것이며

29 또 그 손에 남은 기름은 제사장이 그 정결함을 받는 자의 머리에 발라 여호와 앞에서 그를 위하여 속죄할 것이며
30 그는 힘이 미치는 대로 산비둘기 한 마리나 집비둘기 새끼 한 마리를 드리되
31 곧 그의 힘이 미치는 대로 한 마리는 속죄제로, 한 마리는 소제와 함께 번제로 드릴 것이요 제사장은 정결함을 받을 자를 위하여 여호와 앞에 속죄할지니

* 집에 생기는 곰팡이는 이렇게 하라. (33~57)

34 내가 네게 기업으로 주는 가나안 땅에 너희가 이를 때에 너희 기업의 땅에서 어떤 집에 나병 색 점을 발생하게 하거든
35 그 집 주인은 제사장에게 가서 말하여 알리기를 무슨 색 점이 집에 생겼다 할 것이요
36 제사장은 그 색 점을 살펴보러 가기 전에 그 집안에 있는 모든 것이 부정을 면하게 하기 위하여 그 집을 비우도록 명령한 후에 들어가서 그 집을 볼지니
37 그 색 점을 볼 때 그 집 벽에 푸르거나 붉은 무늬의 색 점이 있어 벽보다 우묵하면
38 제사장은 그 집 문으로 나와 그 집을 이레 동안 폐쇄하였다가
39 이레 만에 또 가서 살펴볼 것이요 그 색 점이 벽에 퍼졌으면
40 그는 명령하여 색점 있는 돌을 빼내어 성 밖 부정한 곳에 버리게 하고
41 또 집 안 사방을 긁게 하고 그 긁은 흙을 성 밖 부정한 곳에 쏟아버리게 할 것이요
42 그들은 다른 돌로 그 돌을 대신하며 다른 흙으로 집에 바를지니라

43 돌을 빼내며 집을 긁고 고쳐 바른 후에 색 점이 집에 재발하면

44 제사장은 또 가서 살펴볼 것이요 그 색 점이 만일 집에 퍼졌으면 악성 나병인즉 이는 부정하니

45 그는 그 집을 헐고 돌과 그 재목과 그 집의 모든 흙을 성 밖 부정한 곳으로 내어 갈 것이며

46 그 집을 폐쇄한 날 동안에 들어가는 자는 저녁까지 부정할 것이요

47 그 집에서 자는 사람은 그의 옷을 빨 것이요 그 집에서 먹는 자도 그의 옷을 빨 것이니라

48 그 집을 고쳐 바른 후에 제사장이 들어가 살펴보아서 색 점이 집에 퍼지지 아니하였으면 이는 색 점이 나은 것이니 제사장은 그 집을 정하다 하고

49 그는 그 집을 정결하게 하기 위하여 새 두 마리와 백 향목과 홍색 실과 우슬초를 가져다가

50 그 새 하나를 흐르는 물 위 질그릇 안에서 잡고

51 백 향목과 우슬초와 홍색 실과 살아있는 새를 가져다가 잡은 새의 피와 흐르는 물을 찍어 그집에 일곱 번 뿌릴 것이요

52 그는 새의 피와 흐르는 물과 살아있는 새와 백 향목과 우슬초와 홍색 실로 집을 정결하게 하고

53 그 살아 있는 새는 성 밖 들에 놓아 주고 그 집을 위하여 속죄할 것이라 그러면 정결하리라

제15장 남, 녀 생식기로 발생하는 유출병과 유사 증상들로 인한 부정과 정결법을 말씀하셨다.

* 몸에 유출병이 있는 사람은 이렇게 하라. (1~33)

유출병 / 流出病 / Discharge

몸 밖으로 피가 계속 흐르는 일종의 혈루 증세의 병을 말한다. (레15:2,4/민 5:2) 피를 생명으로 취급했던 그들은 남성의 정액을 비정상적으로 배출하는(성병) 것들은 죄의 결과이고 생명을 파괴하는 것으로 생각했다.

2 이스라엘 자손에게 말하여 이르라 누구든지 그의 몸에 유출병이 있으면 그 유출병으로 말미암아 부정한 자라
3 그의 유출병으로 말미암아 부정함이 이러하니 곧 그의 몸에서 흘러나오든지 그의 몸에서 흘러나오는 것이 막혔든지 부정한즉
4 유출병 있는 자가 눕는 침상은 다 부정하고 그가 앉았던 자리도 다 부정하니
5 그의 침상에 접촉하는 자는 그의 옷을 빨고 물로 몸을 씻을 것이며 저녁까지 부정하리라
6 유출병이 있는 자가 앉았던 자리에 앉는 자는 그의 옷을 빨고 물로 씻을 것이요 저녁까지 부정하리라
7 유출병이 있는 자의 몸에 접촉하는 자는 그의 옷을 빨고 물로 몸을 씻을 것이며 저녁까지 부정하리라
8 유출병이 있는 자가 정한 자에게 침을 뱉으면 정한 자는 그의 옷을 빨고 물로 몸을 씻을것이며 저녁까지 부정하리라
9 유출병이 있는 자가 탔던 안장은 다 부정하며
10 그의 몸 아래에 닿았던 것에 접촉한 자는 다 저녁까지 부정하며 그런 것을 옮기는 자는 그의 옷을 빨고 물로 몸을 씻을 것이며 저녁까지 부정하리라
11 유출병이 있는 자가 물로 그의 손을 씻지 아니하고 아무든지 만지면 그자는 그의 옷을 빨고 물로 몸을 씻을 것이며 저녁까지 부

정하리라

12 유출병이 있는 자가 만진 질그릇은 깨뜨리고 나무 그릇은 다 물로 씻을지니라

13 유출병이 있는 자는 그의 유출이 깨끗해지거든 그가 정결하게 되기 위하여 이레를 센 후에 옷을 빨고 흐르는 물에 그의 몸을 씻을 것이라 그러면 그가 정하리니

14 여덟째 날에 산비둘기 두 마리나 집비둘기 새끼 두 마리를 자기를 위하여 가져다가 회막 문 여호와 앞으로 가서 제사장에게 줄 것이요

15 제사장은 그 한 마리는 속죄제로, 다른 한 마리는 번제로 드려 그의 유출병으로 말미암아 여호와 앞에서 속죄할지니라

16 설정한 자는 전신을 물로 씻을 것이며 저녁까지 부정하리라

17 정수가 묻은 모든 옷과 가죽은 물에 빨 것이며 저녁까지 부정하리라

18 남녀가 동침하여 설정하였거든 둘 다 물로 몸을 씻을 것이며 저녁까지 부정하리라

19 어떤 여인이 유출을 하되 그의 몸에 그의 유출이 피이면 이레 동안 불결하니 그를 만지는 자마다 저녁까지 부정할 것이요

20 그가 불결할 동안에는 그가 누웠던 자리도 다 부정하며 그가 앉았던 자리도 다 부정한즉

21 21 그의 침상을 만지는 자는 다 그의 옷을 빨고 물로 몸을 씻을 것이요 저녁까지 부정할 것이며

22 그가 앉은 자리를 만지는 자도 다 그들의 옷을 빨고 물로 몸을 씻을 것이요 저녁까지 부정할 것이며

23 그의 침상 위에나 그가 앉은 자리 위에 있는 것을 만지는 모든 자도 저녁까지 부정할 것이며

24 누구든지 이 여인과 동침하여 그의 불결함에 전염되면 이레 동안 부정할 것이라 그가 눕는 침상은 다 부정하니라

25 만일 여인의 피의 유출이 그의 불결기가 아닌데도 여러 날이 간다든지 그 유출이 그의 25 불결기를 지나도 계속되면 그 부정을 유출하는 모든 날 동안은 그 불결한 때와 같이 부정한즉

26 그의 유출이 있는 모든 날 동안에 그가 눕는 침상은 그에게 불결한 때의 침상과 같고 그가 앉는 모든 자리도 부정함이 불결한 때의 부정과 같으니

27 그것들을 만지는 자는 다 부정한즉 그의 옷을 빨고 물로 몸을 씻을 것이며 저녁까지 부정할 것이요

28 그의 유출이 그치면 이레를 센 후에야 정하리니

29 그는 여덟째 날에 산비둘기 두 마리나 집비둘기 새끼 두 마리를 자기를 위하여 가져다가 회막문 앞 제사장에게로 가져갈 것이요

30 제사장은 그 한 마리는 속죄제로, 다른 한 마리는 번제로 드려 유출로 부정한 여인을 위하여 여호와 앞에서 속죄할지니라

31 너희는 이같이 이스라엘 자손이 그들의 부정에서 떠나게 하여 그들 가운데에 있는 내 성막을 그들이 더럽히고 그들이 부정한 중에서 죽지 않도록 할지니라

제16장 유대 종교력 7월10일에 거국적으로 행해야 하는 속죄일에 관한 말씀을 하셨다.

* 속죄일 (1~34)

속죄일 / 贖罪日 / Day of Atone-ment

일 년에 한 번 대제사장과 백성의 죄를 대속하는 날로 유대 종교력으로는 7월(티쉬리 월,태양력으로는 9월 10일경) 10일을 말한다. (레16:30,33,34. 23:27) 속죄일에 대제사장은 백성들의 속죄 제물을 위한 숫염소 둘과 번제를 위한 숫양 하나를 취하고 대제사장 자신과 그의 가족을 위한 속죄 제물로 수송아지와 번제드릴 숫양을 취하여 회막에 나가서 번제를 드렸다.

2 네 형 아론에게 이르라 성소의 휘장 안 법궤 위 속죄소 앞에 아무 때나 들어오지 말라 그리하여 죽지 않도록 하라 이는 내가 구름 가운데에서 속죄소 위에 나타남이니라
3 아론이 성소에 들어오려면 수송아지를 속죄 제물로 삼고 숫양을 번제물로 삼고
4 거룩한 세마포 속옷을 입으며 세마포 속바지를 몸에 입고 세마포 띠를 띠며 세마포 관을 쓸지니 이것들은 거룩한 옷이라 물로 그의 몸을 씻고 입을 것이며
5 이스라엘 자손의 회중에게서 속죄 제물로 삼기 위하여 숫염소 두 마리와 번제물로 삼기위하여 숫양 한 마리를 가져갈지니라
6 아론은 자기를 위한 속죄제의 수송아지를 드리되 자기와 집안을 위하여 속죄하고
7 또 그 두 염소를 가지고 회막 문 여호와 앞에 두고
8 두 염소를 위하여 제비 뽑되 한 제비는 여호와를 위하고 한 제비는 아사셀을 위하여 할지며
9 아론은 여호와를 위하여 제비 뽑은 염소를 속죄제로 드리고
10 아사셀을 위하여 제비 뽑은 염소는 산 채로 여호와 앞에 두었다가 그것으로 속죄하고 아사셀을 위하여 광야로 보낼지니라
11 아론은 자기를 위한 속죄제의 수송아지를 드리되 자기와 집안을

위하여 속죄하고 자기를 위한 그 속죄제 수송아지를 잡고
12 향로를 가져다가 여호와 앞 제단 위에서 피운 불을 그것에 채우고 또 곱게 간 향기로운 향을 두 손에 채워서 휘장 안에 들어가서
13 여호와 앞에서 분향하여 향연으로 증거궤 위 속죄소를 가리게 할지니 그리하면 그가 죽지 아니할 것이며
14 그는 또 수송아지의 피를 가져다가 손가락으로 속죄소 동쪽에 뿌리고 또 손가락으로 그 피를 속죄소 앞에 일곱 번 뿌릴 것이며
15 또 백성을 위한 속죄제 염소를 잡아 그 피를 가지고 휘장 안에 들어가서 그 수송아지 피로 행함 같이 그 피로 행하여 속죄소 위와 속죄소 앞에 뿌릴지니
16 곧 이스라엘 자손의 부정과 그들이 범한 모든 죄로 말미암아 지성소를 위하여 속죄하고 또 그들의 부정한 중에 있는 회막을 위하여 그같이 할 것이요
17 그가 지성소에 속죄하러 들어가서 자기와 그의 집안과 이스라엘 온 회중을 위하여 속죄하고 나오기까지는 누구든지 회막에 있지 못할 것이며
18 그는 여호와 앞 제단으로 나와서 그것을 위하여 속죄할지니 곧 그 수송아지의 피와 염소의 피를 가져다가 제단 귀퉁이 뿔들에 바르고
19 또 손가락으로 그 피를 그 위에 일곱 번 뿌려 이스라엘 자손의 부정에서 제단을 성결하게 할 것이요
20 그 지성소와 회막과 제단을 위하여 속죄하기를 마친 후에 살아 있는 염소를 드리되
21 아론은 그의 두 손으로 살아 있는 염소의 머리에 안수하여 이스

라엘 자손의 모든 불의와 그 범한 모든 죄를 아뢰고 그 죄를 염소의 머리에 두어 미리 정한 사람에게 맡겨 광야로 보낼지니
22 염소가 그들의 모든 불의를 지고 접근하기 어려운 땅에 이르거든 그는 그 염소를 광야에 놓을지니라
23 아론은 회막에 들어가서 지성소에 들어갈 때 입었던 세마포 옷을 벗어 거기 두고
24 거룩한 곳에서 물로 그의 몸을 씻고 자기 옷을 입고 나와서 자기의 번제와 백성의 번제를 드려 자기와 백성을 위하여 속죄하고
25 속죄제물의 기름을 제단에서 불사를 것이요
26 염소를 아사셀에게 보낸 자는 그의 옷을 빨고 물로 그의 몸을 씻은 후에 진영에 들어갈 것이며
27 속죄제 수송아지와 속죄제 염소의 피를 성소로 들여다가 속죄하였으므로 그 가죽과 고기와 똥을 밖으로 내다가 불사를 것이요
28 불사른 자는 그의 옷을 빨고 물로 그의 몸을 씻은 후에 진영에 들어갈지니라
29 너희는 영원히 이 규례를 지킬지니라 일곱째 달 곧 그달 십 일에 너희는 스스로 괴롭게 하고 아무 일도 하지 말되 본토인이든지 너희 중에 거류하는 거류민이든지 그리하라
30 이날에 너희를 위하여 속죄하여 너희를 정결하게 하리니 너희의 모든 죄에서 너희가 여호와 앞에 정결하리라
31 이는 너희에게 안식일 중의 안식일인즉 너희는 스스로 괴롭게 할지니 영원히 지킬 규례라
32 기름 부음을 받고 위임되어 자기의 아버지를 대신하여 제사장의 직분을 행하는 제사장은 속죄하되 세마포 옷 곧 거룩한 옷

을 입고
33 지성소를 속죄하며 회막과 제단을 속죄하고 또 제사장들과 백성의 회중을 위하여 속죄할지니
34 이는 너희가 영원히 지킬 규례라 이스라엘 자손의 모든 죄를 위하여 일 년에 한 번 속죄할 것이니라 아론이 여호와께서 모세에게 명령하신 대로 행하니라

제17장 식음을 위한 짐승 다루는 규례와 섭취할 때 생명 되는 피는 먹지 말라고 말씀하시었다.

* 제물을 드릴 장소 (1~9)

2 아론과 그의 아들들과 이스라엘의 모든 자손에게 말하여 그들에게 이르기를 여호와의 명령이 이러하시다 하라
3 이스라엘 집의 모든 사람이 소나 어린 양이나 염소를 진영 안에서 잡던지 진영 밖에서 잡던지
4 먼저 회막 문으로 끌고 가서 여호와의 성막 앞에서 여호와께 예물로 드리지 아니하는 자는 피흘린 자로 여길 것이라 그가 피를 흘렸으므로 자기 백성 중에서 끊어지리라
5 그런즉 이스라엘 자손이 들에서 잡던 그들의 제물을 회막 문 여호와께로 끌고 가서 제사장에게 주어 화목제로 여호와께 드려야 할 것이요
6 제사장은 그 피를 회막 문 여호와의 제단에 뿌리고 그 기름을 불살라 여호와께 향기로운 냄새가 되게 할 것이라
7 그들은 전에 음란하게 섬기던 숫염소에게 다시 제사하지 말 것이니라 이는 그들이 대대로 지킬 영원한 규례니라
8 너는 또 그들에게 이르라 이스라엘 집의 사람이나 혹은 그들 중

에 거류하는 거류민이 번제나 제물을 드리되

9 회막 문으로 가져다가 여호와께 드리지 않으면 그는 백성 중에서 끊어지리라

* 피를 먹지 말라.
(하나님께서 주신 값비싼 생명이므로 먹으면 안된다.) (10~16)

10 이스라엘 집, 사람이나 그들 중에 거류하는 거류민 중에 무슨 피든지 먹는 자가 있으면 내가 그 피를 먹는 그 사람에게는 내 얼굴을 보이며 그를 백성 중에서 끊으리니

11 육체의 생명은 피에 있음이라 내가 이 피를 너희에게 주어 제단에 뿌려 너희의 생명을 위하여 속죄하게 하였나니 생명이 피에 있으므로 피가 죄를 속하느니라

12 그러므로 내가 이스라엘 자손에게 말하기를 너희 중에 아무도 피를 먹지 말며 너희 중에 거류하는 거류민이라도 피를 먹지 말라 하였나니

13 모든 이스라엘 자손이나 그들 중에 거류하는 거류민이 먹을 만한 짐승이나 새를 사냥하여 잡거든 그것의 피를 흘리고 흙으로 덮을지니라

14 모든 생물은 그 피가 생명과 일체라 그러므로 내가 이스라엘 자손에게 이르기를 너희는 어떤 육체의 피든지 먹지 말라 하였나니 모든 육체의 생명은 그것의 피인즉 그 피를 먹는 모든자는 끊어지리라

15 또 스스로 죽은 것이나 들짐승에게 찢겨 죽은 것을 먹은 모든 자는 본토인이거나 거류민 이거나 그의 옷을 빨고 물로 몸을 씻을 것이며 저녁까지 부정하고 그 후에는 정하려니와

16 그가 빨지 아니하거나 그의 몸을 물로 씻지 않으면 그가 죄를 담당하리라

제18장 선민이 지켜야 할 성(性)도덕을 말씀하시고 이방(가나안)의 풍속을 따르지 말라고 하시다.

* 가증한 풍속을 따르지 말 것 (1~30)

2 너는 이스라엘 자손에게 말하여 이르라 나는 여호와 너희의 하나님이니라

3 너희는 너희가 거주하던 애굽 땅의 풍속을 따르지 말며 내가 너희를 인도할 가나안 땅의 풍속과 규례도 행하지 말고

4 너희는 내 법도를 따르며 내 규례를 지켜 그대로 행하라 나는 너희의 하나님 여호와이니라

5 너희는 내 규례와 법도를 지키라 사람이 이를 행하면 그로 말미암아 살리라 나는 여호와이니라

6 각 사람은 자기의 살붙이를 가까이하여 그의 하체를 범하지 말라 나는 여호와이니라

7 네 어머니의 하체는 곧 네 아버지의 하체이니 너는 범하지 말라 그는 네 어머니인즉 너는 그의 하체를 범하지 말지니라

8 너는 네 아버지의 아내 하체를 범하지 말라 이는 네 아버지의 하체니라

9 너는 네 자매 곧 네 아버지의 딸이나 네 어머니의 딸이나 집에서나 다른 곳에서 출생하였음을 막론하고 그들의 하체를 범하지 말지니라

10 네 손녀나 네 외손녀의 하체를 범하지 말라 이는 네 하체니라

11 네 아버지의 아내가 네 아버지에게 낳은 딸은 네 누이니 너는 그

의 하체를 범하지 말지니라

12 너는 네 고모의 하체를 범하지 말라 그는 네 아버지의 살붙이니라
13 너는 네 이모의 하체를 범하지 말라 그는 네 어머니의 살붙이니라
14 너는 네 아버지 형제의 아내를 가까이하여 그의 하체를 범하지 말라 그는 네 숙모니라
15 너는 네 며느리의 하체를 범하지 말라 그는 네 아들의 아내이니 그의 하체를 범하지 말지니라
16 너는 네 형제의 아내 하체를 범하지 말라 이는 네 형제의 하체니라
17 너는 여인과 그 여인의 딸 하체를 아울러 범하지 말며 또 그 여인의 손녀나 외손녀를 아울러 데려다가 그의 하체를 범하지 말라 그들은 그의 살붙이이니 이는 악행이니라
18 너는 아내가 생존할 동안에 그의 자매를 데려다가 그의 하체를 범하여 그로 질투하게 하지 말지니라
19 너는 여인이 월경으로 불결한 동안에 그에게 가까이하여 그의 하체를 범하지 말지니라
20 너는 네 이웃의 아내와 동침하여 설정하므로 그 여자와 함께 자기를 더럽히지 말지니라
21 너는 결단코 자녀를 몰렉에게 주어 불로 통과하게 함으로 네 하나님의 이름을 욕되게 하지말라 나는 여호와이니라
22 너는 여자와 동침함 같이 남자와 동침하지 말라 이는 가증한 일이니라
23 너는 짐승과 교합 하여 자기를 더럽히지 말며 여자는 짐승 앞에 서서 그것과 교접하지 말라 이는 문란한 일이니라

24 너희는 이 모든 일로 스스로 더럽히지 말라 내가 너희 앞에서 쫓아내는 족속들이 이 모든 일로 말미암아 더러워졌고
25 그 땅도 더러워졌으므로 내가 그 악으로 말미암아 벌하고 그 땅도 스스로 그 주민을 토하여 내느니라
26 그러므로 너희 곧 너희의 동족이나 혹은 너희 중에 거류하는 거류민이나 내 규례와 내 법도를 지키고 이런 가증한 일의 하나라도 행하지 말라
27 너희가 전에 있던 그 땅 주민이 이 모든 가증한 일을 행하였고 그 땅도 더러워졌느니라
28 너희도 더럽히면 그 땅이 너희가 있기 전 주민을 토함 같이 너희를 토할까 하노라 이 가증한 모든 일을 행하는 자는 그 백성 중에서 끊어지리라
29 그러므로 너희는 내 명령을 지키고 너희가 들어가기 전에 행하던 가증한 풍속을 하나라도
30 따름으로 스스로 더럽히지 말라 나는 너희의 하나님 여호와이니라

제19장 하나님과 이웃을 사랑하는 법규들과 바른 사회생활을 위해 지켜야 하는 규범을 말씀하심

* 너희는 거룩 하라. (1~37)

거 룩 (Holy)

분리함, 잘라냄이라는 의미를 가지고있다. 거룩 이란 처음부터 하나님께서만 가지시는 절대적 권한 아래 두셨다 하나님만이 가지시는 속성이다. 그러나 하나님 형상대로 지음 받은 우리는 하나님께서 명령하시는 대로 거룩함에 관하여 기도하므로 거룩함에 힘써야 한다.

2 너는 이스라엘 자손의 온 회중에게 말하여 이르라 너희는 거룩하라 이는 나 여호와 너희 하나님이 거룩함이니라
3 너희 각 사람은 부모를 경외하고 나의 안식일을 지키라 나는 너희의 하나님 여호와이니라
4 너희는 헛된 것들에게로 향하지 말며 너희를 위하여 신상들을 부어 만들지 말라 나는 너희의 하나님 여호와이니라
5 너희는 화목제물을 여호와께 드릴 때 기쁘게 받으시도록 드리고
6 그 제물은 드리는 날과 이튿날에 먹고 셋째 날까지 남았거든 불사르라
7 셋째 날에 조금이라도 먹으면 가증한 것이 되어 기쁘게 받으심이 되지 못하고
8 그것을 먹는 자는 여호와의 성물을 더럽힘으로 말미암아 죄를 담당하리니 그가 그의 백성중에서 끊어지리라
9 너희가 너희의 땅에서 곡식을 거둘 때에 너는 밭 모퉁이까지 다 거두지 말고, 네 떨어진 이삭도 줍지 말며
10 네 포도원의 열매를 다 따지 말며 네 포도원에 떨어진 열매도 줍지 말고 가난한 사람과 거류민을 위하여 버려두라 나는 너희의 하나님 여호와이니라
11 너희는 도둑질하지 말며 속이지 말며 서로 거짓말하지 말며
12 너희는 내 이름으로 거짓 맹세함으로 네 하나님의 이름을 욕되게 하지 말라 나는 여호와이니라
13 너는 네 이웃을 억압하지 말며 착취하지 말며 품꾼의 삯을 아침까지 밤새도록 네게 두지 말며
14 너는 귀먹은 자를 저주하지 말며 맹인 앞에 장애물을 놓지 말고

네 하나님을 경외하라 나는 여호와이니라

15 너희는 재판할 때에 불의를 행하지 말며 가난한 자의 편을 들지 말며 세력 있는 자라고 두둔하지 말고 공의로 사람을 재판할 지며

16 너는 네 백성 중에 돌아다니며 사람을 비방하지 말며 네 이웃의 피를 흘려 이익을 도모하지말라 나는 여호와이니라

17 너는 네 형제를 마음으로 미워하지 말며 네 이웃을 반드시 견책하라, 그러면 네가 그에 대하여 죄를 담당하지 아니하리라

18 원수를 갚지 말며 동포를 원망하지 말며 네 이웃 사랑하기를 너 자신과 같이 사랑하라 나는 여호와이니라

19 너희는 내 규례를 지킬 찌어다 네 가축을 다른 종류와 교미시키지 말며 네 밭에 두 종자를 섞어 뿌리지 말며 두 재료로 직조한 옷을 입지 말 것이며

20 만일 어떤 사람이 다른 사람과 정혼한 여종 곧 아직 속량 되거나 해방되지 못한 여인과 동침하여 설정하면 그것은 책망을 받을 일이니라 그러나 그들은 죽임을 당하지는 아니하리니 그 여인이 해방되지 못하였기 때문이니라

21 그 남자는 그 속건제물 곧 속건제 숫양을 회막 문 여호와께로 끌고 올 것이요

22 제사장은 그가 범한 죄를 위하여 그 속건제의 숫양으로 여호와 앞에 속죄할 것이요 그리하면 그가 범한 죄 사함을 받으리라

23 너희가 그 땅에 들어가 각종 과목을 심거든 그 열매는 아직 할례받지 못한 것으로 여기되 곧 삼 년 동안 너희는 그것을 할례받지 못한 것으로 여겨 먹지 말 것이요

24 넷째 해에는 그 모든 과실이 거룩하니 여호와께 드려 찬송할 것이며

25 다섯째 해에는 그 열매를 먹을지니 그리하면 너희에게 그 소산이 풍성하리라 나는 너희의 하나님 여호와이니라

26 너희는 무엇이든지 피째 먹지 말며 점을 치지 말며 술법을 행하지 말며

27 머리 가를 둥글게 깎지 말며 수염 끝을 손상하지 말며

28 죽은 자 때문에 너희의 살에 문신은 하지 말며 무늬를 놓지 말라 나는 여호와이니라

30 네 딸을 더럽혀 창녀가 되게 하지 말라 음행이 전국에 퍼져 죄악이 가득할까 하노라 내 안식일을 지키고 내 성소를 귀히 여기라 나는 여호와이니라

31 너희는 신접한 자와 박수를 믿지 말며 그들을 추종하여 스스로 더럽히지 말라 나는 너희 하나님 여호와이니라

32 너는 센 머리 앞에서 일어서고 노인의 얼굴을 공경하며 네 하나님을 경외하라 나는 여호와 이니라

33 거류민이 너희의 땅에 거류하여 함께 있거든 너희는 그를 학대하지 말고

34 너희와 함께 있는 거류민을 너희 중에서 낳은 자 같이 여기며 자기 같이 사랑하라 너희도 애굽 땅에서 거류민이 되었었느니라 나는 너희의 하나님 여호와이니라

35 너희는 재판할 때나 길이나 무게나 양을 잴 때 불의를 행하지 말고

36 공평한 저울과 공평한 추와 공평한 에바와 공평한 힌을 사용하

라 나는 너희를 인도하여 애굽땅에서 나오게 한 너희의 하나님 여호와이니라

37 너희는 내 모든 규례와 내 모든 법도를 지켜 행하라 나는 여호와이니라

제20장 우상숭배, 성범죄 는 엄중히 다스리고, 선민으로서의 거룩한 삶을 요청하시었다.

* 꼭 죽여야 하는 죄를 하나하나 나열하여 일러주심 (1~27)

2 너는 이스라엘 자손에게 또 이르라 그가 이스라엘 자손이든지 이스라엘에 거류하는 거류민이든지 그의 자식을 몰렉에게 주면 반드시 죽이되 그 지방 사람이 돌로 칠 것이요

3 나도 그 사람에게 진노하여 그를 그의 백성 중에서 끊으리니 이는 그가 그의 자식을 몰렉에게 주어서 내 성소를 더럽히고 내 성호를 욕되게 하였음이라

4 그가 그의 자식을 몰렉에게 주는 것을 그 지방 사람이 못 본 체하고 그를 죽이지 않으면

5 내가 그 사람과 그의 권속에게 진노하여 그와 그를 본받아 몰렉을 음란하게 섬기는 모든 사람을 그들의 백성 중에서 끊으리라

6 접신한 자와 박수무당을 음란하게 따르는 자에게는 내가 진노하여 그를 그의 백성 중에서 끊으리니

7 너희는 스스로 깨끗하게 하여 거룩할지어다 나는 너희의 하나님 여호와이니라

8 너희는 내 규례를 지켜 행하라 나는 너희를 거룩하게 하는 여호와이니라

9 만일 누구든지 자기의 아버지나 어머니를 저주하는 자는 반드시

죽일지니 그가 자기의 아버지나 어머니를 저주하였으므로 그의 피가 자기에게로 돌아가리라

10 누구든지 남의 아내와 간음하는 자 곧 그의 이웃의 아내와 간음하는 자는 그 간부와 음부를 반드시 죽일지니라

11 누구든지 그의 아버지의 아내와 동침하는 자는 그의 아버지의 하체를 범하였으므로 둘 다 반드시 죽일지니 그들의 피가 자기들에게로 돌아가리라

12 누구든지 그의 며느리와 동침하거든 둘 다 반드시 죽일지니 그들이 가증한 일을 행하였음이라 그들의 피가 자기들에게로 돌아가리라

13 누구든지 여인과 동침하듯 남자와 동침하면 둘 다 가증한 일을 행함인즉 반드시 죽일지니 자기의 피가 자기에게로 돌아가리라

14 누구든지 아내와 자기의 장모를 함께 데리고 살면 악행인즉 그와 그들을 함께 불사를지니 이는 너희 중에 악행이 없게 하려 함이니라

15 남자가 짐승과 교합 하면 반드시 죽이고 너희는 그 짐승도 죽일 것이며

16 여자가 짐승에게 가까이하여 교합 하면 너는 여자와 짐승을 죽이되 그들을 반드시 죽일지니 그들의 피가 자기들에게로 돌아가리라

17 누구든지 그의 자매 곧 그의 아버지의 딸이나 그의 어머니의 딸을 데려다가 그 여자의 하체를 보고 여자는 그 남자의 하체를 보면 부끄러운 일이라 그들의 민족 앞에서 그들이 끊어질지니 그가 자기 자매의 하체를 범하였으므로 그가 그의 죄를 담당하리라

18 누구든지 월경 중의 여인과 동침하여 그의 하체를 범하면 남자는 그 여인의 근원을 드러냈고 여인은 자기의 피 근원을 드러내었음인즉 둘 다 백성 중에서 끊어지리라

19 네 이모나 고모의 하체를 범하지 말지니 이는 살붙이의 하체인즉 그들이 그들의 죄를 담당하리라

20 누구든지 그의 숙모와 동침하면 그의 숙부의 하체를 범함이니 그들은 그들의 죄를 담당하여 자식이 없이 죽으리라

21 누구든지 그의 형제의 아내를 데리고 살면 더러운 일이라 그가 그의 형제의 하체를 범함이니 그들에게 자식이 없으리라

22 너희는 나의 모든 규례와 법도를 지켜 행하라 그리하여야 내가 너희를 인도하여 거주하게 하는 땅이 너희를 토하지 아니하리라

23 너희는 내가 너희 앞에서 쫓아내는 족속의 풍속을 따르지 말라 그들이 이 모든 일을 행하므로 내가 그들을 가증하게 여기노라

24 내가 전에 너희에게 이르기를 너희가 그들의 땅을 기업으로 받을 것이라 내가 그 땅 곧 젖과 꿀이 흐르는 땅을 너희에게 주어 유업을 잇게 하리라 하였노라 나는 너희를 만민 중에서 구별한 너희의 하나님 여호와이니라

25 너희는 짐승이 정하고 부정함과 새가 정하고 부정함을 구별하고 내가 너희를 위하여 부정한 것으로 구별한 짐승이나 새나 땅에 기는 것들로 너희의 몸을 더럽히지 말라

26 너희는 나에게 거룩할지어다 이는 나 여호와가 거룩하고 내가 또 너희를 나의 소유로 삼으려고 너희를 만민 중에서 구별하였음이니라

27 남자나 여자가 접신 하거나 박수무당이 되거든 반드시 죽일지니

곧 돌로 그를 치라 그들의 피가 자기들에게로 돌아가리라
제21장 제사장, 백성들 생활 속에서 지킬 규례, 제사장은 신체적 결격이 없어야 함을 말씀하셨다.
* 제사장이 지켜야 할 규칙도 일일이 말씀해 주심 (1~24)
1 아론의 자손 제사장들에게 말하여 이르라 그의 백성 중에서 죽은 자를 만짐으로 말미암아 스스로를 더럽히지 말려니와
2 그의 살붙이인 그의 어머니나 그의 아버지나 그의 아들이나 그의 딸이나 그의 형제나
3 출가하지 아니한 처녀인 그의 자매로 말미암아서는 몸을 더럽힐 수 있느니라
4 제사장은 그의 백성의 어른인즉 자신을 더럽혀 속되게 하지 말지니라
5 제사장들은 머리털을 깎아 대머리 같게 하지 말며 자기의 수염 양쪽을 깎지 말며 살을 베지 말고
6 그들의 하나님께 대하여 거룩하고 그들의 하나님의 이름을 욕되게 하지 말 것이며 그들은 여호와의 화제 곧 그들의 하나님의 음식을 드리는 자인즉 거룩할 것이라
7 그들은 부정한 창녀나 이혼당한 여인을 취하지 말지니 이는 그가 여호와 하나님께 거룩함이니라
8 너는 그를 거룩히 여기라 그는 네 하나님의 음식을 드림이니라 너는 그를 거룩히 여기라 너희를 거룩하게 하는 나 여호와는 거룩함이니라
9 어떤 제사장의 딸이든지 행음 하여 자신을 속되게 하면 그의 아버지를 속되게 함이니 그를 불사를지니라

10 자기의 형제 중 관유로 부음을 받고 위임되어 그 예복을 입은 대제사장은 그의 머리를 풀지말며 그의 옷을 찢지 말며
11 어떤 시체에든지 가까이하지 말지니 그의 부모로 말미암아서도 더러워지게 하지 말며
12 그 성소에서 나오지 말며 그의 하나님의 성소를 속되게 하지 말라 이는 하나님께서 성별 하신 관유가 그 위에 있음이니라 나는 여호와이니라
13 그는 처녀를 데려다가 아내 삼을지니
14 과부나 이혼당한 여자나 창녀 짓을 하는 더러운 여인을 취하지 말고 자기 백성 중에서 처녀를 취하여 아내 삼아
15 그의 자손이 그의 백성 중에서 속되게 하지 말지니 나는 그를 거룩하게 하는 여호와임이니라
16 여호와께서 모세에게 말씀하여 이르시되
17 아론에게 말하여 이르라 누구든지 너의 자손 중 대대로 육체에 흠이 있는 자는 그 하나님의 음식을 드리려고 가까이 오지 못할 것이니라
18 누구든지 흠이 있는 자는 가까이하지 못할지니 곧 맹인이나 다리 저는 자나 코가 불완전한 자나 지체가 더한 자나
19 발 부러진 자나 손 부러진 자나
20 등 굽은 자나 키 못 자란 자나 눈에 백막이 있는 자나 습진이나 버짐이 있는 자나 고환 상한 자나
21 제사장 아론의 자손 중에 흠이 있는 자는 나와 여호와께 화제를 드리지 못할지니 그는 흠이 있은즉 나와서 그의 하나님께 음식을 드리지 못하느니라

22 그는 그의 하나님의 음식이 지성물 이던지, 성물이든지 먹을 것
이나

23 휘장 안에 들어가지 못할 것이요 제단에 가까이하지 못할지니 이
는 그가 흠이 있음이니라

24 이와 같이 그가 내 성소를 더럽히지 못할 것은 나는 그들을 거룩
하게 하는 여호와임이니라

**제22장 제사장들이 준수해야 할 것들, 먹을 수 없는 성물에 관한 규
례, 하나님께 드려야 할 제물**

* 성물을 먹는 규칙 (1~16)

2 아론과 그의 아들들에게 말하여 그들로 이스라엘 자손이 내게
드리는 그 성물에 대하여 스스로 구별하여 내 성호를 욕되게 함
이 없게 하라 나는 여호와이니라

3 그들에게 이르라 누구든지 네 자손 중에 대대로 그의 몸이 부정
하면서도 이스라엘 자손이 구별하여 여호와께 드리는 성물에 가
까이하는 자는 내 앞에서 끊어지리라 나는 여호와이니라

4 아론의 자손 중 나병 환자나 유출병자는 그가 정결하기 전에는
그 성물을 먹지 말 것이요 시체의 부정에 접촉된 자나 설정한 자
나

5 무릇 사람을 부정하게 하는 벌레에 접촉된 모든 사람과 무슨 부
정이든지 사람을 더럽힐 만한것에게 접촉된 자

6 곧 이런 것에 접촉된 자는 저녁까지 부정하니 그의 몸을 물로 씻
지 않으면 그 성물을 먹지 못할 것이며

7 해 질 때에야 정하리니 그 후에야 그 성물을 먹을 것이니라 이는
자기의 음식이 됨이니라

8 시체나 찢겨 죽은 짐승을 먹음으로 자기를 더럽히지 말라 나는 여호와이니라
9 그들은 내 명령을 지킬 것이니라 그것을 속되게 하면 그로 말미암아 죄를 짓고 그 가운데에서 죽을까 하노라 나는 그들을 거룩하게 하는 여호와이니라
10 일반인은 성물을 먹지 못할 것이며 제사장의 객이나 품꾼도 다 성물을 먹지 못할 것이니라
11 그러나 제사장이 그의 돈으로 어떤 사람을 샀으면 그는 그것을 먹을 것이며 그의 집에서 출생한 자도 그렇게 하여 그들이 제사장의 음식을 먹을 것이며
12 제사장의 딸이 일반인에게 출가하였으면 거제의 성물을 먹지 못하되
13 만일 그가 과부가 되든지 이혼을 당하든지 자식이 없이 그의 친정에 돌아와서 젊었을 때와 같으면 그는 그의 아버지 몫의 음식을 먹을 것이나, 일반인은 먹지 못할 것이니라
14 만일 누가 부지중에 성물을 먹으면 그 성물에 그것의 오분의 일을 더하여 제사장에게 줄 지니라
15 이스라엘 자손이 여호와께 드리는 성물을 그들은 속되게 하지 말지니
16 그들이 성물을 먹으면 그 죄로 인하여 형벌을 받게 할 것이니라 나는 그 음식을 거룩하게 하는 여호와이니라

* 하나님께서 기쁘시게 받으시는 제물 (17~33)
17 여호와께서 모세에게 말씀하여 이르시되
18 아론과 그의 아들들과 이스라엘 온 족속에게 말하여 이르라 이

스라엘 자손이나 그중에 거류하는 자가 서원 제물이나 자원 제물로 번제와 더불어 여호와께 예물로 드리려거든

19 기쁘게 받으심이 되도록 소나 양이나 염소의 흠 없는 수컷으로 드릴지니

20 흠 있는 것은 무엇이나 너희가 드리지 말 것은 그것이 기쁘게 받으심이 되지 못할 것이라

21 만일 누구든지 서원한 것을 갚으려 하던지 자의로 예물을 드리려 하여 소나 양으로 화목제물을 여호와께 드리는 자는 기쁘게 받으심이 되도록 아무 흠이 없는 온전한 것으로 할지니

22 너희는 눈먼 것이나 상한 것이나 지체에 베임을 당한 것이나 종기 있는 것이나 습진 있는 것이나 비루먹은 것을 여호와께 드리지 말며 이런 것들은 제단 위에 화제물로 여호와께 드리지 말라

23 소나 양의 지체가 더하거나 덜하거나 한 것은 너희가 자원 제물로는 쓰려니와 서원 제물로 드리면 기쁘게 받으심이 되지 못하리라

24 너희는 고환이 상하였거나 치었거나 터졌거나 베임을 당한 것은 여호와께 드리지 말며 너희의 땅에서는 이런 일을 행하지도 말지며

25 너희는 외국인에게서도 이런 것을 받아 너희 하나님의 음식으로 드리지 말라 이는 결점이있고 흠이 있는 것인즉 너희를 위하여 기쁘게 받으심이 되지 못할 것이라

26 여호와께서 모세에게 말씀하여 이르시되

27 수소나 양이나 염소가 나거든 이레 동안 그것의 어미와 같이 있게 하라 여덟째 날 이후로는 여호와께 화제로 예물을 드리면 기쁘게 받으심이 되리라

29 암소나 암양을 막론하고 어미와 새끼를 같은 날에 잡지 말지니라

29 너희가 여호와께 감사 제물을 드리려거든 너희가 기쁘게 받으심이 되도록 드릴 찌며

30 그 제물은 그날에 먹고 이튿날까지 두지 말라 나는 여호와이니라

31 너희는 내 계명을 지키며 행하라 나는 여호와이니라

32 너희는 내 성호를 속되게 하지 말라 나는 이스라엘 자손 중에서 거룩하게 함을 받을 것이니라 나는 너희를 거룩하게 하는 여호와요

33 너희의 하나님이 되려고 너희를 애굽 땅에서 인도하여 낸 자니 나는 여호와이니라

제23장 선민이 지켜야 할 여러 절기를 말씀하시다

(안식일, 유월절, 초실절, 오순절, 나팔절, 초막절 등)

* 성회로 삼는 하나님의 절기 (1~3)

2 이스라엘 자손에게 말하여 이르라 이것이 나의 절기들이니 너희가 성회로 공포할 여호와의 절기들이니라

3 엿새 동안은 일할 것이요 일곱째 날은 쉴 안식일이니 성회의 날이라 너희는 아무 일도 하지말라 이는 너희가 거주하는 각처에서 지킬 여호와의 안식일이니라

유월절/逾月節/Passover 과 무교절/無酵節/Feast of Unleavened Bread

유월절은 유대 3대 절기 중의 하나이다. 출애굽 당시 애굽의 초태생(사람은 첫 아이, 동물은 첫 새끼)은 모두 죽이셨으나 말씀에 따라 문설주에 양의 피를 바른 Israel 백성들의 집은 죽음을 면하게 된 것을 감사함으로 지키는 절기이고,

무교절은 유월절이 시작되는 저녁부터 7일 동안 무교병(누룩없는 빵)을 먹으며 출애굽의 어려웠던 날들을 기억하며 지키는 절기

* <u>유교절과 무교절 (4~25)</u>

4 이것이 너희가 그 정한 때에 성회로 공포할 여호와의 절기들이니라

5 첫째 달 열나흗날 저녁은 여호와의 유월절이요

6 이달 열닷새날은 여호와의 무교절이니 이레 동안 너희는 무교병을 먹을 것이요

7 그 첫날에는 너희가 성회로 모이고 아무 노동도 하지 말 것이며

8 너희는 이레 동안 여호와께 화제를 드릴 것이요 일곱째 날에도 성회로 모이고 아무 노동도 하지 말지니라

* <u>첫 이삭 한 단을 드리는 절기 (9~14)</u>

10 이스라엘 자손에게 말하여 이르라 너희는 내가 너희에게 주는 땅에 들어가서 너희의 곡물을 거둘 때에 너희의 곡물의 첫 이삭 한 단을 제사장에게로 가져갈 것이요

11 제사장은 너희를 위하여 그 단을 여호와 앞에 기쁘게 받으심이 되도록 흔들되 안식일 이튿날에 흔들 것이며

12 너희가 그 단을 흔드는 날에 일 년 되고 흠 없는 숫양을 여호와께 번제로 드리고

13 그, 소제로는 기름 섞은 고운 가루 십 분의 이 에바를 여호와께 드려 화제로 삼아 향기로운 냄새가 되게 하고 전제로는 포도주 사 분의 일 힌을 쓸 것이며

14 너희는 너희 하나님께 예물을 가져오는 그 날까지 떡이든지 볶은 곡식이든지 생 이삭이든지 먹지 말지니 이는 너희가 거주하는 각

처에서 대대로 지킬 영원한 규례니라

* 두 번째 곡식을 드리는 절기 (15~22)

15 안식일 이튿날 곧 너희가 요제로 곡식단을 가져온 날로부터 세어서 일곱 안식일의 수효를 채우고

16 일곱 안식일 이튿날까지 합하여 오십 일을 계수하여 새 소제를 여호와께 드리되

17 너희의 처소에서 십 분의 이 에바로 만든 떡 두 개를 가져다가 흔들지니 이는 고운 가루에 누룩을 넣어서 구운 것이요 이는 첫 요제로 여호와께 드리는 것이며

18 너희는 또 이 떡과 함께 일 년 된 흠 없는 어린 양 일곱 마리와 어린 수소 한 마리와 숫양 두마리를 드리되 이것들을 그, 소제와 그 전제 제물과 함께 여호와께 드려서 번제로 삼을지니 이는 화제라 여호와께 향기로운 냄새며

19 또 숫염소 하나로 속죄제를 드리며 일 년 된 어린 숫양 두 마리를 화목제물로 드릴 것이요

20 제사장은 그 첫 이삭의 떡과 함께 그 두 마리 어린 양을 여호와 앞에 흔들어서 요제로 삼을것이요 이것들은 여호와께 드리는 성물이니 제사장에게 돌릴 것이며

21 이날에 너희는 너희 중에 성회를 공포하고 어떤 노동도 하지 말지니 이는 너희가 그 거주하는 각처에서 대대로 지킬 영원한 규례니라

22 너희 땅의 곡물을 벨 때 밭 모퉁이까지 다 베지 말며 떨어진 것을 줍지 말고 그것을 가난한자와 거류민을 위하여 남겨두라 나는 너희의 하나님 여호와이니라

* 일곱째 첫날은 쉬는 날 (23~25)

24 이스라엘 자손에게 말하여 이르라 일곱째 달 곧 그달 첫날은 너희에게 쉬는 날이 될지니 이는 나팔을 불어 기념할 날이요 성회라

25 어떤 노동도 하지 말고 여호와께 화제를 드릴지니라

속죄일 Day of Atone-ment

대제사장과 백성의 죄를 대속하는 일 년에 한 번 있는 날이며, 내용은 하나님께서 직접 말씀하셨다.

* 속죄일의 규칙 (26~32)

27 일곱째 달 열흘날은 속죄일이니 너희는 성회를 열고 스스로 괴롭게 하며 여호와께 화제를 드리고

28 이날에는 어떤 일도 하지 말 것은 너희를 위하여 너희 하나님 여호와 앞에 속죄할 속죄일이 됨이니라

29 이날에 스스로 괴롭게 하지 아니하는 자는 그 백성 중에서 끊어질 것이라

30 이날에 누구든지 어떤 일이라도 하는 자는 내가 그의 백성 중에서 멸절시키리니

31 너희는 아무 일도 하지 말라 이는 너희가 거주하는 각처에서 대대로 지킬 영원한 규례니라

32 이는 너희가 쉴 안식일이라 너희는 스스로 괴롭게 하고 이달 아흐렛날 저녁 곧 그 저녁부터 이튿날 저녁까지 안식을 지킬지니라

초막절 / 草幕節 / Festival of Tabemacles

포도와 올리브 등, 결실을 거두고 지키는 감사 절기이다. 곡식을 저장하였다가 드린다고 하여 수장절 이라고 한다.

* 초막절의 규칙 (33~44)

34 이스라엘 자손에게 말하여 이르라 일곱째 달 열닷샛날은 초막절이니 여호와를 위하여 이레동안 지킬 것이라

35 첫날에는 성회로 모일지니 너희는 아무 노동도 하지 말 것이며

36 이레 동안에 너희는 여호와께 화제를 드릴 것이요 여덟째 날에도 너희는 성회로 모여서 여호와께 화제를 드릴지니 이는 거룩한 대회라 너희는 어떤 노동도 하지 말지니라

37 이것들은 여호와의 절기라 너희는 공포하여 성회를 열고 여호와께 화제를 드릴지니 번제와 소제와 희생제물과 전제를 각각 그날에 드릴지니

38 이는 여호와의 안식일 외에, 너희의 헌물 외에, 너희의 모든 서원제물 외에 또 너희의 모든 자원 제물 외에 너희가 여호와께 드리는 것이니라

39 너희가 토지 소산 거두기를 마치거든 일곱째 달 열닷새 날부터 이레 동안 여호와의 절기를 지키되 첫날에도 안식하고 여덟째 날에도 안식할 것이요

40 첫날에는 너희가 아름다운 나무 실과와 종려나무 가지와 무성한 나뭇가지와 시내 버들을 취하여 너희의 하나님 여호와 앞에서 이레 동안 즐거워할 것이라

41 너희는 매년 이레 동안 여호와께 이 절기를 지킬지니 너희 대대의 영원한 규례라 너희는 일곱째 달에 이를 지킬지니라

42 너희는 이레 동안 초막에 거주하되 이스라엘에서 난 자는 다 초막에 거주할지니

43 이는 내가 이스라엘 자손을 애굽 땅에서 인도하여 내던 때에 초막에 거주하게 한 줄을 너희 대대로 알게 함이니라 나는 너희의

하나님 여호와이니라

제24장 네 가지의 규례를 제시하시다.
(등잔불, 진설할 떡, 성호 불경죄, 동해 보복 법)

* 등잔불은 계속 켜 두어야 (1~4)

2 이스라엘 자손에게 명령하여 불을 켜기 위하여 감람을 찧어낸 순결한 기름을 네게로 가져오게하여 계속해서 등잔불을 켜 둘 지며

3 아론은 회막 안 증거궤 휘장 밖에서 저녁부터 아침까지 여호와 앞에 항상 등잔불을 정리할지니 이는 너희 대대로 지킬 영원한 규례라

4 그는 여호와 앞에서 순결한 등잔대 위의 등잔들을 항상 정리할지니라

5 너는 고운 가루를 가져다가 떡 열두 개를 굽되 각 덩이를 십분 의 이 에바로 하여

* 하나님 앞에 떡은 이렇게 진설하라. (5~9)

6 여호와 앞 순결한 상 위에 두 줄로 한 줄에 여섯씩 진설하고

7 너는 또 정결한 유향을 그 각 줄 위에 두어 기념물로 여호와께 화제로 삼을 것이며

8 안식일마다 이 떡을 여호와 앞에 항상 진설할지니 이는 이스라엘 자손을 위한 것이요 영원한 언약이니라

9 이 떡은 아론과 그의 자손에게 돌리고 그들은 그것을 거룩한 곳에서 먹을지니 이는 여호와의 화제 중 그에게 돌리는 것으로서 지극히 거룩함이니라 이는 영원한 규례니라

* 하나님의 이름을 모독하면 (10~23)

14 그 저주한 사람을 진영 밖으로 끌어내어 그것을 들은 모든 사람

이 그들의 손을 그의 머리에 얹게 하고 온 회중이 돌로 그를 칠 지니라

15 너는 이스라엘 자손에게 말하여 이르라 누구든지 그의 하나님을 저주하면 죄를 담당할 것이요

16 여호와의 이름을 모독하면 그를 반드시 죽일지니 온 회중이 돌로 그를 칠 것이니라 거류민이든지 본토인이든지 여호와의 이름을 모독하면 그를 죽일지니라

17 사람을 쳐 죽인 자는 반드시 죽일 것이요

18 짐승을 쳐 죽인 자는 짐승으로 짐승을 갚을 것이며

19 사람이 만일 그의 이웃에게 상해를 입혔으면 그가 행한 대로 그에게 행할 것이니

20 상처에는 상처로, 눈에는 눈으로, 이에는 이로 갚을 지라 남에게 상해를 입힌 그대로 그에게 그렇게 할 것이며

21 짐승을 죽인 자는 그것을 물어 줄 것이요 사람을 죽인 자는 죽일지니

22 거류민에게든지 본토인에게든지 그 법을 같게 할 것은 나는 너희의 하나님 여호와임이니라

제25장 안식년과 희년에 관한 규례를 말씀하시다. 휴경은 매 7년, 희년은 안식년 7번 후 1년

* <u>안식년은 이렇게 지키라고 하심 (1~7)</u>

안식년 / 安息年포 / Sabbath year, Year of rest

　땅을 6년 동안 경작하고 1년간 쉬게하는 제도이다. 이때는 땅에 씨를 심거나 나뭇가지를 잘라주는 일도 해서는 안 된다. 만일 저절로 생겨난 결실이 있다면 팔지 말고 가난한 자들이나, 동물의 먹이로 주어야한다.

2 이스라엘 자손에게 말하여 이르라 너희는 내가 너희에게 주는 땅에 들어간 후에 그 땅으로 여호와 앞에 안식하게 하라
3 너는 육 년 동안 그 밭에 파종하며 육 년 동안 그 포도원을 가꾸어 그 소출을 거둘 것이나
4 일곱째 해에는 그 땅이 쉬어 안식하게 할지니 여호와께 대한 안식이라 너는 그 밭에 파종하거나 포도원을 가꾸지 말며
5 네가 거둔 후에 자라난 것을 거두지 말고 가꾸지 아니한 포도나무가 맺은 열매를 거두지 말라 이는 땅의 안식년임이니라
6 안식년의 소출은 너희가 먹을 것이니 너와 네 남종과 네 여종과 네 품꾼과 너와 함께 거류하는 자들과
7 네 가축과 네 땅에 있는 들짐승들이 다 그 소출로 먹을 것을 정해야 할 것이니라

* 희년은 이렇게 (8~12)

8 너는 일곱 안식년을 계수할지니 이는 칠 년이 일곱 번인즉 안식년 일곱 번 동안 곧 사십구년이라
9 일곱째 달 열흘날은 속죄일이니 너는 뿔 나팔 소리를 내되 전국에서 뿔 나팔을 크게 불 지며
10 너희는 오십 년째 해를 거룩하게 하여 그 땅에 있는 모든 주민을 위하여 자유를 공포하라 이해는 너희에게 희년이니 너희는 각각 자기의 소유지로 돌아가며 각각 자기의 가족에게로 돌아갈 것이며
11 그 오십 년째 해는 너희의 희년이니 너희는 파종하지 말며 스스로 난 것을 거두지 말며 가꾸지 아니한 포도를 거두지 말라
12 이는 희년이니 너희에게 거룩함이니라 너희는 밭의 소출을 먹으

리라

* 부당한 이익을 취하지 말라. (13~55)

13 이 희년에는 너희가 각기 자기의 소유지로 돌아갈 찌라
14 네 이웃에게 팔든지 네 이웃의 손에서 사거든 너희 각 사람은 그의 형제를 속이지 말라
15 그 희년 후의 연수를 따라서 너는 이웃에게서 살 것이요 그도 소출을 얻을 연수를 따라서 네게 팔 것인즉
16 연수가 많으면 너는 그것의 값을 많이 매기고 연수가 적으면 너는 그것의 값을 적게 매길지니 곧 그가 소출의 다소를 따라서 네게 팔 것이라
17 너희 각 사람은 자기 이웃을 속이지 말고 네 하나님을 경외하라 나는 너희의 하나님 여호와이니라
18 너희는 내 규례를 행하며 내 법도를 지켜 행하라 그리하면 너희가 그 땅에 안전하게 거주할 것이라
19 땅은 그것의 열매를 내리니 너희가 배불리 먹고 거기 안전하게 거주하리라
20 만일 너희가 말하기를 우리가 만일 일곱째 해에 심지도 못하고 소출을 거두지도 못하면 우리가 무엇을 먹으리요, 하겠으나
21 내가 명령하여 여섯째 해에 내 복을 너희에게 주어 그 소출이 삼 년 동안 쓰기에 족하게 하리라
22 너희가 여덟째 해에는 파종 하려니와 묵은 소출을 먹을 것이며 아홉째 해에 그 땅에 소출이 들어오기까지 너희는 묵은 것을 먹으리라
23 토지를 영구히 팔지 말 것은 토지는 다 내 것임이니라 너희는 거

류민이요 동거하는 자로서 나와 함께 있느니라
24 너희 기업의 온 땅에서 그 토지 무르기를 허락할지니
25 만일 네 형제가 가난하여 그의 기업 중에서 얼마를 팔았으면 그에게 가까운 기업 무를 자가 와서 그의 형제가 판 것을 무를 것이요
26 만일 그것을 무를 사람이 없고 자기가 부유하게 되어 무를 힘이 있으면
27 그 판 해를 계수하여 그 남은 값을 산 자에게 주고 자기의 소유지로 돌릴 것이니라
28 그러나 자기가 무를 힘이 없으면 그 판 것이 희년에 이르기까지 산 자의 손에 있다가 희년에 이르러 돌아올지니 그것이 곧 그의 기업으로 돌아갈 것이니라
29 성벽 있는 성 내의 가옥을 팔았으면 판 지 만 일 년 안에는 무를 수 있나니 곧 그 기한 안에 무르려니와
30 일 년 안에 무르지 못하면 그 성안의 가옥은 산 자의 소유로 확정되어 대대로 영구히 그에게 속하고 희년에라도 돌려보내지 아니할 것이니라
31 그러나 성벽이 둘리지 아니한 촌락의 가옥은 나라의 전토와 같이 물려주기도 할 것이요 희년에 돌려보내기도 할 것이니라
32 레위 족속의 성읍 곧 그들의 소유의 성읍의 가옥은 레위 사람이 언제든지 무를 수 있으나
33 만일 레위 사람이 무르지 않으면 그의 소유 성읍의 판 가옥은 희년에 돌려보낼 것이니 이는 레위 사람의 성읍의 가옥은 이스라엘 자손 중에서 받은 그들의 기업이 됨이니라
34 그러나 그들의 성읍 주위에 있는 들판은 그들의 영원한 소유지이

니 팔지 못할지니라

35 네 형제가 가난하게 되어 빈손으로 네 곁에 있거든 너는 그를 도와 거류민이나 동거인처럼 너와 함께 생활하게 하되
36 너는 그에게 이자를 받지 말고 네 하나님을 경외하여 네 형제로 너와 함께 생활하게 할 것인즉
37 너는 그에게 이자를 위하여 돈을 꾸어 주지 말고 이익을 위하여 네 양식을 꾸어 주지 말라
38 나는 너희의 하나님이 되며 또 가나안 땅을 너희에게 주려고 애굽 땅에서 너희를 인도하여 낸 너희의 하나님 여호와이니라
39 너와 함께 있는 네 형제가 가난하게 되어 네게 몸이 팔리거든 너는 그를 종으로 부리지 말고
40 품꾼이나 동거인과 같이 함께 있게 하여 희년 까지 너를 섬기게 하라
41 그때에는 그와 그의 자녀가 함께 네게서 떠나 그의 가족과 그의 조상의 기업으로 돌아가게 하라
42 그들은 내가 애굽 땅에서 인도하여 낸 내 종들이니 종으로 팔지 말 것이라 너는 그를 엄하게 부리지 말고 네 하나님을 경외하라
43 네 종은 남녀를 막론하고 네 사방 이방인 중에서 취할지니 남녀 종은 이런 자 중에서 사 올 것이며
44 또 너희 중에 거류하는 동거인들의 자녀 중에서도 너희가 사올 수 있고 또 그들이 너희와
45 함께 있어서 너희 땅에서 가정을 이룬자들 중에서도 그리할 수 있은즉 그들이 너희의 소유가 될지니라
46 너희는 그들을 너희 후손에게 기업으로 주어 소유가 되게 할 것이

라 이방인 중에서는 너희가 영원한 종 삼을 것이거니와 너희 동족 이스라엘 자손은 너희가 피차 엄하게 부리지 말지니라

47 만일 너와 함께 있는 거류민이나 동거인은 부유하게 되고 그와 함께 있는 네 형제는 가난하게 되므로 그가 너와 함께 있는 거류민이나 동거인 또는 거류민의 가족의 후손에게 팔리면

48 그가 팔린 후에 그에게는 속량 받을 권리가 있나니 그의 형제 중 하나가 그를 속량하거나

49 또는 그의 삼촌이나 그의 삼촌의 아들이 그를 속량하거나 그의 가족 중 그의 살붙이 중에서 그를 속량할 것이요 그가 부유하게 되면 스스로 속량하되

50 자기 몸이 팔린 해로부터 희년 까지를 그 산 자와 계산하여 그 연수를 따라서 그 몸의 값을 정할 때 그 사람을 섬긴 날을 그 사람에게 고용된 날로 여길 것이라

51 만일 남은 해가 많으면 그 연수대로 팔린 값에서 속량하는 값을 그 사람에게 도로 주고

52 만일 희년 까지 남은 해가 적으면 그 사람과 계산하여 그 연수대로 속량하는 그 값을 그에게 도로 줄지며

53 주인은 그를 매년의 삯꾼과 같이 여기고 네 목전에서 엄하게 부리지 말지니라

54 그가 이같이 속량 되지 못하면 희년이 되어서는 그와 그의 자녀가 자유 하리니

55 이스라엘 자손은 나의 종들이 됨이라 그들은 내가 애굽 땅에서 인도하여 낸 내 종이요, 나는 너희의 하나님 여호와이니라

제26장 순종은 복, 불순종은 저주, 한때 불순종이 있었더라도 회개하

면 사하시겠다고 하셨다.

* 부당한 이익은 금물 (1~2)
1 너희는 자기를 위하여 우상을 만들지 말지니 조각한 것이나 주상을 세우지 말며 너희 땅에 조각한 석상을 세우고 그에게 경배하지 말라 나는 너희의 하나님 여호와임이니라
2 너희는 내 안식일을 지키며 내 성소를 경외하라 나는 여호와이니라

* 규례와 계명을 준행하여 받을 상과 벌 (3~46)
3 너희가 내 규례와 계명을 준행하면
4 내가 너희에게 철 따라 비를 주리니 땅은 그 산물을 내고 밭의 나무는 열매를 맺으리라
5 너희의 타작은 포도 딸 때까지 미치며 너희의 포도 따는 것은 파종할 때까지 미치리니 너희가 음식을 배불리 먹고 너희의 땅에 안전하게 거주하리라
6 내가 그 땅에 평화를 줄 것인즉 너희가 누울 때 너희를 두렵게 할 자가 없을 것이며 내가 사나운 짐승을 그 땅에서 제할 것이요 칼이 너희의 땅에 두루 행하지 아니할 것이며
7 너희의 원수들을 쫓으리니 그들이 너희 앞에서 칼에 엎드러질 것이라
8 또 너희 다섯이 백을 쫓고 너희 백이만을 쫓으리니 너희 대적들이 너희 앞에서 칼에 엎드러질 것이며
9 내가 너희를 돌보아 너희를 번성하게 하고 너희를 창대하게 할 것이며 내가 너희와 함께한 내 언약을 이행하리라
10 너희는 오래 두었던 곡식을 먹다가 새 곡식으로 말미암아 묵은

곡식을 치우게 될 것이며

11 내가 내 성막을 너희 중에 세우리니 내 마음이 너희를 싫어하지 아니할 것이며

12 나는 너희 중에 행하여 너희의 하나님이 되고 너희는 내 백성이 될 것이니라

13 나는 너희를 애굽 땅에서 인도해 내어 그들에게 종 된 것을 면하게 한 너희의 하나님 여호와 이니라, 내가 너희 멍에의 빗장을 부수고 너희를 바로 서서 걷게 하였느니라

14 그러나 너희가 내게 청종하지 아니하여 이 모든 명령을 준행하지 아니하며

15 내 규례를 멸시하며 마음에 내 법도를 싫어하여 내 모든 계명을 준행하지 아니하며 내 언약을 배반할진대

16 내가 이같이 너희에게 행하리니 곧 내가 너희에게 놀라운 재앙을 내려 폐병과 열병으로 눈이 어둡고 생명이 쇠약하게 할 것이요 너희가 파종한 것은 헛되리니 너희의 대적이 그것을 먹을 것임이며

17 내가 너희를 치리니 너희가 너희의 대적에게 패할 것이요 너희를 미워하는 자가 너희를 다스릴 것이며 너희는 쫓는 자가 없어도 도망하리라

18 또 만일 너희가 그렇게까지 되어도 내게 청종하지 않으면 너희의 죄로 말미암아 내가 너희를 일곱 배나 더 징벌하리라

19 내가 너희의 세력으로 말미암은 교만을 꺾고 너희의 하늘을 철과 같게 하며 너희 땅을 놋과 같게 하리니

20 너희의 수고가 헛될지라 땅은 그 산물을 내지 아니하고 땅의 나

무는 그 열매를 맺지 아니하리라

21 너희가 나를 거슬러 내게 청종하지 아니할진대 내가 너희의 죄대로 너희에게 일곱 배나 더 재앙을 내릴 것이라
22 내가 들짐승을 너희 중에 보내리니 그것들이 너희의 자녀를 움키고 너희 가축을 멸하며 너희의 수효를 줄이리니 너희의 길들이 황폐하리라
23 이런 일을 당하여도 너희가 내게로 돌아오지 아니하고 내게 대항할진대
24 나 곧 나도 너희에게 대항하여 너희 죄로 말미암아 너희를 칠 배나 더 치리라
25 내가 칼을 너희에게로 가져다가 언약을 어긴 원수를 갚을 것이며 너희가 성읍에 모일지라도 너희 중에 염병을 보내고 너희를 대적의 손에 넘길 것이며
26 내가 너희가 의뢰하는 양식을 끊을 때 열 여인이 한 화덕에서 너희 떡을 구워 저울에 달아 주리니 너희가 먹어도 배부르지 아니하리라
27 너희가 이같이 될지라도 내게 청종하지 아니하고 내게 대항할진대
28 내가 진노로 너희에게 대항하되 너희의 죄로 말미암아 칠 배나 더 징벌하리니
29 너희가 아들의 살을 먹을 것이요 딸의 살을 먹을 것이며
30 내가 너희의 산당을 헐며 너희의 분향단 들을 부수고 너희의 시체들을 부서진 우상들 위에 던지고 내 마음이 너희를 싫어할 것이며

31 내가 너희의 성읍을 황폐하게 하고 너희의 성소들을 황량하게 할 것이요 너희의 향기로운 냄새를 내가 흠향하지 아니하고
32 그 땅을 황무하게 하리니 거기 거주하는 너희의 원수들이 그것으로 말미암아 놀랄 것이며
33 내가 너희를 여러 민족 중에 흩을 것이요 내가 칼을 빼 너희를 따르게 하리니 너희의 땅이 황무하며 너희의 성읍이 황폐하리라
34 너희가 원수의 땅에 살 동안에 너희의 본토가 황무 할 것이므로 땅이 안식을 누릴 것이라 그때에 땅이 안식을 누리리니
35 너희가 그 땅에 거주하는 동안 너희가 안식할 때에 땅은 쉬지 못하였으나 그 땅이 황무할 동안에는 쉬게 되리라
36 너희 남은 자에게는 그 원수들의 땅에서 내가 그들의 마음을 약하게 하리니 그들은 바람에 불린 잎사귀 소리에도 놀라 도망하기를 칼을 피하여 도망하듯 할 것이요 쫓는 자가 없어도 엎드러질 것이라
37 그들은 쫓는 자가 없어도 칼 앞에 있음같이 서로 짓밟혀 넘어지리니 너희가 원수들을 맞설 힘이 없을 것이요
38 너희가 여러 민족 중에서 망하리니 너희 원수들의 땅이 너희를 삼킬 것이라
39 너희 남은자가 너희 원수들의 땅에서 자기의 죄로 말미암아 쇠잔하며 그 조상의 죄로 말미암아 그 조상같이 쇠잔하리라
40 그들이 나를 거스른 잘못으로 자기의 죄악과 그들의 조상의 죄악을 자복하고 또 그들이 내게 대항하므로
41 나도 그들에게 대항하여 내가 그들을 그들의 원수들의 땅으로 끌어갔음을 깨닫고 그 할례받지 아니한 그들의 마음이 낮아져서 그

들의 죄악의 형벌을 기쁘게 받으면

42 내가 야곱과 맺은 내 언약과 이삭과 맺은 내 언약을 기억하며 아브라함과 맺은 내 언약을 기억하고 그 땅을 기억하리라

43 그들이 내 법도를 싫어하며 내 규례를 멸시하였으므로 그 땅을 떠나서 사람이 없을 때 그땅은 황폐하여 안식을 누릴 것이요 그들은 자기 죄악의 형벌을 기쁘게 받으리라

44 그런즉 그들이 그들의 원수들의 땅에 있을 때 내가 그들을 내버리지 아니하며 미워하지 아니하며 전부 멸하지 아니하고 그들과 맺은 내 언약을 폐하지 아니하리니 나는 여호와 그들의 하나님이 됨이니라

45 내가 그들의 하나님이 되기 위하여 민족들이 보는 앞에서 애굽 땅으로부터 그들을 인도하여낸 그들의 조상과의 언약을 그들을 위하여 기억하리라 나는 여호와이니라

제27장 하나님께 드릴 초 태생과 십일조 예물에 관한 규례를 말씀하셨다.

* 서원 예물의 값은 이러하니라. (1~25)

서원 /誓願 / Vows

하나님께 무엇을 하겠다거나, 정한 기일 동안은 하지 않겠다고 자의적으로 약속하는 것을 이른다. 하나님의 도우심을 받기 위하여 또는 베푸신 은혜에 감사드리기 위하여, 하는 것이다.

2 이스라엘 자손에게 말하여 이르라. 만일 어떤 사람이 사람의 값을 여호와께 드리기로 분명히 서원하였으면 너는 그 값을 정할지니

3 네가 정한 값은 스무 살로부터 예순 살까지는 남자면 성소의 세겔로 은 오십 세겔로 하고
4 여자면 그 값을 삼십 세겔로 하며
5 다섯 살로부터 스무 살까지는 남자면 그 값을 이십 세겔로 하고 여자면 열 세겔로 하며
6 한 달 된 아이부터 다섯 살까지는 남자면 그 값을 은 다섯 세겔로 하고 여자면 그 값을 은 삼세겔로 하며
7 예순 살 이상은 남자면 그 값을 십오 세겔로 하고 여자는 열 세겔로 하라
8 그러나 서원 자가 가난하여 네가 정한 값을 감당하지 못하겠으면 그를 제사장 앞으로 데리고 갈 것이요 제사장은 그 값을 정하되 그 서원자의 형편대로 값을 정할지니라
9 사람이 서원하는 예물로 여호와께 드리는 것이 가축이면 여호와께 드릴 때는 다 거룩하니
10 그것을 변경하여 우열 간 바꾸지 못할 것이요 혹 가축으로 가축을 바꾸면 둘 다 거룩할 것이며
11 부정하여 여호와께 예물로 드리지 못할 가축이면 그 가축을 제사장 앞으로 끌어갈 것이요
12 제사장은 우열 간에 값을 정할지니 그 값이 제사장의 정한 대로 될 것이며
13 만일 그가 그것을 무르려면 네가 정한 값에 그 오분의 일을 더할지라
14 만일 어떤 사람이 자기 집을 성별 하여 여호와께 드리려 하면 제사장이 그 우열 간에 값을 정할지니 그 값은 제사장이 정한 대

로 될 것이며

15 만일 그 사람이 자기 집을 무르려면 네가 값을 정한 돈에 그 오분의 일을 더 할지니 그리하면 자기 소유가 되리라
16 만일 어떤 사람이 자기 기업 된 밭 얼마를 성별 하여 여호와께 드리려 하면 마지기 수대로 네가 값을 정하되 보리 한 호멜 지기에는 은 오십 세겔로 계산할 것이며
17 만일 그가 그 밭을 희년부터 성별 하여 드렸으면 그 값을 네가 정한 대로 할 것이요
18 만일 그 밭을 희년 후에 성별 하여 드렸으면 제사장이 다음 희년까지 남은 연수를 따라 그 값을 계산하고 정한 값에서 그 값에 상당하게 감할 것이며
19 만일 밭을 성별 하여 드린 자가 그것을 무르려면 네가 값을 정한 돈에 그 오분의 일을 더할지니 그리하면 그것이 자기 소유가 될 것이요
20 만일 그가 그 밭을 무르지 아니하려거나 타인에게 팔았으면 다시는 무르지 못하고
21 희년이 되어서 그 밭이 돌아오게 될 때 여호와께 바친 성물이 되어 영영히 드린 땅과 같이 제사장의 기업이 될 것이며
22 만일 사람에게 샀고 자기 기업이 아닌 밭을 여호와께 성별 하여 드렸으면
23 너는 값을 정하고 제사장은 그를 위하여 희년 까지 계산하고 그는 네가 값을 정한 돈을 그날에 여호와께 드려 성물로 삼을 지며
24 그가 판 밭은 희년에 그 판사람 곧 그 땅의 원주인에게로 되돌아 갈지니라

25 또 네가 정한 모든 값은 성소의 세겔로 하되 이십 게라를 한 세겔로 할지니라

초 태생 / 初胎生 / Firstborn

　사람의 첫 아이, 짐승의 첫 새끼를 의미하는데 여기서는 짐승의 첫 새끼를 말한다. 구약에서의 초 태생은 하나님의 것으로 모두 거룩하고 귀하게 여겼다.

* 초 태생 가축은 이렇게 (26~27)

26 오직 가축 중의 처음 난 것은 여호와께 드릴 첫 것이라 소나 양은 여호와의 것이니 누구든지 그것으로는 성별 하여 드리지 못할 것이며

27 만일 부정한 짐승이면 네가 정한 값에 그 오분의 일을 더 하여 무를 것이요 만일 무르지 아니하려면 네가 정한 값대로 팔지니라

* 하나님께 온전히 드린 것은 (28~34)

28 어떤 사람이 자기 소유 중에서 오직 여호와께 온전히 바친 모든 것은 사람이든지 가축이든지 기업의 밭이든지 팔지도 못하고 무르지도 못하나니 바친 것은 다 여호와께 지극히 거룩함이며

29 온전히 바쳐진 그 사람은 다시 무르지 못하나니 반드시 죽일지니라

30 그리고 그 땅의 십분의 일 곧 그 땅의 곡식이나 나무의 열매는 그 십분의 일은 여호와의 것이니 여호와의 성물이라

31 또 만일 어떤 사람이 그의 십일조를 무르려면 그것에 오분의 일을 더할 것이요

32 모든 소나 양의 십일조는 목자의 지팡이 아래로 통과하는 것의 열 번째의 것마다 여호와의 성물이 되리라

33 그 우열을 가리거나 바꾸거나 하지 말라 바꾸면 둘 다 거룩하리니 무르지 못하리라 이것은 여호와께서 시내 산에서 이스라엘 자손을 위하여 모세에게 명령하신 계명이니라

제1부를 마무리하며

하나님으로부터 창조 된 피조의 세계가 사람의 힘으로는 감당할 수 없음을 체험하고, 무어라 말할 수 없음의 순간을 맞는다. 창조와 무질서와 파괴와 다스리심의 역사를 매 순간 하나님의 역사하심을 바라보았다. 겸손하지 않을 수 없으며 순간,순간의 자세를 바로 하지 않을 수 없다. 내 뜻대로 확장해 나가는 것이 아니라 작은 터럭 하나도 하나님의 명령이나, 허가 없이는 이루어지지 않는 모습을 보고 겪었다. 모세가 그러했고 여호수아, 제사장들과 왕들에 이어 백성들 한 생명, 한 생명에 이르기까지 모두에게 역사 하셨던 하나님, 그 앞에서 우리는 말 한마디, 행동의 한 동작마저도 놓치지 않으시는 하나님의 사랑을 보면서, 우리는 하나님 앞에서 바른 언행을 이어가야 할 것은 당연한 일이다.

이제 한계를 가질 수밖에 없는 부족한 사람의 말을 잘 익히고 바로 알아서 하나님 앞에 바로 아뢰고 응답 받는 소통의 역사가 있기를 간곡히 바라면서 '제2장 완벽하지 못한 사람의 언어'를 눈여겨보자.

하나님과 사람의 언어가 나누어지는 순간!

"풀은 마르고 꽃은 시드나 우리 하나님의 말씀은 영원히 하리라 하라"(이사야40:8)

하나님의 말씀은 완벽했다. 변함도, 오류도, 실언이 없었다. 혼란스럽지도 나누어지지도 않았다. "온 땅의 언어가 하나요, 말이 하나였더라."(창11:1)

"The language of the whole world spoke one word"(-Genesis11:1) 그러나 "서로 말하되 자, 벽돌을 만들어 견고히 굽자 하고 이에 벽돌로 돌을 대신하며, 역청으로 진흙을 대신하고, 성읍과 탑을 건설하여 하늘에 닿게 하고, 흩어짐을 면하자"(창11:3~4) 사람은 하나님과 다른 생각을 했다. 불신의 씨앗이 언어에 있음을 보시고 결국 내린 처방이 "자, 우리가 내려가서 거기서 그들의 언어를 혼잡하게 하여 그들이 서로 알아듣지 못하게 하자 하시고"(창11:7) Now, let us go down there and confuse their language so that they do not understand each other(Genesis11:7) 사람의 말은 복잡해지고 규칙이 생기고 알아들을 수 없게 되었다.

언어의 학문적 의의

사람의 말은 부족한 것이 많고 완전할 수 없으므로 일정한 규칙을 만든다.

언어학(linguistics)은 사람의 말에 관한 과학적 근거를 가진다. 세상 여러 학문은 그것의 고유한 연구 대상과 방법을 소유하고 있다. 사람의 언어도 과학(科學)으로 성립되기 위해서는 몇 가지 요소가 필요하다. 우리가 생활 속에서 항상 접하고 있는 언어 현상을 학문(學問)적으로 규명해야 할 것들이 많다. 사람이 사용하는 언어의 중요한 특성을 밝혀내기 위하여, 하나님께서 사용하시는 말씀과 어떤 차이가 있는지를 고찰하고 동물의 의사전달 방법과 과정에는 어떤 차이점이 있는지를 살펴야 한다.

◆ 랑가주(langage): 스위스 언어학자 소쉬르(Saussure, F)가 정의한 용어로, 사람의 말하기와 듣기의 활동을 종합해서 으르는 말로 랑그와 파롤이 있다.
* 랑그(langue):각 개인의 머릿속에 저장된 사회 관습적 언어체계. 객관적 표현을 담고 있다.
* 파롤(parole):특정개인이 특정장소에서 사용되는 언어의 측면, 주관적 표현을 담고 있다.

제2부
완벽하지 못한 사람의 언어言語

사람들이 쓰는 말은 어떤 특성이 있는지
갈래 적 요소는 무엇인지
한국어의 성격은 어떠한 것이 있는지
한국어의 매력은 무엇인지
순화되어야 할 말에는 어떤 것들이 있는지
조용히 알아보자.

나랏말쓰미 中듕國귁에달아
文문字쭝와로서르스뭇디아니홀씨
이런젼ᄎᆞ로어린百뵉姓셩이
니르고져홇배이셔도
ᄆᆞᄎᆞᆷ내제ᄠᅳ들시러펴디
몯홇노미하니라
내이ᄅᆞᆯ爲윙ᄒᆞ야어엿비너겨
새로스믈여듧字쭝ᄅᆞᆯ밍ᄀᆞ노니
사ᄅᆞᆷ마다ᄒᆡ여수ᄫᅵ니겨날로ᄡᅮ메
便뼌安ᅙᅡᆫ킈ᄒᆞ고져ᄒᆞᇙᄯᆞᄅᆞ미니라

제1장 | 인간 언어의 본질(本質) -한국어 중심-

사람이 쓰는 언어는 완벽함이 없다. 그러므로 많은 규칙과 제약이 따른다. 우리의 모국어인 한국어는 주후 1443년에 하나님께서 세종대왕을 통해 우리에게 주셨다.

처음에는 훈민정음(訓民正音:백성들을 가르치는 바른소리)이라는 이름으로 백성들에게 지식을 깨우쳐 나갔다. 당시 사용하고 있던 한자 보다가 배우기가 매우 쉽고, 무엇보다 우리의 소리를 글자로 나타낼 수 있다는 것이 너무 신기하고도 편리했을 것이다.

한국어는 처음에 자음 17자와 모음 11자 모두 28로 사용되다가, 시간이 지남에 따라 문화가 간소화되면서 그 숫자도 4자가 줄어, 지금은 자음 14자, 모음 10자, 모두 24자를 쓰고 있다. 닿소리(자음)와 홀소리(모음)을 조합하여 소리 낼 수 있는 음절(소리의 값)을 만든다면 11,172자 와 그만큼의 소리를 낼 수 있으니 이 보다가 더 과학적인 문자는 없다.

지구상에서 약 85,500,000명(남한 5천 2백만, 북한 2천6백만, 재외동포 750만 2020.12.1. 기준) 이상이 한국어를 사용하고 있다. 그뿐 아니라 파견된 선교사들이 문자가 없는 국가에서 그 나라의 문자를 우리 한국어로 만들어 가고 있다고 하니 한국어의 사용 숫자는 점점 많아 질 것이다. 우리는 이 땅에 살면서 성경만 읽고 살 수는 없다.

제1절 사람들이 쓰는 말(言語)

우리는 하나님 나라 확장을 위하여 하나님을 알지 못하는 사람들과도 끊임없는 대화를 하며 사회생활을 이어간다. 그러므로 성도는 하나님의 말씀과 사람의 말을 두루 잘 익혀 잘 활용해야 하는 탁월함이 있어야 한다.

우리는 한국어를 모국어로 사용하고 있으면서 전문교육을 12년간 받았고, 하루도 빠짐없이 한국어를 사용하고 있다. 그러므로 우리는 한국어에 관하여 잘 알고 있다고 생각한다. 그러나 그것은 앞뒤를 생각하지 않고 섣불리 결정 내리는 오판일 수 있다. "제2장 완벽하지 못한 사람의 말"을 통하여 자신의 부족함을 채우는 좋은 기회가 되기를 기원한다.

01 인위적 창작물인 언어(言語)

언어는 인간만이 가지고 있는 도구로써 언어의 주최는 인간이다. (Homo loquens) 이러한 언어는 사람의 발음기관을 통한 말소리,(음성)를 하나의 형식으로 하고 의미를 내용으로 하는 결합체를 이룬다. 확장된 의미로는 음성언어와 문자언어 그리고 행동언어(손짓, 몸짓, 표정) 등의 의사 표현 일체를 말할 수 있다.

언어는 인간이 하나님과 대화가 단절된 이후 하나님으로부터 관리를 받지 못함으로 인간이 가지고 있는 조음기관을 통하여 꾸준히 발달되어왔다. (언어의 계통: 알타이 공통조어, 통구스공통어, 튀르크어족, 몽고어족 등)

02 만들어낸 언어들의 모습

사람들이 만들어낸 주요 언어들이 가지고 있는 특징을 살펴보자. 세계 공통어인 영어는 특히 서구와 유럽에서 널리 쓰이고 있다. 영어를 자국어로 쓰는 나라는 영국, 미국, 아일랜드, 호주, 캐나다, 뉴질랜드 등의 나라가 있다. 이러한 영어는 총 26개의 낱자로 만들었다. 대문자와 소문자, 필기체로 나누고 5개의 모음과 21개의 자음으로 이루어져 있으며 한 개의 모음이 여러 가지 소리를 내도록 했다. 중국, 한국, 일본, 말레이시아, 싱가포르 등의 나라가 쓰고 있는 한자는 한 글자 한 글자마다 뜻을 가진 뜻글자이다. 그 글자의 수를 모두 헤아리기 어렵지만 (계속 만들어지고 있음) 중국에서 편찬한 한어대자전(漢語大字典) 에는 54,665개의 글자가 올라 있다. 일본어는 총 46자인데 모음, 반모음, 자음, 반 자음으로 이루어져 있다. 우리 한글은 모두 24자인데 모음 10개와 자음 14개로 이루어져 있다. 이렇듯 바벨탑 사건 이후 언어는 수없이 많이 흩어져 만들어 쓰기 시작한 것이다.

03 우리말(韓國語) 잘 알고 바르게 쓰기

하나님을 아버지라 부르는 우리는 최소한 우리말을 제대로 알아서 하나님과 사람들에게 바로 써야 할 것이다. 특히 기독인들의 입술을 통해 세상 사람들에게 전달되는 말이야말로 각별하게 조심하여 잘 써야 한다. 한국교회에 복음화율이 높아짐에 따라 세계 복음화 사역에 깊이 관여하고 있는 것은 한국교회의 자랑이라 하지 않을 수 없다. 그러나 우리말을 제대로 자키지 못하고, 문법적으로 맞지 않는 표현을 하므로 듣는이로 하여, 인상을 찌푸리게 하는 일이 있어서는 안 될 것이다. 또한, 의사전달이 잘되지 않음으로 불편을 겪는 경우도 생겨서는 안 된다.

특히 우리는 지난 1910~1945년까지 일본의 지배를 받았고, 1950~1953년에 이르기까지 한국전쟁을 치르고, 잿더미에서 재건하는 분주함으로, 당시 세대는 유감스럽게도 자국어(제도권의 학습)마저 바르게 습득하지 못하는 안타까움이 있었다.

일본말의 잔재가 해소되기도 전에, 근대화 바람을 타고 다양한 외래어가 유입되므로, 우리말이 설 곳이 없어지게 되는 위기에 와 있다.

설상가상으로 잘못된 언어습관이 자연스럽게 교회 안으로 흘러들어와 국적 불명의 말들이 많아지고 목사님의 설교에도 순수한 우리말 보다가 외래어가 많이 섞일수록 목사님이 지식이 높아 보이고, 성도들은 은근히 그러한 목회자를 선호하려는 것도 한국교회가 지양해야 할 일이다.

이제 본 교재를 통하여 순수한 우리말을 잘 사용하고 글로벌 시대에 열방의 선교를 위하여 외래어를 부득이 쓴다고 하더라도, 국적이 없는 엉터리 외래어로 망신을 당하지 말고, 바른 단어의 선택과 문장을 사용하여 하나님께 영광을 드리는 한국교회가 되기를 간절히 기도한다.

04 음성언어와 문자언어의 공통점

타인과의 의사소통이 가능하며 일종의 표상체계로서 의미를 소통하기 위하여 서로가 약속된 부호를 써야 한다. 사람이나 물체, 사건 등을 표현할 때 같은 어휘를 사용한다. 같은 시점에서 두 가지(음성, 문자) 기능을 함께 사용할 수도 있다. 어린아이가 세상과 단어들에 대한 지식을 수용, 형성하는 것에 쓰이는 정신의 도구들이라 할 수 있다. 그리고 공통된 기술, 예측하고, 질문하고, 대답하고 표현하고 이야기하고, 그리고 그 감각 음운 인식들을 함께 사용할 수 있는 공통점이 있다.

05 음성언어(音聲言語)의 특징

사람은 하루라도 말을 하지 않고는 살 수 없다. 음성언어는 자신의 머릿속에 있는 생각과 느낌을 구체적으로 표현하고 전달하며, 눈으로 볼 수 없는 청각적 언어 도구이다.

음성언어는 의미를 담은 보따리를 말소리(音聲)를 통해서 상대방에게 전달하는 매개체라고 말할 수 있다. 음성언어는 화자와 청자가 시간과 공간을 함께 하며 직접 맞대면 상태에서 이루어지고, 청각의 감각을 이용한 표상체계이다. 그리고 음성언어는 시간과 공간의 제약을 받으며, 수정과 기억이 어려운 단점이 있지만 간편하고 자연적으로 습득이 되며 호소력이 있다. 녹음하여 들을 수 있지만, 대화는 할 수 없는 한계를 가지고 있다. 음성언어의 더 큰 장점이 있다면 목소리의 높낮이, 어조(말투)에 따라 감정을 잘 표현할 수 있다는 것이다.

제2절 언어(言語)의 갈래 적 요소(要素)

01 국가와 언어(言語)의 관계

언어는 국가나 민족을 배경으로 하지는 않는다. 한 국가에서 여러 언어가 사용되거나 한 국가에서 여러 언어가 사용될 수도 있기 때문이다. 언어는 언어 사회와 언어 사회 안의 무리인 언어(言衆)에 의해 움직인다.

02 국어(國語)가 가지는 의미

한 국가의 국민들이 공통으로 쓰는 공용어로서 국가를 배경으로 한 언어를 말한다. 그 국민 대다수의 통용어가 되는 동시에 국가 통치상의 공식의 이름이다. 우리는 "한국어"라고 한다.

외국어(外國語)는 다른 나라 말로써, 국어에 아직 동화되지 않은 외국말을 칭한다. 즉 우리 말로 해석이 가능하다. 예) 크리스천(Christian):기독교인 / 뱅크(bank):은행, 에클레시아(ecclesia):교회, 그리스도를 믿는 성도들의 모임 등이고, **외래어(外來語)**는 외국어가 우리 말에 동화된 말이다. 사회의 암묵적 승인 아래 차용되어 사용된 지 오래되었고 고유어처럼 인식되어 언어의 귀화(歸化)라고도 한다. 즉 우리 말로 해석이 불가능하다. 여러 나라의 말(言)이 있다.

예)중국 : 붓, 먹, 빈대떡, 사냥, 배추, 썰매, 김치, 고추, 샌님, 구역질

일본 : 오뎅, 구두, 고구마, 냄비ㅣ포르투갈: 담배, 빵ㅣ영어: 남포(램프, lamp가 변하여 남포가 됨)

네덜란드 : 고무, 만주ㅣ여진: 호미, 수수, 메주, 가위ㅣ페르시아 : 바자회

03 은어(隱語)

특별한 집단에서 자신들의 비밀을 유지하기 위하여 또는 금기를 깨뜨리지 않기 위하여 비밀로 사용되는 말인데, 변말 이라고도 한다. 예) 쌤, 꼰대, 왕초, 심마니

속어(俗語)는 대중에게 널리 통용되면서도 정통어법에서 벗어난 비속어를 일컫는다. 통속적으로 저속한 말이다. 예) 동그라미(돈) 공갈(거짓말), 큰집(교도소), 삥땅(중간에서 가로챔), 사꾸라(쭉정이, 빈껍

질) 그리고 **비어(卑語)** 는 점잖지 못하여 천한 말. 대상을 낮추거나 낮잡는 뜻으로 쓰이는 말을 일컫는다. 예) 주둥아리(입), 아가리(입), 눈깔(눈)

04 표준어(標準語)

교육적, 문화적으로 하나라의 표준이 되는 말로써, 우리나라 표준어의 규정은 다음 세 가지가 충족되어야 한다. (현대에 교양 있는 서울 사람들이 두루 쓰는 말) 그리고 방언(方言)은 어느 한 지방에서만 국한되어 쓰이는 말로써, 지방어, 사투리라고도 한다. 우리나라 방언은 충청도, 강원도, 경상도, 전라도, 제주 방언 등이 있다.

제3절 한국어(韓國語)의 성격(性格)

01 사람의 언어는 기호성(記號性)을 지닌다

사람의 머릿속에 할 말이 많이 있는데 할 수 없다면 얼마나 답답하겠는가? 인간은 무엇인가를 표현하고 싶을 때 그것을 전달할 수단을 생각한다. 생각을 전달하는 방법에는 여러 가지가 있을 수 있다. 손, 발짓, 몸짓, 눈짓, 그리고 먼 곳으로 의사를 전달하고 싶을 때는 깃발이나 봉화를 올리는 것도 하나의 방법이 될 것이다. 이렇게 사람의 생각을 전달하려는 모든 수단을 기호(記號)라고 한다. 의사전달의 수단으로는 언어(글, 말)가 있는데 이 역시 언어의 기호 중 일부이다

모든 기호에는 전달하려는 내용이 있고 그것을 표현하는 형식이 있다. 언어의 경우 내용은 "의미"이며 형식은 "말소리"이다. 의미와 말소

리는 뗄 수 없는 관계라서 이 중 하나라도 없으면 기능은 상실된다. 그리고 사람의 언어는

> **핵심** | 시니피에와 시니피앙 |
> 20세기 초 스위스 언어학자 **페르디낭 드 소쉬르**(Ferdinand de Saussure)는 이렇게 정의했다.
> signified(시니피에) : 언어가 소리와 소리로 표시되는 의미로 성립된다고 할 때 의미를 말함.
> signifiant(시니피앙) : 귀로 들을 수 있는 소리로써 의미를 전달하는 외적 형식을 이르는 말.

자의성(恣意性)을 지닌다. 기호와 내용과 형식 사이에서 아무런 필연적인 관계가 없음을 말하며 임의적(任意的)이다. 예를 들어, 사람을 (saram)으로 영어권에서는 (man)으로, 중국에서는 (ren) 형식으로 나타내는 것은 언어의 내용과 형식의 관계가 자의적임을 보여준다. 즉 형식과 의미가 가지는 관계가 필연적이지는 않다는 것을 말한다. 예) 한글 : 예수 / 영어 : Jesus / 중국 : 基督 이처럼 하나의 존재를 각기 다르게 쓰고 읽는 것을 언어의 자의성이라고 한다. 또한, 사람의 언어는 사회성(社會性)도 함께 가지고 있다. 언어는 의미를 알릴 때 활용된다. 그 사회의 관습에 의하여 생겨난 언어이다. 그러므로 어떤 개인이 마음대로 바꿀 수 없다. 그러므로 이것을 언어의 불역성(不易性)이라고 한다.

예) 우리의 구세주를 "예수님"이라 하지 않고 어느 한 개인이 "예나님"이라고 하면 통용되지 않는 규칙을 말한다.

02 사람의 언어는 역사성(歷史性)을 지닌다

 언어를 개인이 일방적으로 변개할 수는 없다. 그러나 시간이 지남에 따라 사회구성원들의 약속에 따라 달라질 수는 있다. 본디 사람의 언어는 불완전한 것이어서 시간이 지남에 따라 바뀌지 않을 수 없다. 신생(新生)➤성장(成長)➤사멸(死滅)의 과정을 거치지 않을 수 없다. 이같이 사람의 언어는 시간의 흐름에 따라 뜻이 바뀌거나 문법에 변화가 생긴다.

예) 음운의 변천 : ᄀ술 》 ᄀ올 》 ᄀ을 》 가을 / 의미의 변천 : 어엿브다(불쌍하다➤예쁘다) 그리고 사람의 언어는 **보충성(創造性)** 도 함께 가지고 있다. 사람은 무한히 많은 문장을 만들고 이해할 수 있고, 긴 문장도 만들 수 있다. 반면 사람의 언어는 불변의 것이 아니라 문화의 변천과 발전에 따라 생기고 쓰이다가 없어지고 새롭게 만들어지는 한계를 가지고 있다. 그러나 하나님의 말씀은 영원히 불변하고, 만고의 변하지 않는 진리인 것이다.

제5절 인간 언어의 기능(機能)

 이는 사람의 정서와 사상을 표현하고 정보를 전달하는 일은 물론, 문화 창조와 계승에 큰 역할을 한다. 어떤 정보를 주거나 얻기 위해, 친구를 사귀기 위해, 도움을 요청하기 위해 감정을 표현하기 위해 언어를 사용한다. 동시에 언어의 기능은 하나의 표현에 한 가지의 뜻만 담는 것은 아니다.

01 표현적(表現的) 기능(機能)
　화자와 관련되는 언어의 기능으로서, 화자는 현실 세계에 대한 자신의 판단이라든지 타인의 섬세한 감정까지도 언어로 표현할 수 있다. 화자의 마음에 따라 청자(듣는이)의 판단력이 달라질 수 있다.

02 감화적(感化的) 기능(機能)
　청자의 특정한 행동을 바라고 말하는 기능이다. 즉 청자의 행동을 변화시키려는 의도가 담겨있다. 한편 지령적기능 이라고도, 표현할 수 있다. 이것이 지령적 의미와 차이가 있다면 청자에게 감동을 줘서 실제 행동에 옮기도록 하는 것이다.
예) "어려운 이웃을 도웁시다."라는 문장과 "저기, 어려운 이웃을 보십시오."
　"어려운 이웃을 도웁시다."라는 문장은 명령으로서 행동을 하도록 청자에게 직접 작용하는 경우이고 "저기, 어려운 이웃을 보십시오". 라는 이 문장은 듣는이로 하여 마음에 변화를 일으켜 자발적 행동을 하도록 하는 차이가 있다.

03 친교적(親交的) 기능(機能)
　화자와 청자가 서로 친밀한 관계성을 가지기 위하여 청자와 화자와의 의사소통의 가교역할을 담당하는 기능을 말한다.
예) "집사님 오늘 은혜 많이 받으십시오." "예! 집사님도 오늘 은혜 많이 받으십시오." 주일 아침 예배당 앞에서 우연히 마주친 두 분의 집사님들의 간단한 대화이다. 일주일 만에 만나서 반가운 마음에 서먹한 관계를 해소하기 위하여 나눈 대화이다. 서로 간의 친교를 나타내기 위하여 나누는 기능을 말한다.

제6절 한국어의 구조(構造)

01 한국어의 여러 가지 명칭

훈민정음(訓民正音)이라는 표현은 세종(창제1443) 때부터 우리 글자를 이르는 말로 쓰여져 왔다. '반절(反切)'이라는 명칭은 조선 중종 때(1527년)에 간행된 『훈몽자회(訓蒙字會)』의 범례에서 처음 사용된 용어이다. 그리고 '국문(國文)'이라는 명칭은 1894년 갑오개혁 이후에 설치된 '군국기무처'에서 관제(官制)를 개혁하면서 종래의 언문을 국문으로 고쳐 부르면서 시작되었다.

지금 우리가 쓰고 있는 '한글'이라는 표현은 경술년 국치로 인하여 대한제국이 망하자 일제에 의하여 국문이라는 표현을 쓰지 못하게 되자 '주시경' 선생이 처음으로 쓰게 되면서 널리 알려지게 되었다. '한(韓)나라의 글' '큰 글', '세상에서 첫째가는 글'이라는 뜻을 담고 있다.

조선 중종 때 통역관이었던 최세진의 저서인 『훈몽자회(訓蒙字會)』에서 처음으로 한글 자모의 명칭이 제시되었는데 지금 우리가 쓰고 있는 명칭은 1933년 '한글맞춤법 통일안' 제정 때 이름하게 된 것이다.

02 한글 닿소리

자음	ㄱ	ㄴ	ㄷ	ㄹ	ㅁ	ㅂ	ㅅ	ㅇ	ㅈ	ㅊ	ㅋ	ㅌ	ㅍ	ㅎ
이름	기역	니음	디귿	리을	미음	비읍	시옷	이응	지읒	치읓	키읔	티읕	피읖	히읗

사전 찾기 자, 모음 순서

| ㄱ | ㄲ | ㄴ | ㄷ | ㄸ | ㄹ | ㅁ | ㅂ | ㅃ | ㅅ | ㅆ | ㅇ | ㅈ | ㅉ | ㅊ | ㅋ | ㅌ | ㅍ | ㅎ |

| ㅏ | ㅐ | ㅑ | ㅒ | ㅓ | ㅔ | ㅕ | ㅖ | ㅗ | ㅘ | ㅙ | ㅚ | ㅛ | ㅜ | ㅝ | ㅞ | ㅟ | ㅠ | ㅡ | ㅢ | ㅣ |

03 한국어의 월등함

한글은 생성된 이력을 가지고 있는 유일한 문자이다.

전 세계에서 쓰이고 있는 모든 문자의 형성은 사회구성원들이 오랜 세월 동안 생활해 오면서 만든 사람이 없이 조금씩 변화되면서 굳어진 글자들이다. 한글은 세계에서 유일하게 만든 사람이 있다. 주후 1443년 하나님께서 세종대왕을 통하여 손수 소리글자 28자를 주셨다. 위대한 그 문자의 이름은 백성을 바르게 가르치는 소리〔훈민정음〕이다.

세계에서 가장 과학적이고 체계적인 문자이다.

한글은 만들어진 원리가 초 과학적이고 체계를 가지고 있다. 자음과 모음은 제각각 따로 만든 것이 아니다. 처음에 기본자를 먼저 생성했다. 그리고 그것들을 중심으로 확장해 나간 것이다.

처음 쓰였던 자음 17자는 조음기관(소리를 만드는 기관)입술, 목구멍, 혀, 이. 의 모양을 본떠서 ㄱ, ㄴ, ㅁ, ㅅ, ㅇ 5자를 만들고 거기에 획을 더하여 다른 소리의 자음을 확장했는데, 이것은 우리 한글이 굉장히 치밀한 분석과 관찰을 했음을 보여 준다.

모음 11자 또한, 하늘과 땅과 사람을 형상화하여 (天•) (地ㅡ) (人 ㅣ)을 본떠서 만들었다. 모음을 만들었다. 글자 속에도 깊은 뜻을 담은 것이다. 하늘과 땅과 사람이 근본이 되어야 한다는 개념인 것이다.

활용성을 최대화할 수 있는 음운 문자이다.

한글이 처음 만들어질 당시 우리는 중국 문자(한자)문화권에 속해 있었음에도 한자처럼 뜻글자를 만들 생각에서 벗어나 하나님께서 주신 너무나도 독창적인 방법으로 활용성을 극대화할 수 있는 음소(음운) 문자를 창제해 내게 된 것이다. 한글의 조합 방식은 삼성 체계를 가지고 있다. 즉 초성(첫소리 자음), 중성(중간소리 모음), 종성(끝소리 자음)을 모아서 소리의 단위를 형성한다. 소리의 배열을 ['ㅅㅓㅇ']하지 않고, '성'이라고 한 덩어리로 완성 시키는 아주 과학적 방법을 가지고 있다. 널리 쓰이고 있는 영어를 생각해 보라.

모음은 자신만의 특별한 음색을 가지고 있다.

한글의 모음(홀소리)는 항상 독창적인 음을 지니고 있다. 우리가 가까이 접하는 영어를 보면 자신들의 입장에 따라 소리가 달라진다. 영어는 모두 26개의 철자를 가지고 있다. 그중 모음은 불과 다섯 글자밖에 없다. 그러나 한글의 모음은 (天•) (地ㅡ) (人ㅣ) 3개의 글자인데 확장하면 21개의 소리로 확장된다. 그래서 각자가 모두 다른 소리를 낸다. 반면 5글자 밖에 없는 영어는 많은 모음 소리를 낼 수 없다가 보니 하나의 모음으로 여러 가지의 소리를 내야만 한다. 그러므로 하나의 단어를 읽는 일에도 많은 어려움을 갖게 된다. 또한, 영어에 흔히 나타나는 음가 없는 철자(묵음)가 많은 것에 비하여 우리 한글은 음가(소리의 값) 없는 글자는 단 하나도 없다. 소리와 문자가 완전히 일치하므로 뛰어난 과학적 문자라는 것이 더욱 확고하다.

그러나 사람의 언어는 하나님의 완벽한 말씀에 비해 많은 규칙과 제약(制約)이 따를 수밖에 없다.

제7절 한국어의 매력

우리 한국어는 한국어만이 가지고 있는 특징이 있다. 사람이 한 종류의 언어를 습득하려면 그 언어의 고유한 특질들을 자세히 알아야 하듯이 우리가 우리말을 바르게 사용하려면 우리말이 가지고 있는 매력들을 자세히 알아야만 한다. 여기서 음운, 어휘 문법들의 중요한 특질을 살펴보자.

국어의 특질

* 사람의 말은 부족한 것이 많고 완전할 수 없으므로 일정한 규칙을 만든다.

음운의 특질	어휘의 특질	문법의 특질
예사소리 된소리, 거센소리의 음운이 있다.	고유어, 한자어, 외래어의 삼중체제를 가진다.	첨가어(교착어)조사와 어미가 발달했다.
마찰음의 수가 적다.	한자어, 고유어의 빈자리를 메워 주나 이미 존재하는 고유어를 위축시키기도 한다.	어순은 비교적 자유롭지만 주어＞목적어＞서술어가 기본 형식이 된다.
음절의 끝소리가 파열되지 않는다.		
음절의 첫소리에 자음군이 오지 못한다.	외래어는 광복 이후 서양의 언어가 많이 유입되었다.	높임 표현이 발달 했다. 상대높임 : 하게,하오, 해라, 해.
첫소리에 ㄹ과 ㄴ이 오는 것에 제약이 있다.	고유어는 감각어, 상징어, 의성, 의태어가 발달했다.	주체높임 : 용언의 어간에 높임의 어미 "으" "시"를 부쳐서 이루어지는 상태
모음조화 현상이 있다.		

단어 해석
* 음운 : 말의 뜻과 소리를 나타내는 할을 한다. 자음과 모음이 따로 떨어진 상태를 말한다.

* 음운 : 말의 뜻과 소리를 나타내는 할을 한다. 자음과 모음이 따로 떨어진 상태를 말한다.
* 어휘 : 특정한 범위 안에서 사용되는 낱말들의 총집합을 말한다.
         (단어, 숙어, 낱말 따위)
* 예사소리 : 긴장도가 낮아 약하게 나는 소리. (ㄱ,ㄷ,ㅂ,ㅅ,ㅈ)
* 된소리 : 강하고 단단한 느낌을 준다. (ㄲ, ㄸ, ㅃ, ㅆ, ㅉ)
* 첨가어 : 단어에 조사(은, 는, 이, 가, 도, 에서, 에게 등)를 붙혀서 분장을 형성시키는 말.
* 마찰음 : 소리를 만드는 기관들이 간격을 좁혀서 그 사이로 폐에서 공기를 스쳐 나는 소리.
* 음절 : 자음과 모음이 합쳐져서 나는 소리를 음절이라 한다.
         (가, 나, 다, 하, 나, 님)
* 모음조화 : 양성모음끼리, 음성모음끼리 모여서 나는 소리.
         (하나님, 성령님)

01 소리 만들기

한국어만이 가지고 있는 소리내기의 특징이 있다. 그것은 소리의 3단 구조이다. 예사소리, 된소리, 거친 소리가 대립 관계를 가진다. ㄱ, ㄲ, ㅋ / ㄷ, ㄸ, ㅌ / ㅂ, ㅃ, ㅍ / ㅈ, ㅉ, ㅊ 등이 그러하다. 이것은 감정을 잘 나타낼 수 있는 요소가 된다. 이러한 한국어의 특징은 다른 프랑스어, 영어, 독일어, 일본어가 가지고 있는 울림소리, 안울림소리와 대립구조를 가지게 되어있다.

1) 한국어의 마찰음(ㅅ, ㅆ, ㅎ,)은 세 개가 있다. 한국어는 마찰음이 많지 않고, 발음하는 음운의 숫자도 시대와 지역에 따라 많이 다르다. 중세 국어의 ㅔ, ㅐ, ㅚ, ㅟ 기 이중 모음이었던 것, 영남지방 방언

에서 ㅅ, ㅆ, 이 구분되지 않는 것과 같은 것이다. 한국어의 음운은 자음, 모음뿐만 아니라 음성의 장(長), 단(短) 이나 上(상), 下(하) 에서도 말의 뜻을 구별할 수 있는데 이것도 시대와 지역에 따라 다를 수 있다. 중세 국어에서는 어휘의 중심부의 높낮이가 말의 뜻을 구분하는데, 쓰이기도 했지만, 현대국어에서는 소리의 길고 짧음이 말의 뜻을 나타내는 데에 쓰인다. 음절의 끝소리 규칙은 파열음이 종성에 위치할 때는 터트림의 발음을 하지 않고 닫힌 상태로 발음이 이루어진다. 낮을 발음상의 기호로 나타낼 때 [낟] 이라고 하는 것과 같은 것이다.

> **핵심** ㅣ 국어의 받침은 신기하다! ㅣ
> 낫, 났, 낮, 낯, 낟, 낱, 낳 = 모두 [낟]으로 소리 낸다.

2) 한국어의 두음법칙(頭音法則)은 ㄹ, 과 ㄴ, 도 지장을 받는다. 예를 들면 영어에서 'blessing'처럼 두 개의 자음이 첫소리에 올 수 있지만, 우리 한국어에서는 '블레씽' 처럼 이것을 3음절로 나누어 소리를 낸다. 그리고 '로인'(老人) '녀자'(女子)가 아닌 '노인' '여자'로 소리 내고 적는다. 학교 문법에서는 두음법칙이라고 배웠다. 현재 북한 말에는 두음법칙이 사용되지 않는다.

모음조화(母音調和) 양성모음은 양성모음끼리 음성모음은 음성모음끼리 어울림을 말한다. ㅏ, ㅗ, 는 ㅏ, ㅗ, 끼리 ㅓ, ㅜ, 는 ㅓ, ㅜ, 끼리 어울리는 현상이다. 이것은 비슷한 모음끼리 결합함으로써 소리를 쉽게 내고자 함이다. 주로 의성어와 의태어에 많이 나타난다. 예) '딸랑딸랑' '출렁출렁' '담어'는 모음조화가 깨뜨려 진 것처럼 보이지만 담아, 담아도, 담아라. 와 같이 활용된다. 중세 국어 시기까지는 발음의 편의상 잘 지켜져 왔지만 20세기 현대국어 시기로 접어들면서 많이 파괴되고 잘 지켜지지 않는 경우가 많지만, 다른 나라에는 모음조화가 없으므로 한국어의 특징이라 하겠다.

02 한국어 고유의 특징

1) 고유어(固有語) 한자어(漢字語) 외래어(外來語)

우리 한국어는 위의 세 가지 요소로 구성이 되어있다. 한자어는 기원전 3세기경 중국에서 전례되어, 신라가 삼국을 통일한 7세기경에는 이미 널리 사용되었던 것으로 추측된다. 그 후 고려와 조선을 거쳐 불교와 유교가 융성함에 따라 더욱 많이 흘러들어온 것으로 추측된다. 근대에 들어와서 새로운 개념어들이 많이 들어 왔는데 그 역시 대부분이 한자들이었다.

외래어는 고유어의 표현이 부족하거나 애매할 때 보충하는 긍정의 의미도 있지만, 우리 국어의 표현을 침범하는 부정적 의미도 있다. 한국어 사전 중 "큰 사전" 안에 실려 있는 164,125개의 표제어 중에 85,525개가 한자어로 되어있다. 전체 단어 중 52% 이상이 한자어인 셈이다. 영어 단어 중 3분의 2가 로망스계(Romance language) 언어가 차지하는 것과 비슷하다 할 수 있다.

특히 고유어는 감각어와 상징어가 크게 발달했다. 우리 고유어를 사용하면 미세한 감각의 차이를 다양하게 표현할 수 있다. 붉은색(red color)만 하더라도 발갛다, 벌겋다, 빨갛다, 뻘겋다, 새빨갛다, 시뻘겋다, 붉다, 불긋불긋하다. 등의 다채로운 고유어로 미묘한 어감의 차이를 나타낼 수 있다. 의성어 의태어도 발달하였다. 퐁당, 풍덩, 알록달록, 얼룩덜룩 등으로 모음조화도 엄격히 지키면서 범위를 넓혀 쓰임새의 폭을 넓혔다.

■ 고유어를 잘 살려 설교에 이용해 보자.

고유어	해설	고유어	해설
화수분	아무리 많이 써도 줄지 않음	자발 없다	참을성 없고 경솔하다
핫옷	솜을 넣어 지은 옷	어엿하다	행동이 떳떳하고 당당함
함초롬	가지런하고 곱다	어줍다	서투르다
한겻	하루의 4분의 1시간	애오라지	부족, 겨우, 오직
하릅	소, 말, 개 등이 한 살 되는 해	실팍하다	사람, 물건이 든든함
푼푼하다	모자람이 없이 넉넉함	시나브로	모르는 사이 조금씩
품앗이	이웃끼리 품을 팔고 갚는 것	섯부르다	솜씨가 설고 어설프다
천둥벌거숭이	두려운 줄 모르고 날뛰는 사람	사금파리	유리, 사기 조각
쥐락펴락	손아귀에 넣고 휘두르는 모양	부아나다	분한 마음이 일어나다
자투리	남은 조각	버겁다	힘에 겨워 다루기 벅차다

한국어는 높임법도 상당히 발달 되었다. 예로부터 예의(禮儀)와 효(孝)를 중요시했던, 유교 문화의 영향을 많이 받았다. 이것은 상하 관계가 엄격하던 시절의 영향으로 볼 수 있다. 예를 들면 '나', '저', '저

희' 등으로 달리 표현하여 공손함을 드러내기도 했는데, 이 역시 겸양의 미덕을 중요시하는 유교 문화의 영향을 많이 받았기 때문이다.

그러나 하나님의 언어는 이와 상상하기 어려운 표현들로 주고받을 수 있을 것을 믿는다. 이렇게 어렵고 법과 규칙이 많지 않고 바라만 봐도 마음이 통하고, 간단한 언어들로 소통이 가능한 하늘나라의 언어가 더욱 그리워진다.

2) 한국어의 친족어 발달

이것은 우리나라가 혈연중심의 사회로 깊이 엮여 있음을 입증하는 사례이다. 여느 서양권의 언어들과는 확연한 차이를 보인다. 시아버지와 장인을 구분하고 삼촌과 오촌을 구분하고 사촌, 육촌, 고종, 이종 형제를 구분할 줄 아는 언어는 우리 한국어가 유일하다. 개인의 인권을 중요시 하는 영어권에서는 여자 형제는 모두 자매(sister) 이지만 우리 한국어는 자신을 중심으로 하여 누나, 언니, 여동생, 을 구분한다. 또 사촌을 나타낼 때도 친, 외, 고종, 이종사촌까지도 정확하게 구분해 내는 저력을 지니고 있다. 그리고

남성 우월적 표현도 널리 사용되고 있다. 우리나라는 오랫동안 농사를 짓고 살았다. 농사짓는 일을 하기 위해서는 사람의 힘이 필요하다. 물론 가축을 이용하기도 하지만 총체적으로 볼 때 사람의 힘이 절대적이다. 그 영향이 언어에까지 미치게 된 것이다. 자연스럽게 가부장 제도가 성립되게 되고, 유교도 한몫하게 된 것이다. 여러 사람 앞에서 그들을 지칭할 때 '신사, 숙녀 여러분!' 이라고 흔히 말한다. 영어권에서도 마찬가지로 'Ladies and Gentlemen'이라고 한다. 이러한 것만 보더라도 남성 편향적이라는 사실이 확인된다.

그뿐 아니라, 남성 우월적 용어는 생활 속에서도 쉽게 찾아볼 수 있다. 소년 소녀, 남녀, 부부(夫婦), 오누이(오빠와 여동생) 신랑 신부, 등 보편적 경우에는 남성을 먼저 나타내지만, 부정적 표현에는 여성이 먼저 나온다. 예를 들면 "너는 애미 애비도 없느냐?" '연놈', '암수', 등으로 여성 관련 단어를 앞에 두는 경우를 보게 된다. 여교수(女敎授)라는 표현은 있어도, 남교수(男敎授) 라는 표현은 없다. 여류작가라는 표현도 같은 맥락이다. 어머니의 부모님을 부를 때는 外 할머니, 外 할아버지, 外 삼촌이라고 부르고 친가 쪽은 그냥 할아버지, 아버지, 숙모 등으로 外라는 의미가 사라지는 것을 본다. 이것이 부계사회의 불평등한 언어의 확립이라고 볼 수 있다. 하나님은 남녀를 구분하시거나 남성을 우위에 두고, 말씀하지 않으셨다. 사도바울은 유니아(Junias)를 대할 때 사도 중에 뛰어난 사도라고 표현 한 바가 있다. 2천 년 이전에도 여성이 그만큼 활발하게 활동했음을 알 수 있다. (롬16:7)

제8절 한국어의 순화

01 순화의 일반적 지식

하나님께서는 우리 민족에게 자랑스러운 한글을 주셨다. 1443년 세종대왕은 자랑스러운 훈민정음이 창제되었지만, 관리들은 이미 쓰고 있던 한자를 옹위하며 한글을 전면보급하지 않으려는 반대가 심했다. 그러나 다수사람들의 노력으로 아름다운 한글이 빛을 보게 된 것도 잠시, 여러 번의 크고 작은 전쟁과 급기야는 1910년 국권 피탈을 당하므로 우리말의 설 자리는 점점 좁아지게 되었다. 근대에 들어와서는 모든 것이 간소화됨에 한국어도 28자에서 24자로 줄어드는 등 변화를 겪다가 현대 산업사회를 맞아서 서양의 문물이 들어오게 되고 언어도 함께 들어오게 되어 다량의 외래어가 자리 잡게 된 것은 가슴 아픈 현실이 되고 말았다.

global(세계화) 시대를 맞아 공용어가 요구되는 것이 사실이지만 우리말은 충분히 지키면서 외래어를 수용하는 자세가 요구된다고 하겠다. 그러나 지금 우리 모국어의 모습은 심히 위협받고 있다고 말할 수 있다. 이제라도 들어온 말은 토박이말로, 비속어나 어법에 맞지 않는 말은 바르게 다듬어 쓰는 일에 교회가 앞장서야 한다.

02 순화의 문제점

언어를 순화시킨다는 것은 일종의 말을 바꾸는 것이라고 생각하기 쉬우나 성급한 생각이다.

말을 개인이나 어떠한 단체라도 함부로 수정하거나 고치는 것은 언어의 사회성에서 벗어나는 일이다. 외래어를 모국어로 순화시킨다는 것은 언어의 사회성을 거스르는 것이 아니라, 순수한 우리말을 바르게 찾아 돌려놓자는 일임을 각성해야 한다.

03 순화를 해야 하는 이유

1) 우리 민족의 위상을 높임

스위스 언어학자 '페르디낭 드 소쉬르, (Ferdinand be Saussure)'는 "언어의 동질성이 같은 혈족(血族)을 말하는 것은 아니지만 다분히 공통적 민족성 정신을 나타내는 것이므로, 민족의 통일을 이루는 데 우선한다."고 말했다. 언어는 겨레의 상징이며 민족 결합의 원동력이다. 그러나 들어온 말은 우리 민족의 진정한 문화 계승이나 문화를 이어가는데 정신이 깊이 투영되지 못할 것이므로 모국어는 지켜지고 순화되어야 한다.

2) 언어 사용의 부작용을 막음

독일의 언어학자 '훔 볼트,(Humboldt)'는 언어는 '되어 지는것, (에르곤=언어는 정적인 측면보다가 동적인 측면이 중요) 이 아니라' 무엇인가 이루어 내는 힘을 가진 것인 이유로 사람이나 사회의 바탕을 즉 본질을 이루는 순리작용(順理作用)이나 반작용의 힘을 지닌다고 했다. 우리는 이러한 우리 말의 반작용을 막아야 하는 필요성을 생각해야 한다.

한국어 순화는 "비속어"를 "고운 말"로 "어려운 말"을 "쉬운 말"로, "틀린 말"을 "바른말"로 "들어온 말"을 "토박이말"로 다듬는 일을 말한다. 말이란 아무렇게나 해서 되는 것이 아니다, 다듬어져 완성되어야 한다. 이것은 민족적 세계상을 반영하는 것으로서 "들어온 말"은 우리 겨레의 얼이 투영된 것이 아니므로, 국어순화는 반드시 이루어져야 한다.

3) 순화의 방법

비어, 속어, 은어. 욕설을 삼가고 고운 말 바른말을 써야 한다.
· 너 꼬락서니(몰골)가 그게 뭐냐? ➤ 너의 모습이 왜 그러냐?
· 말을 듣지 않으면 당장 모가지야! ➤ 말을 듣지 않으며 당장 해고야.
상대를 비하, 조롱하는 말은 더욱 그렇다.
· 그것은 절름발이 행정이야. ➤ 그것은 균형 잡히지 않은 행정이야.

성차별이 느껴지는 말은 하지 말아야 한다.
- 여러분은 하나님의 아들 이십니다. ➤ 여러분은 하나님의 자녀 입니다.
- 고(故)○○○씨의 미망인(未亡人) 이십니다. ➤ 고(故)○○○씨의 부인 이십니다.
- 군사 정권 때 우리 언론은 권력의 시녀 역할을 해 왔다. ➤ 권력의 앞잡이
- 이 작품은 그의 처녀작이다. ➤ 이것은 그의 처음 내놓은 작품이다.

한자, 일본어 등은 고유어로 바꾸고 한문 식 어투는 쓰지 않도록 하지만, 혼란이 오거나 모든 사람에게 익숙한 한자는 그대로 둔다.
- 장로님 저는 그렇게 사유 합니다. ➤ 장로님 저는 그렇게 생각 합니다.
- 성도님의 완장(阮丈)과는 막역지우 입니다. ➤ 집사님의 삼촌과는 가까운 사이입니다.
- 권사님 내 구좌로 송금해 주세요. ➤ 권사님 제 계좌로 돈을 보내 주세요.
- 집사님 각기우동과 오뎅, 덴뿌라를 좀 주세요. ➤ 집사님 가락국수와 어묵, 튀김을 좀 주세요.

무분별한 외래어를 우리말로 바로잡아야 한다.
- 집사님 마스타플렌(master plan)을 짜는 일도 중요 하지만, 실행의 노하우(know-how)를 찾는 일도 급합니다. ➤ 집사님 기본계획을 짜는 일도 중요 하지만, 실행의 비결을 찾는 일도 급합니다.
- 정 사원 보다가 인턴사원을 더 많이 뽑는다. ➤ 정 사원 보다가 실

습사원을 더 많이 뽑는다.

4) 순화해야 할 대상
일본어는 반드시 순화되어야 한다.
- 일상생활에서 쓰이는 쓰임새
  가라:가짜 | 기스:흠집 | 단도리:채비 | 뎃방:우두머리 | 하꼬방:판잣집 | 곤로:화로 | 구사리:면박 | 급사:사환 | 시로또:맹문이,생무지 | 구가다: 낡은 것
- 특별히 막되게 느껴지는 생활 일본어
  곤조:본성 | 신뻥:신출내기 | 쇼부:흥정 | 시다바리:밑일 | 십팔번:단골 노래 | 닥상:제격 | 뽀록나다:들통나다 | 오야봉:우두머리
- 식생활 분야에서 쓰이는 쓰임새
  와사비:고추냉이 | 쓰시:초밥 | 사라:접시 | 요지:이쑤시개 | 소바면:메밀국수 | 다대기:다진양념 | 다마네기:양파 | 야끼만두:군만두 | 다꾸앙:단무지 | 닭도리탕:닭볶음탕
- 봉제 분야에서 쓰이는 일본어
  가봉:시침질 | 땡땡이가라:물방울무늬 | 시보리:물수건 | 나시:민소매 | 가부라:접단,끝접기 | 곤색:감색 | 우와끼:윗옷 | 쓰봉:바지
- 건설 분야에서 쓰이는 일본어
  가꾸목:목재,각재 | 구루마:손수레 | 고바이:기울기,오르막 | 노가다:막노동 | 시마이:마감
- 일본식 한자어
  고수부지(高水敷地):둔치,마당 | 나대지(裸垈地):빈집터 | 매점(買占):사재기 | 사양서(仕樣書):설명서 | 시건(施鍵)장치:잠금장치 | 취조(取

調):문초 | 할증료(割增料):웃돈,추가금 | 패용(佩用)하다:달다 | 대절(貸切):전쎄 | 건폐율(建蔽率):대지건물비율 | 양체(兩替):환전 | 과년도(過年度):지난해 | 익일(翌日):다음날 | 계출(屆出):신고

■ **잘못된 일본식 외래어, 왜곡된 식민용어를 바꾼다.**
빠꾸(back):뒤로 | 레지(register):다방종업원 | 추리닝(training):운동복 | 쇼바(shock absorber):완충기 | 미싱(machine):재봉틀
이씨조선:조선 | 당쟁(黨爭):붕당 | 고종:광무황제 | 순종:융희황제 | 민비:명성황후 | 한일합방:경술국치,강제병합 | 이토히로부미 암살:이토히로부미 처단(응징)

◎ 이렇듯 일본어는 우리 일상 속에 너무나 많이 남아있다. 하나님께서 우리에게 주신 아름다운 한글을 잘 순화하여 사용함으로 우리말의 위상을 높이고 감사하는 마음을 가져야 할 것이다.

◎ 사람이 쓰고 있는 언어는 불완전하다. 늘 고치고 다듬고 새롭게 개선해 주지 않으면 안 된다. 언어는 몇 가지의 특질(독특한 성격, 기질)을 가지고 있다.

한자어와 서구어도 순화의 대상이다.
생활 속 어려운 한자어 순화하기
· 권사님 이번에는 <u>가가호호(家家戶戶)</u> <u>심방(尋訪)</u> 할까요? ➤ 집집마다. 찾아보다
· 이번 장로 투표에 <u>가공인물(架空人物)</u>이 있는지 잘 살펴야 합니다. ➤ 헛인물, 뜬 인물
· 이번 성탄절에도 <u>가두판매(街頭販賣)</u> 나갈까요? ➤ 거리 팔기, 거

리 판매
- 이번 경창 대회에서 가면무도(假面舞蹈)팀이 1등 했습니다.
  ➤ 탈놀이
- 선교 바자회때 인기가 좋아서 가전(加錢)을 받으며 팔았다. ➤ 웃돈
- 초 신자인데 가환성(可換性)이 빨라요. ➤ 바뀜성
- 권사님 제 각선미(脚線美)가 어때요? ➤ 다리맵시
- 어제 성경을 분실(紛失)해 버렸어요. ➤ 성경을 잃어버렸어요.
- 장로님께서 전 재산을 기부채납(寄附滯納)하셨습니다 ➤ 헌금, 하나님께 드림.
- 이번 주 헌금 기장(記帳)이 끝났습니다. ➤ 장부에 적다. 써 넣다.
- 장로님은 연세에 비해 나안시력(裸眼視力)이 좋습니다. ➤ 맨눈시력
- 보증서는 일에 난색(難色)을 표명(表明)했습니다. ➤ 어려움을 나타내다
- 구청에서 노상적치물 엄단(路上積置物嚴斷)한다고 합니다.
  ➤ 길거리에 쓰레기를 쌓으면 엄하게 다스리겠다고 합니다.
- 남녀 전도회가 함께 척사대회(擲柶大會)를 하면 어떨까요?
  ➤ 윷놀이대회
- 성도님 그 일은 법에 저촉(抵觸)됩니다. ➤ 걸리게
- 예배당 건축에 비산(飛散)먼지 날리지 않도록 주의해야 합니다.
  ➤ 잡다한
- 그곳은 사고다발(事故多發)지역이니 조심해야 합니다. ➤ 사고 잦은
- 교회 입구에 사면(斜面)을 조심해야 합니다. ➤ 비탈길
- 성경의 사실을 잘 지득(知得)해야 합니다. ➤ 알아야
- 엘리베이터는 선 하차 후 승차(先下車後乘車)를 해야 합니다.

➤ 내린 다음 타기

세례받는 수순(手順)은 이러합니다. ➤ 순서
· 수련회 때 명찰을 달면 식별(識別)이 용이(容易)합니다.

   ➤ 알아보기 쉽다
· 권사님 약을 과다(過多) 복용(服用)하시면 안 됩니다.

   ➤ 지나치게 드시면
· 교회 뒤로 이면도로(裏面道路)가 난다고 합니다. ➤ 뒷길
· 성도는 불법자금(不法資金)을 은닉(隱匿) 해서는 안 됩니다.

   ➤ 어긋난 돈, 감추다
· 형제님 적색(赤色)등이 점등(點燈) 되지 않았어요.

   ➤ 형제님 빨간, 켜지지
· 전도사역(傳道使役)에 전력(全力)을 경주(傾注) 했습니다.

   ➤ 전도하는 일, 온힘, 기울임
· 총회장님께서 초도순시(初度巡視)를 하셨습니다. ➤ 처음 방문
· 집사님 콘크리트가 모두 양생(養生) 되었나요? ➤ 굳다.
· 주일학생들의 품행(品行)이 방정(方正) 합니다. ➤ 행실이 바릅니다.
· 형제님 화재(火災) 진압(鎭壓)이 빨리 끝나서 다행이예요.

   ➤ 불을 끄는 일이
· 권사님 이번 토요일에 화훼단지(花卉團地) 갈까요? ➤ 꽃 재배지

겹쳐 사용하기 쉬운 한국어들

◎ 단어나 어절, 또는 문장의 앞이나 뒤에 붙어있는 의미가 없어서 필요 없는 말들

바르지 못한 표현	바른 표현
목사님 여성 자매 두 분이 오셨습니다.	목사님 자매님 두 분이 오셨습니다.
집사님 그것은 근거 없는 낭설입니다.	그것은 근거 없는 이야기입니다.
남은 여생을 하나님께 드립니다.	여생을 하나님께 드립니다.
지나가는 과객에게 소홀히 대접하면 안 됩니다.	지나가는 나그네에게 소홀히 대접하면 안 됩니다.
권사님 열시에 역 전 앞에서 만나요.	권사님 열 시에 역 앞에서 만나요.
미리 자료를 예비한 분은 별도의 자료를 따로 만들 필요가 없습니다.	미리 자료를 준비한 분은 별도의 자료를 만들 필요가 없습니다.
그것은 보는 관점에 따라 달라질 수 있습니다.	그것은 관점에 따라 달라질 수 있습니다
돌이켜 회고해 보면 우리는 형극의 가시밭길을 걸어왔습니다.	돌이켜 생각해 보면 우리는 가시밭길을 걸어왔습니다.
형제님 방학 기간 동안 측구를 실컷 했나요?	형제님 방학 동안 축구를 실컷 했나요?
요즘은 공기를 자주 환기해야 합니다.	요즘은 자주 환기해야 합니다.
젊은 청년들은 원대한 꿈을 지녀야 합니다.	청년들은 원대한 꿈을 지녀야 합니다.
지금까지 재인은 허송세월을 보냈다.	지금까지 재인은 헛되이 세월을 보냈다.
장로 투표는 과반수 이상의 찬성을 받아야한다.	장로 투표는 반수 이상의 찬성을 받아야 한다.
그 문제는 다시 재론 할 필요가 없습니다.	그 문제는 다시 언급할 필요가 없습니다.
빈 공간이 없어서 물건 쌓을 곳이 없다.	공간이 없어서 물건 쌓을 곳이 없다.

오늘은 기분이 좋은 것 같습니다.	오늘은 기분이 좋습니다.
휴대폰은 꼭 필요한 필수품이 되었다.	휴대전화는 필수품이 되었다.
우리는 같은 동포입니다.	우리는 동포입니다.
소방서에서 미리 예고하고 갔습니다.	소방서에서 예고하고 갔습니다.
가까이 접근하면 위험 합니다.	가까이 오시면 위험합니다.
집사님 간단히 요약하면 됩니다.	집사님 간단히 하시면 됩니다.
가을엔 낙엽이 떨어진다.	가을엔 잎이 떨어진다.
목사님 부담감 느끼지 마세요.	목사님 부담가지지 마세요.
연말에는 따뜻한 온정의 손길이 필요합니다.	연말에는 따뜻한 손길이 필요합니다.
홀로 독수공방을 지키고 계셨군요.	독수공방을 지키고 계셨군요.
성도 여러분 넓은 광장으로 나오십시오!	성도 여러분 넓은 곳으로 나오십시오!

제9절 예절속의 우리 말(言語)

01. 높임법과 언어 예절

> 우리는 일상생활, 교회 공동체와의 대화 속에서 높임법을 그릇 사용하여 듣는 이로 하여금 기분을 상하게 하거나, 웃음거리가 되는 경우가 있음을 종종 경험한다. 이번 과정을 통하여 높임법을 확실하게 알고 정리하여 하나님과 사람들 앞에서 바로 사용하여야 할 것이다.

높임법

높임법은 화자가 청자에게 높임의 태도를 나타내는 문법적 기능을 말하는 것으로서 한국어의 주요 특질 중 하나이다. 이것은 높임의 대상이 누구인가에 따라 주체높임과 객체 높임, 즉 자신을 낮춤으로 상대방을 높이는 상대 높임을 말한다.

높임법의 특별한 성질이 있는데 높임법의 사용 여부는 관계되는 존비 관계에 의해 정해지기도 하지만 중요한 것은 화자가 존대의 의사가 있느냐에 따라 결정되는 것이 대체적인 흐름이라 할 수 있다. 자신과 관련된 높임은 억누르며, 주로 낮춤의 표현을 한다.

2인칭이나 3인칭에 대하여서는 높임말을 쓰는 것이 예의라고 할 수 있다.

예) 아들:나의 아들:가돈(家豚) 돈아(豚兒) 남의 아들:영식(令息) 영윤(令胤)

딸:나의 딸 : 여식(女息) 남의 딸:영애(令愛) 영양(令孃)

말:나의 말 : 말씀(낮춤의 의미) 남의 말:말씀(높임의 의미)

☑ 1인칭 주어는 높임말이 자제(自制) 되어야 한다.

제가 짐을 들어 드리겠습니다. (낮춤의 의미)

목사님 제 말씀 좀 들어보십시오. (낮춤의 의미)

장로님께서 먼저 말씀하시지요. (높임의 의미)

제 성은 김가입니다만 집사님의 성씨는 권씨가 아니신지요?

제 이름은 김국일입니다만 선생님 함자는 어떻게 되시는지요?

목사님께서 나를 오시래요. ➤ 목사님께서 저를 오라고 하십니다.

☑ 직함과 성명을 함께 말해야 할 경우

장로 주영광입니다.

○○교회 목사 ○○○입니다.
➤ 직함이 앞에 들어가는 것이 겸양의 표현방식이다. 만일 직함을 성명 뒤에 넣는다면 자신을 높이는 표현이 된다. 그러므로 직함을 항상 앞에 붙이는 습관이 중요하다.

1인칭 주어 활용에서 높임이 자제 되어야 한다고 하더라도 다음 경우는 예외가 된다.

국가와 겨레는 절대적 대상이므로 낮춤을 허용할 수 없다.

저희 나라는 하나님께서 주인이십니다. ➤ 우리나라는 하나님께서 주인이십니다.

저희 겨레의 소원은 통일입니다. ➤ 우리 겨레의 소원은 통일입니다.

☑ 가족이 아닌 사람들에게 부모를 말할 때는 항상 높이어야 한다.

저희 아버지께서 이렇게 말씀하셨습니다.

➤ 우리 아버지께서 이렇게 말씀하셨습니다.

듣는 사람 중심의 높임 : 이것은 듣는 이(廳者)와의 관계에 영향을 받아서 높임의 여부가 결정됨을 말한다.

☑ 압존법 : 청자가 주체나 객체보다 높은 입장일 때에는 높임을 인정하지 않는다.

* 장로님, 이 집사님이 먼저 식사하시라고 하셨습니다.
* 목사님, 주영광 형제님이 오늘 휴가 나오신다고 합니다.
* 박찬미 자매님께서 많이 도와주셨습니다. (권사님께 말할 때)

위 예문에서 주체인 이 집사님과 주영광 형제는 화자로서 높임 선어말 어미 -으 / -시를 사용하여 높이어야 할 대상이지만 청자인 장로님과 목사님, 권사님 보다가 손아래 입장이기 때문에 압존법 원칙에 따라 주체에 대한 높임이 있어서는 안 된다.
➤ 장로님, 이 집사님이 먼저 식사하시라고 하였습니다.
➤ 목사님, 주영광 형제가 오늘 휴가 나온다고 합니다.
➤ 박찬미 자매님께서 많이 도와주었습니다. 로 바꾸어 사용하여야 한다.

　직접 높임, 간접 높임 : 문장의 주체를 높이면 직접 높임이 된다.
예) 어머니, 목사님께서 오십니다.
　높이어야 할 대상의 신체 부분, 소유물이나 주체와 관련된 사물에 '-으 / -시'를 넣어서 주체를 높이면 간접 높임이 된다.
예) 사모님, 겉옷이 무거우시죠?
　우리 할아버지께서는 귀가 먹으셨습니다. 에서 '먹다'가 음식일 경우에는 '잡수시다'가 높임어 이나, '막히다'의 의미일 경우는 '먹으시다'로 쓰는 것이 높임의 표현이 된다.
　목사님께서는 성도들에게 더 많은 기도를 해 주지 못한 것이 마음이 아프신 것 같다. 에서
　'아프다'가 '앓다'의 의미로 쓰일 때는 '편찮으시다'가 높임 표현이지만, '연민'의 의미로 쓰일 때는 '아프시다'가 높임어가 된다.

첫 한글성경

> 우리는 성경을 읽으면서 한글 성경 번역에 관해서 별 관심이 없었다. 한글 성경이 언제 최초로 번역되었는지, 어떻게 변해 가고 있는지 생각해 볼 필요가 있다.

한글 성경은 주후1887년 3월에 한글 최초의 신약성서가 발간되었다. 이는 스코틀랜드 출신의 선교사 **존 로스(John Ross)**가 발행했다. 그는 평안도 의주에 사는 청년들을 중심으로 성경을 한글로 번역하기 시작했다. 그러다가 보니 성경의 곳곳에 사투리가 섞여 있었다.

'어머니'(오마니, 오맘)으로, '지키면'(디키면)으로, '정직케'를(정딕케) 로, '공경하지'를 (공경티)로, '나아오지'(나아가지) 로 '합당하지'(맛당티)로, '세상을 이같이'(세상을 이갓티) 등으로 번역했다. 비단 우리나라뿐 아니라 다른 나라도 마찬가지일 것이라는 생각을 한다. 이렇듯 하나님의 말씀은 완전하지만, 사람의 말은 온전하지 못하므로 이러한 번역상의 차질이 있을 수 있다. 존로스 선교사가 평안도 중심의 쪽 복음을 발간했다면 미국인 선교사 언더우드와 아펜젤러 는 1890년 한국어 표준어 성경을 출간했다.

한글 성경에는 높임법이 제대로 번역되지 않아서 독자들에게 혼란을 주는 경우가 많다.

가장 거슬리는 부분이 하나님을 부를 때 사용하는 조사가 잘못 사용되는 현실이다.

문제는 창세기 1장1절 부터 난감함을 드러낸다. "태초에 하나님이 천지를 창조하시니라"에서 "하나님이"라고 쓰고 있다. 이 문장에서의 주어는 '하나님'이다. 하나님께서는 극존칭의 대상이다. 그러므로 주어인 '하나님'에 붙는 조사는 마땅히 '이'가 아니라 **'께서'**가 들어가야 한다.

'께서'는 주어를 높이는 격조사이다. 이것은 상대를 높임과

> 동시에 그 대상이 그 문장의 주어임을 나타내는 격조사, 주격조사 '가/이'의 높임말이며, 서술어에는 높임을 나타내는 -시-를 붙인다. 라고 표준국어 대사전에서는 기록하고 있다.
> 　우리말 성경에서는 "하나님**께서** 태초에 하늘과 땅을 창조하셨습니다"로 번역하고 있다.

　조심해야 할 높임법이 있다. 우리는 우리말 보다가 한자나 외래어를 더 품격있는 말로 인식하는 경향이 있고 특히 높임법에서는 한문을 더 위에 두고 있다.
　'할머니께서는 이가 좋지 않으시다.' ➤ '할머니께서는 치아가 좋지 않으시다.'
　장로님 이름 좀 알려 주십시오. ➤ 장로님 존함 좀 알려 주십시오.
　존칭의 조사인 '-께서' '-께'는 깍듯이 존대해야 할 대상에게 쓰거나, 공적인 자리에서 주로 사용해야 한다. 그러나 대화 중에 쓰이는 말로는 '-이' '-가', '한테'로 쓰는 것이 자연스러울 수 있다.
예) 집사님께서 어제 오셨다. (문서로 쓰거나 공적인 자리에서)
　　집사님이 어제 오셨다. (문서로 쓰지 않고 대화 도중일 때는 가능할 수 있다.)
　　태초에 하나님이 천지를 창조 하시니라. (개역개정)
　　➤ 하나님께서 태초에 하늘과 땅을 창조 하셨습니다. (우리말 성경)
　신약으로 오면 예수님에게는 깍듯이 극존칭 조사인 '-께서'를 사용한다.
　'예수께서 대답하여 이르시되.' '예수께서 말씀하시되' '예수께서 대

답하여 이르시되'

02 연말연시의 인사
1) 한 해를 보내면서 의 인사말
송년인사는 상대에 대한 고마움의 뜻과 한 해 동안 수고에 대한 감사의 마음을 담으면 된다.
예) "한 해 동안 보살펴 주셔서 고맙습니다." "한 해 동안 수고하셨습니다."
직접 맞대면하고 음성으로 할 때는 "고맙습니다."가 옳다. 고맙다는 말은 우리의 고유어이기 때문이다. "감사합니다."의 표현은 '감사'가 한자어이므로, 문자로 표현할 때에는 사용해도 무방하다.
"한 해 동안 보살펴 주셔서 감사했습니다." / "한 해 동안 보살펴 주셔서 고마웠습니다." 와 같이 과거형 종결형은 쓰지 않는 것이 마땅하다. 일본식 표기의 영향을 받은 것이기 때문이다.

2) 새해를 맞으면서 의 인사말
신년인사를 할 때 절을 할 경우, 아무 말도 하지 않는 것이 옳다. 이유는 절 그 자체가 인사이므로, 굳이 손위 사람에게는 뭐라고 말하지 않아도 무방하다.
단, 절을 한 다음의 인사말은 이러하다.
예) "새해 복 많이 받으시기 원합니다."
"새해에도 하나님의 복이 넘쳐나기를 기원하네." "주안에서 꿈을 이루기를 바라네."
존칭어가 들어간다고 하더라도 명령 형식의 문장은 사용하지 않는 것이 좋다. 이것은 절을 받는 상대가 언짢을 수 있기 때문이다.

"절 받으세요." "세배받으십시오." "앉으십시오." 등이 있다.
적당한 표현을 찾자면 "앉으시면 세배 올리겠습니다."

03 축하와 위로의 인사
1) 생일맞이 축하 인사말
생일잔치를 일컫는 말로는 수연(壽宴) 이라는 말이 널리 쓰이고는 있으나, 좀 더 정확히 말하면 수연(壽宴)은 '손님을 모셔서, 잔치하다.' 하는 의미로 쓰인다. 그래서 수연(壽宴)은 '환갑'과 그 이상의 잔치에 쓰이는 것이 맞다.
이렇게 쓰는 것이 바른 표현이다.
웃어른께는 "장로님 생신을 축하합니다." "목사님 더욱 건강하시기를 바랍니다."
"권사님 더욱 강녕하시기를 바랍니다."
아이들 돌 때나 생일 때는 "씩씩하게 자라거라." "건강하게 자라라."
☑ "축하드립니다." 또는 "생신을 축하드립니다."처럼 축하는 드릴 수 있는 매개체가 아니다. '말씀'은 드릴 수 있지만, '감사'나 '축하'는 '드린다'는 말이 어법상 맞지 않고, 필요하지 않는 공대어가 된다. 그리고 형용사는 명령문을 만들 수 없다. "오래 사십시오." "만수무강하십시오."
돌맞이 아이에게 "명 길어라." "백 세까지 사십시오." 이러한 말들도 기분 좋은 날 상대의 마음을 상하게 할 수 있다. 바른 표현 **"명이 길기를 바란다." "백 세까지 사시기 바랍니다.(원합니다)."**

2) 결혼 축하 인사말

본인에게 직접 말할 때는 "자매님 결혼을 축하합니다."라고 하면 되고, 부모님께 인사할 때는 "축하합니다." "집사님 얼마나 기쁘십니까?"

축의금 봉투에는 '축 결혼' '축 화혼' '축 혼인'이라고 쓰고, / 결혼을 진심으로 축하 합니다. 로 써도 무방하다.

3) 문병 위로 인사말

환자를 처음 대할 때는 "김 집사님 좀 어떠하십니까?" "권사님 얼마나 고생이 많으십니까?" 그리고 불의의 사고를 당한, 경우에는 "성도님 불행 중 다행입니다." "이만하니 하나님의 은혜입니다." "성도님 조리 잘하십시오." "장로님 하나님의 은혜로 속히 나으시길 기도드립니다."

봉투에 위로금을 전달할 때 봉투에는 "기 쾌유(祈 快癒)" 또는 "하나님의 은혜로 조속한 쾌유를 기원합니다."라 쓰면 된다.

4) 문상 위로 인사말

일반적으로 두루 쓸 수 있는 말로는 "하나님께서 함께 하십니다." "삼가 조의를 표합니다."라고 인사를 건네면 상주는 "고맙습니다." "드릴 말씀이 없습니다."로 대답하면 된다.

제10절 교회용어 바로잡기/비슷한 말의 구별

교회 안에서 쓰는 말들을 바로 알고, 맞게 써야 한다. 일상생활 속에서도 비슷한 내용을 가진 단어들의 차이점을 정확히 알고 써야 한다. 요즘처럼 빠른 정보화 시대는 없었다. 성도들과의 언어 소통에 있어 잘 못 알고 말하거나, 표기하게 되면, 당황할 수 있으므로 잘 숙지해 두면 좋을 것이다.

01 잘못 쓰기 쉬운 단어 53가지
1) 가르치다, 가리키다

'가르치다'는 지식이나 이치를 깨닫게 하는 의미를 가지고있다. '가리키다'와 많은 혼선을 가져올 수 있으므로 주의해야 한다. "네 자녀에게 부지런히 가르치며 집에 앉았을 때든지 길을 갈 때든지~"(신6:7) "선교사가 하나님 말씀을 가르치고 있다". "우리 교회 전도사님은 학생들을 잘 가르치신다" 등으로 사용할 수 있다. 반면 '가리키다'는 '방향이나 대상을 보이거나 말해서 알리다.'의 뜻을 담고 있다. 손을 내밀어 제자들을 가리켜 이르시되 나의 어머니와 내 동생들을 보라. (마12:49)

2) 감동(感動), 감화(感化)

➤ 이 단어는 반드시 함께 쓰여야 하는 것만은 아니다.

'감동'(感動)은 '크게 느끼어 마음이 움직임'을 나타낼 때 쓰인다. "성령의 감동으로 성전에 들어가매 마침 부모가 율법의 관례대로 행하고자 하여 그 아기 예수를 데리고 나오는지라"(누가복음2:27) 그러나 '감화'(感化)는 '좋은 영향을 받아 생각이나 감정이 바람직하게 변화함' 또는 '그렇게 변하게 함'이라는 의미를 가지고 다음과 같을 때 쓰인다.

"깨끗함과 지식과 오래 참음과 자비함과 성령의 감화와 거짓이 없는 사랑과"(고후6:6)

3) 강수량(降水量), 강우량(降雨量)

'강수량'(降水量)은 '비, 눈, 우박, 안개가 일정 기간에 일정한 곳에 내린 물의 총량'을 말하며 단위는 (mm)로 나타낸다. "서울은 강수량이 적당하여 살기 좋은, 대한민국의 1등 도시이다." 등으로 쓰이지만, '강우량'(降雨量)은 '일정한 기간에 일정한 곳에 내린 비의 분량'을 표현할 때 쓴다. "부산의 강우량은 매년 큰 변함이 없다."

4) 개펄, 갯벌

'개펄'은 '갯가의 개흙이 깔린 벌판'을 일컬으며 다음과 같이 사용된다. "그 진펄과 개펄은 되살아나지 못하고 소금땅이 될 것이며"(겔 47:11) "자매들은 개펄에서 머드팩을 즐기고 있다."

'갯벌'은 '밀물 때는 물에 잠기고 썰물 때는 물 밖으로 드러나는 모래 점토의 평탄한 땅'을 의미한다. "형제들은 갯벌에서 조개를 주웠다."

5) 경신(更新), 갱신(更新)

'경신'(更新)은 '이미 있던 것을 고쳐서 새롭게 함', '종전의 기록을 깨뜨림'을 말한다.

"오 권사님이 성경 필사 기록을 경신 하셨다."로 쓰는 반면, '갱신'(更新)은 '법률관계의 존속기간을 연장함'의 뜻을 가지고있다. "장로님은 면허증 갱신을 몇 차례 하셨습니까?"

6) 개발, 계발

'개발'(開發)은 '토지나 천연자원을 개척하여 발달하게 함'과 '새로운 것을 연구하여 만들어 냄'을 말한다. "국토 개발에 온 힘을 쏟다." '정보시스템 개발', '신기술 개발', '신도시 개발', '관광사업 개발' 등으로 쓰인다. 반면 '계발'(啓發)은 '재능', '사상', '정신' 따위를 일깨워 알릴 때 사용한다. 즉 잠재적 능력을 깨우쳐 줄 때 주로 쓰인다.

'어학 능력을 계발하라, '창의성을 계발하라.' "형제님은 타고난 소질을 계발해 보세요."

7) 곤욕(困辱), 곤혹(困惑)

'곤욕'(困辱)은 '심한 모욕 또는 참기 힘든 일' 당함을 표현할 때 쓰인다.

"그가 곤욕을 당하여 괴로울 때도 그의 입을 열지 아니하였음이여 마치 도수 장으로 끌려가는 어린양과 털 깎는 자 앞에서 잠잠한 양 같이 그의 입을 열지 아니하였도다."(이53:7,8)

'곤혹'(困惑)은 '곤란한 일을 당하여 어찌할 바를 모를 때' 쓰이며 "생각지 않던 일이라 곤혹스럽다." 등으로 사용한다.

8) 관망, 전망, 조망

'관망'(觀望)은 어떤 일이 되어가는 모습을 바라보는 것을 의미한다. "교회 일은 관망하는 자세는 필요치 않습니다."로 쓰이고 '전망'(展望)은 내다보이는 경치나 앞날을 나타낼 때 쓰인다. "교회 옥상에서의 전망은 너무나 좋습니다."

'조망'(眺望)은 위에서 내려다보는 경치을 말한다. "새로 지은 예배당은 조망권이 일품입니다."

9) 교역자(敎役者), 교육자(敎育者)

'교역자'(敎役者)라 함은 교회로부터 급여를 받고 교역에 종사하는 목사, 강도사, 전도사 등을 말하고, "부목사는 담임목사를 위한 교역자가 아닙니다." 등으로 쓰이고 '교육자'(敎育者)는 학교에서 학생을 가르치는 통칭인 교장, 교감, 교수, 총장, 학장, 전임강사 등을 말한다. "진정한 교육자는 학생들을 무한 신뢰하고, 꿈과 희망을 주는 교사상을 가지고 있어야 한다."로 쓰인다.

10) 구원(救援), 구속(救贖)

'구원'(救援/Salvation)은 죄에서 해방되어 보호받고 죄로부터 구속(救贖)되어 성화의 과정을 지나서 영생에 이르는 전 과정을 말한다. 또한, 어려움과 위험에 빠진 사람을 구하는 것도 구원이라 말할수 있다. 신학적 의미로는 하나님의 자녀가 되는 것, 죄에서 자유롭게 되는 것, 그리스도를 믿는 믿음으로 새롭게 거듭남을 의미한다.

"이는 제 마음에 그 겉옷만 만져도 구원을 받겠다 함이라."(마 9:21)

"예수께서 이르시되 딸아 네 믿음이 너를 구원하였으니 평안히 가라 하시니라."(눅8:48)

'구속'(救贖/redemption)이라는 말은 잘못 이해하기 쉬운 단어 중 하나이다. 잘못을 저지르고 감옥에 가는 것으로 널리 쓰이고 있기 때문이다. 여기서 구(救)는 '구원하다'의 의미이고 속(贖)은 '속바칠 속'으로, '재물을 바치고 죄를 면제받다.'의 의미를 담고 있다. 정리해서 말하자면 "예수께서 못 박혀 인류의 죄를 대속함으로써 인류를 구원하는 것"이다.

"그리스도 예수 안에 있는 구속(속량)으로 말미암아 하나님의 은혜로 값없이 의롭다 하심을 얻은자 되었느니라."(롬3:24)

11) 교회(敎會), 예배당(禮拜堂), 성전(聖殿)

➤ '교회 가다'이것은 자칫 건물로 인식되기 쉽다.

'교회'(敎會)는 예수 그리스도를 주(主)로 고백하고 따르는 신자들의 공동체이다.

교회는 a church tower가 아니라 Ecclesia이다. 즉 세상에서 부름을 받은 선택받은 성도들의 모임으로써 그리스도를 主로 고백하는 사람들의 집합체이다.

"만물 위에 교회의 머리로 삼았느니라."(에베소서1:22) (마16:18, 행5:11, 롬16:5, 고전4:17)

'예배당'(禮拜堂)은 하나님께 예배를 드리고, 의식이나 그 외의 모임을 위하여 세운 건물을 의미한다. "예배당으로 모두 모이시기 바랍니다." "우리 가족은 주일 아침에 예배당으로 간다."

'성전'(聖殿)이란 구약시대에 주의 백성들이 하나님 앞에 나아가 제사(예배)드리던 공식적인 장소를 말한다. 광야 시대에는 성막이라 불리다가 솔로몬이 최초로 세우고, 두 번째가 스룹바벨 성전, 세 번째가 헤롯 성전, 신약에 와서 예루살렘성전을 끝으로 하고 있다. 오늘날에 예배당과 같은 의미를 가진다고 볼 수 있다.

"성전의 성소 앞 주랑의 길이는 성전의 너비와 같이 이십 규빗이요, 그 너비는 성전 앞에서부터 십규 빗이며"(왕상6:3) (삼하22:7, 왕상5:17, 왕상8:13, 대상6:10, 대하23:10, 마26:55, 눅19:47)

12) 교인(敎人), 성도(聖徒), 신도(信徒), 신앙인(信仰人)

'교인'(敎人):종교를 가지고 있는 사람, 직접적 참여가 없고 경기장의 관중에 불과한 사람

믿음이 없이 형식만 가지고 언제 떠날지 모르는 교인에게는 구원이란 없다.

'성도'(聖徒):기독교 신자를 일컬음, 하나님을 主로 믿고 최선을 다하는 충성 스런 Christian이다.

무덤들이 열리며 자던 성도의 몸이 많이 일어나되 (마27:52) (신 33:2, 시50:5, 행9:13, 롬1:7)

'신도'(信徒):종교를 믿는 사람. 기타 종교에 소속되어 있는 사람들의 총 명칭이다.

'신앙인'(信仰人):하나님을 두려워하고 경건히 대하며, 믿고 받드는 사람. 성도와 같은 의미이다.

13) 그슬리다, 그을리다

'그슬리다':불에 겉만 조금 타다.

"여호와께서 사탄에게 이르시되 사탄아 여호와께서 너를 책망하노라 예루살렘을 택한 여호와께서 너를 책망하노라 이는 불에서 꺼낸 그슬린 나무가 아니냐" 하실 때에(슥3:2)(겔20:47)

'그을리다':햇볕, 바람, 불, 연기 따위에 쐬어 검게 되다.

"총독과 지사와 행정관리 왕의 모사들이 모여 이 사람들을 본즉 불이 능히 그들의 몸을 해하지 못하였고 머리털도 그을리지 아니하였고 불탄 냄새도 없었더라."(단3:27)

"자매님이 수영장에 다녀와서 얼굴이 많이 그을리었네요."

14) 금식(禁食), 단식(斷食)

'금식'(禁食):정한 기일 동안 음식을 먹지 않고 드리는 기도.(물은 허용) 자발, 비자발 포함

"그날 종일 금식하고 거기에서 이르되 우리가 여호와께 범죄 하였나이다."(삼상7:6)

'단식'(斷食):정한 기일 동안 물과 음식을 전혀 먹지 않고 드리는 기도. 자발에 기인함

"최 목사님은 새해를 맞아, 아침에 사흘간의 단식에 들어갔다."

15) 기도(祈禱), 기원(祈願)

'기도'(祈禱):하나님과의 의사소통하려는 행위를 말한다. 간절히 이루어지기를 빎

"여호와께 <u>기도</u>하여 이 뱀들을 우리에게서 떠나게 하소서"(민수기21:7)

"너희 원수를 사랑하며 너희를 박해하는 자를 위하여 <u>기도하라</u>"(마5:44)

'기원'(祈願):바라는 일이 이루어지기를 빎. 이것은 꼭 목사만 하는 것이 아니다. 하나님의 사람이라면 누구나 해도 무방하다.

"집사님의 가정에 바라는 일이 꼭 이루어지기를 <u>기원</u>합니다."

'축원'(祝願) : 희망하는 대로 이루어지기를 하나님께 아뢰는 일

"범사가 잘되고, 건강하시고, 형통하기를 <u>축원</u>합니다."

16) 껍질, 껍데기

'껍질':딱딱하지 않은 물체의 겉을 싸고 있는 질긴 물질의 켜.

"야곱이 버드나무와 살구나무와 신풍 나무의 푸른 가지를 가져다가 그것들의 껍질을 벗겨 흰무늬를 내고, 그 껍질 벗긴 가지를 양 떼가 와서 먹는 개천의 물 구유에 세워"(창30:37~38)

'껍데기':조개 등, 겉을 감싸고 있는 단단한 물질. "소라 <u>껍데기</u>에서 파도 소리가 들린다."

"그날을 위해 껍데기는 가라 모든 부정적인 것들이 사라지고 순수한 정신만 있는, 그날이여오라"(신동엽의 '껍데기는 가라')

17) 나포(拿捕), 체포(逮捕)

'나포'(拿捕):국가의 영해에서 국내법을 위반한 외국 선박을 붙잡는 행위. 죄인을 붙잡는 일 "남동쪽으로 도주하던 OO호는 대한민

국 경비정에 의해 나포되었다."

'체포'(逮捕): 형법에서 신체에 대하여 직접적이고 현실적인 구속을 가하여 자유를 빼앗는 일

"민란을 꾸미고 그 민란 중에 살인하고 체포된 자 중에 바라바 라 하는 자가 있는지라"(막15:7)

18) 다르다, 틀리다

➤일상생활 속에서 잘못 쓰이는 경우가 엄청나게 많다.

'다르다': 비교가 되는 두 대상이 같지 않음.

"두 사람이 하룻밤에 꿈을 꾸니 각기 그 내용이 다르더라"(창40:5) 내용이 틀리더라. 로 쓰면 안 됨.

김 집사님과 박 집사님은 성격이 다르다. 성격이 틀리다로 쓰면 안 됩니다.

'틀리다': 옳은 것이나 표준적인 것이 아닌 상태가 된 것, 셈이나 사실 따위가 어긋남

"너희에 대하여 말씀하신 모든 선한 말씀이 하나도 틀리지 아니하고 다 너희에게"(수23:14)

"이번 성경퀴즈대회에서는 틀린 답이 별로 없습니다."

19) 동조(同祖), 협조(協助), 방조(傍助)

'동조'(同祖): 타인의 주장에 자신의 의견을 일치시킴

"아무리 힘든 일이 있어도 우상에게 절하는 일에는 동조할 수 없습니다."

'협조'(協助) 힘을 보태 서로 도움, "장로님께서 하시는 일에 최선을 다해 협조하겠습니다."

'방조'(傍助): 범죄에 직접 가담하지는 않았지만, 방법이나 형태에

상관없이 범인의 범죄행위를 수월하게 만드는 일. 즉 타인의 잘못된 행동을 거드는 행위

"방조의 책임을 반드시 물을 것입니다."

20) 되돌아보다, 뒤돌아보다.

'되돌아보다':가던 방향에서 몸이나 얼굴을 돌려 다시 바라보다.

"형통한 날에는 기뻐하고 곤고한 날에는 되돌아보라 이 두 가지를 하나님이~"(전7:14)

'뒤돌아보다':뒤쪽을 돌아보다. 지난 일을 돌이켜 생각해 보다.

"롯의 아내가 뒤를 돌아보았으므로 소금기둥이 되었더라."(창19:26)

21) 묵상기도(黙想祈禱), 침묵기도(沈黙祈禱)

'묵상기도'(黙想祈禱):눈을 감고 소리 없이 마음속으로 하나님께 올리는 기도

'침묵'(沈黙):아무 말도 없이 잠잠히 있는 그런 상태. 또는 정적이 흐르는 상태

> 일반적으로 주일 낮 예배의 순서는 이러하다. 시작을 알리는 송영이 끝나고 나면 회중들의 찬양이 이어지고, 교독문을 낭독하고, 고백의 기도를 드릴 때 예배인도자가 먼저 전반적인 고백의 기도를 드리고 "이제 하나님과 나만이 아는 죄를 생각하며 침묵으로 고백의 기도를 계속 합니다."라고 진행을 한다. 문제는 침묵이라는 단어이다. 우리가 아는 대로 침묵은 『아무 말도 없이 잠잠히 있는 그런 상태. 또는 정적이 흐르는 상태』를 말한다. 그러므로 우리는 침묵으로 기도할 수는 없다.
>
> "묵상으로 하나님께 고백하는 시간을 가지겠습니다."라고 말

하는 것이 옳다. 이때 "묵상으로 하나님께 고백의 <u>기도</u>를 드리겠습니다."라고 해도 안 된다. 묵상 속에는 이미 '기도'라는 의미가 포함되어 있기 때문이다.

22) 문맹인, 문명인

'문맹인':아는 것도 없고 글도 모르는 상태의 사람

"하나님을 모르는 사람을 현대적 <u>문맹인</u> 이라고 말한다."

'문명인':문명이 발달한 사회에 사는 사람

"그리스도를 아는 사람을 두고 우리는 진정한 <u>문명인</u>이라고 말 하고 싶다."

23) 미혹(迷惑), 유혹(誘惑)

'미혹'(迷惑):무엇인가에 홀려 정신을 차리지 못함, 정신이 헷갈리어 갈팡질팡 헤매는 상태

"예수께서 대답하여 이르시되 너희가 사람의 <u>미혹</u>을 받지 않도록 주의하라"(마태복음24:4)

'유혹'(誘惑):어서 정신을 혼미하게 하고 바르지 못한 길로 이 끔, 성적 목적을 갖고 이성을 꾐

"세상의 염려와 재물의 <u>유혹</u>에 말씀이 막혀 결실하지 못하는 자요"(마태복음13:22)

24) 박두(迫頭), 대두(擡頭)

'박두'(迫頭):어떠한 때가 가까이 닥침. ➤ 일제강점기를 거쳐 일본말의 영향을 받은 말이므로 '곧 하다,' '곧 열다,' '곧 오다,' '앞두다,' '첫선,' '첫 맞이'로 바꾸어 쓰는 것이 바람직하다.

"성탄 축하 공연이 <u>개봉박두</u>를 앞두고 있습니다." / "성탄 축하 공

연이 곧 열릴 듯합니다."
'대두'(擡頭):현상, 세력이 새롭게 나타남. '머리를 치켜들다'에서 온 말이다.
"청소년들의 인터넷 중독 문제가 사회적 관심사로 대두되고 있다."

25) 반증(反證), 방증(傍證)

'반증'(反證):어떤 사실이나 주장이 옳지 아니함을 그에 반하는 근거를 들어 증명하는 것
"하나님의 창조적 사실은 과학적 근거에 의해서도 반증이 가능하다."
'방증'(傍證):사실을 직접 증명할 수 있는 증거로는 부족하지만, 주변의 상황을 밝힘으로 간접적이나마 증명해 보이는 것
"목사님의 박식함을 방증하듯 풍부한 예화가 돋보인다."

26) 발견(發見), 발명(發明)

'발견'(發見):세상에 알려지지는 않았지만, 이전부터 이미 존재하고 있던 것을 찾아냄
"이를 발견한 후 숨겨두고 기뻐하며 돌아가서 자기의 소유를 다 팔아 그 밭을 사느니라"(마13:44) "세종대왕께서 창제하신 훈민정음 해례본이 경북 안동에서 처음 발견되었다."
'발명'(發明):알려지지 않아 아무도 몰랐던 사물이나 현상을 타인보다 먼저 찾아내는 행위
"한글의 발명은 우리나라의 위대한 자랑거리이다."

27) 발자국, 발짝

'발자국':발로 밟은 흔적. "그들의 땅은 한 발자국도 너희에게 주지 아니하리니 이는 내가 세일산을 에게 기업으로 주었음이라"(신명기2:5)

"나를 업고가신 주님의 발자국만 가지런히 남았다."

'발짝':한 발씩 떼어놓은 걸음의 수효를 이르는 말. "파도를 본 베드로는 한 발짝도 떼지 못했다."

28) 번뇌(煩惱), 번민(煩悶), 고민(苦悶)

'번뇌'(煩惱):마음이 시달려서 괴로워하거나 그러한 상태, 노여움이나 욕망 따위의 망념.

"날마다 그 말로 그를 재촉하여 조르매 삼손의 마음이 번뇌하여 죽을 지경이라"(삿16:16)

'번민'(煩悶):마음이 번거롭고 답답하여 괴로워함

"나의 마음이 번민하고 종일토록 마음에 근심하기를 어느 때까지 하오며"(시편13:2)

'고민'(苦悶):괴로워하고 애를 태움

"내 마음이 심히 고민하여 죽게 되었으니 너희는 여기 머물러 깨어 있으라"(막14:34)

29) 변조(變造), 위조(僞造)

'변조'(變造):이미 있는 것을 다르게 고침

"누구를 막론하고 이 명령을 변조하면 그의 집에서 들보를 빼내고"(에스라 6:11)(에스라6:12)

'위조'(僞造):무엇을 진짜처럼 보이게 거짓으로 만듦. "위조된 서류로 손해를 본 사람들이 안쓰럽다."

30) 보우(保佑), 보호(保護)

'보우'(保佑):보호하고 도와줌

"하나님이 보우하사 우리나라 만세 무궁화 삼천리 화려강산 대한 사람 대한으로 우리나라만세."

'보호'(保護):위험이나 곤란에서 잘 지켜줌

"믿음으로 말미암아 하나님의 능력으로 보호하심을 받았느니라"(벧전1:5) (출23:20/시31:23)

"노약자는 우리가 잘 보호해야 합니다."

31) 보전(保全), 보존(保存)

'보전'(保全):온전하게 보호해서 유지함. "환경 보전은 교회가 먼저 앞장서야 합니다."

'보존'(保存):훼손될 우려 있는 대상을 지킴. "문화재 보존에도 힘써야 합니다."

32) 복(福), 축복(祝福)

'복'(福):삶에서 누리는 행복, 기쁨과 즐거움. "복의 근본은 오직 하나님 한 분이시다."

"하늘 문을 열고 너희에게 복을 쌓을 곳이 없도록 붓지 아니하나 보라"(말라기3:10)

'축복'(祝福):복을 빌어주다.

"발락이 발람에게 노하여 손뼉을 치며 말하되 내가 그대를 부른 것은 내 원수를 저주하라는 것이거늘 그대가 이같이 세 번 그들을 축복 하였도다"(민24:10)

우리는 신앙생활을 하면서 잘못된 말을 듣고도 "목사님께서 하시는 말씀이니까 맞겠지" 생각하고 넘어가는 경우가 많다. 한국교회가 잘못 쓰고 있는 용어 중 하나가 『하나님의 축복』이다. 하나님께서는 성도들에게 복을 빌려서 주시는 분이 아니다. 즉 축복을 하시는 분이 아니다. 축복이란 '사람이 하나님으로부터 사람에게 복을 빌어 주는 행위'를 말한다.

"당신은 하나님의 축복을 많이 받으셨습니다." / "이것은 하나님께서 주신 축복입니다." / "오늘 하나님의 축복이 임하시기를 빕니다." 이러한 형식의 말들은 모두 잘못된 표현들이다. 하나님께서는 절대자이시며, 자존자 이시다. 누구에게도 복을 빌려서 주시거나, 복을 달라고 빌어서 우리에게 주시는 분이 아니시다. 하나님께서는 복의 근원이시므로 있는 복과 사랑을 직접 주시는 분이심을 꼭 명심하기를 바란다.

"하나님께서 축복하여 주시옵소서."라고 하는 기도 소리는 여러 목회자로부터 어렵지 않게 들을 수 있다. 한국교회 내에서는 이를 관습처럼 여겨 왔고 대형교회 목사님들도 서슴없이 사용하므로 성도들은 잘못된 표현이라고는 생각지도 않고, 은혜롭게 들었을 것이다. 알아들으면 되지 무슨 대수냐고 생각할 수도 있을 것이다. 이것이 부지중에 하나님을 모독하는 행위이고 망령된 표현이라는 사실을 명심해야 한다. 해결책은 무엇인가? 하나님으로부터 나오는 기쁨과 행복은 축복이 아니라 복으로 전환하면 아주 간단하다. "독자 여러분에게 하나님의 복이 임하기를 기원한다."

33) 빌어, 빌려

'빌다':바라는 바를 이루게 하여 달라고 하나님께 간청하는 것. 잘못을 용서하여 달라고 빎.

"악을 악으로, 욕을 욕으로 갚지 말고 도리어 복을 빌라"(베드로전서3: 9)

'빌리다':남의 돈, 물건, 장소 따위를 돌려주거나 대가를 갚기로 하고 얼마 동안 쓰다.

"이 자리를 빌려서 하나님께 영광을 드립니다."가 바른 표현이다.
"이 자리를 빌어서 하나님께 영광을 드립니다."는 잘못된 표현이므로 주의해야 한다.

34) 선택, 채택

'선택':여럿 중 하나를 뽑음.
"여호와를 자기 하나님으로 삼은 나라 곧 하나님의 기업으로 선택된 백성은 복이 있도다."(시33:12)
'채택':의견, 제도 등을 골라서 뽑음.
"결의안 채택", "새로운 전략의 채택이 필요하다." "벽두에 발기 선언문의 채택이 있었다."

35) 성가대(聖歌隊), 찬양대(讚揚隊)

'성가대'(聖歌隊):성가를 부르기 위하여 조직된 합창대
직역하면 聖歌는 성인聖人(예수님이 아니더라도, 지혜와 덕이 매우 뛰어나 우러러, 본받을 만한 사람들, 즉 공자, 맹자, 석가, 예수님의 12제자, 아우구스티누스 등)들을 위한 노래로, 이해될 수도 있다. 불교에서나 타 종교집단에서도 자신들이 섬기는 대상을 위하여 부르는 노래를 성가라고 말한다. 그러므로 삼위일체 하나님을 높이고 표현하는 용어로는 적합하지 않다.
'찬양대'(讚揚隊):아름답고 훌륭함을 크게 기리고 드러내기 위하여 부르는 합창대
아름답고 훌륭하심은 오직 하나님 한 분이시다. 뿐만, 아니라, 성경에는 찬송(208회), 찬양(83회), 찬미(13회)가 나오지만 '성가'는

단 한 번도 나오지 않는다. 초기 한국교회에서도 '찬양가' '찬미가' '찬성시'로 출간되었다. 초기 선교사인 **언더우드(Underwood)**는 1893년에 4부 합창곡집 '찬양가'를 출판했고, 1913년 평양 장대현교회는 한국 최초로 '찬양대'를 조직했다.

36) 쓰임 받다, 이용당하다

'쓰이다':사용되거나 목적을 위하여 활용되다. 대체적으로 긍정적 표현을 할 때 사용한다.

"하나님의 도구로 쓰임 받게 한없이 기쁘다."

'이용하다':대상을 자신의 이익을 채우기 위한, 방편으로 쓰다. 부정적인 표현으로 주로 쓰임

"성도는 사탄에게 이용을 당해서는 안 된다."

37) 시각(時刻), 시간(時間)

'시각'(時刻):시간의 어느 한 점

"그 밤 그 시각에 간수가 그들을 데려다가 그 맞은 자리를 씻어주고 자기와 그 온 가족이 다 세례를 받은 후"(행16:33)(신:16:6, 마24:43, 24:50, 눅12:46, 14:17. 행10:9,16:33. 고전4:11, 딤후4:6)

'시간'(時間):시각과 시각 사이

"내가 무슨 말을 더하리오, 기드온, 바락, 삼손, 입다, 다윗, 및 사무엘과 선지자들의 일을 말하려면 내게 시간이 부족하리로다."(히11:32) (삼상20:35, 단2:8,16, 마20:12,, 막14:37, 눅1:10, 계18:19)

38) 실랑이, 승강이

'실랑이':옳으니 그르니 하며 남을 괴롭히는 일. "이단들과의 실랑이는 하지 말아야 한다."

'승강이':자신의 주장이 옳다고 옥신각신하는 일. "성도간의 승강이는 옳지 않습니다."

39) 안, 않 이 들어가는 문장

우리는 위 두 가지를 사용할 때 많이 혼란스럽다. 어떻게 구별하여 써야 할까?

'안': '아니'의 준말이다. 이것은 부사이므로 동사나 형용사 앞에 쓰인다.

"예은이가 밥을 안 먹는다." "오늘은 학교에 안 가는 날이다." "그 장난감 안 사면 안 되니?" '않': '아니하 '의 준말이다. 이것은 동사이므로 주로 '지' 다음에 쓰는 경우가 대부분이다.

"찬미가 밥을 먹지 않는다." "오늘은 학교에 가지 않아도 된다." "그 장난감 사지 않으면 안 되니?"

40) 애끊다, 애끓다, 애달프다

'애끊다':창자가 끊어질듯 한 고통, 애끊는 사모의 정, 애끊는 통곡, 애끊는 이별의 슬픔

'애끓다':걱정이 많이 되어 속이 끓는 듯함

애끓는 하소연, 지켜보는 이들의 애끓는 심정, 무지한 백성들을 향한 애끓는 호소, 성도들 걱정에 애끓는 목사님 심정

'애달프다':마음이 안타깝고 쓰라림

"애달픈 인생을 돌아보시는 예수님의 자상하심." "애달픈 사연에 눈물을 흘리다."

41) 역사(役事), 궤계(詭計)

'역사'(役事):하나님께서 이루어 내시는 일

"그리스도께서 이방인들을 순종하게하기 위하여 나를 통하여 역

사하신것 외에는"(롬15:18)

'궤계'(詭計):간사한 마음으로 남을 속이는 꾀. 교활한 정책, 중상모략

"사단의 궤계는 하나님의 역사하심으로 심판을 받는다."

"하나님께서는 능력으로 역사하시고, 사탄은 악함으로 궤계를 부린다." 하나님은 선이시고 마귀는 악이다. 하나님은 생명이고 사탄은 사망이다. 그런데 예배 중 하나님과 사탄을 동등하게 여기는 표현을 듣게 된다. "악한 사탄의 역사로 말미암아 힘들지 않게 해 주시옵소서" 등의 표현으로, 성령의 역사를 사탄에게도 공공연히 사용한다는 것은 모순이다. 사탄에게는, '궤계'라고 하는 어울리는 표현이 있다. 이것은 '속임수'(민25:18), '교활'(행7:19), '음모'(시3:12), '흉계'(마26:4), '간계'(엡6:11)등으로 기록되어있다. 사탄은 궤계를 써서 성도를 파멸시키고, 교회를 분열 하게 하는 존재이다. 그러므로 '역사'와 '궤계'를 분별해서 쓰는 것이 바람직하다.

42) 은혜(恩惠), 은총(恩寵)

'은혜'(恩惠):하나님께서 조건 없이 구원과 영생을 주심. 공로 없는 자들을 위한 하나님의 자유로운 행위이며 하나님의 속성 중 가장 두드러진 것. 하나님께서 값없이 베푸시는 선물이다. 사람이 사람에게 고맙게 베풀어 주는 신세나 혜택도 포함된다.

"하나님께서 내게 주신 은혜로 말미암아 더욱 담대히 대략 너희에게 썼노니"(롬15:15)

"이것이 그대가 내게 베풀 은혜라 하였었노라"(창20:13)
'은총'(恩寵):하나님으로부터 받는 특별한 은혜와 사랑, 초월적 은혜, 지극하신 사랑
"주의 종에게 베푸신 모든 은총과 모든 진실하심을 조금도 감당할 수 없사오나"(창32:10)

'은혜'와 '은총'은 교회 생활에서 많이 듣고, 사용하는 표현 중 하나이다. 그러나 혼용하므로 듣는 사람들에게 혼란을 줄 수 있다. 이 둘은 사전적 의미로는 비슷한 뜻을 담고 있지만, 신학적 의미로는 차이가 있다.

은혜는 '하나님께서 사람에게 베푸심' '사람이 사람에게 베풂'이 두 가지 모두를 포함하고 있다. "은혜를 모르는 자와 악한 자에게도 인자하시니라"(눅6:35) 여기서 은혜는 사람의 은혜를 말하는 것이다. 그러므로 은혜는 하나님께서 베푸시지만, 사람이 사람에게 베풀 수도 있음을 알아야 한다.

'은총'은 이 세상과 인류를 위한 하나님의 뜻과 선물이며, 그것을 깨닫는 것이 사람의 입장에서보면 '은혜'가 되는 것이다. "나와 주의 백성이 주의 목전에 은총 입은 줄을 무엇으로 알리이까?"(출33:16) 이같이 은총은 사람과의 관계가 아니라 사람과 하나님과의 관계에서 이루어진다는 사실을 알고 은혜로운 언어생활을 해야 할 것이다.

43) 일체(一體), 일절(一切)

'일체'(一體): '모든 것, 전부' 또는 '완전하다'의 뜻을 가지고 있다.

긍정의 표현으로 쓰임

"모든 생명은 그 피가 생명과 일체라 그러므로 내가 이스라엘 자손에게 이르기를"(레17:14)

'일절'(一切):'아주', '전혀', '절대로'의 뜻으로 행위를 그치게 하거나 하지 않을 때 쓰인다.

"이 지역에서는 야영과 취식을 일절 금합니다."

"저의 생각대로 실천할 테니 일절 간섭하지 말아주시기 바랍니다."

"이곳 통행을 일절 금해 주시기 바랍니다."

44) 자복(自服), 통회(痛悔), 회개(悔改)

'자복'(自服):하나님을 배반하고 대적하여 범죄 하였음을 스스로 인정하고 겸손히 용서를 구하다. 단순한 형식적 고백을 떠나서 죄의 구체적으로 고하고 죄와 허물, 원죄까지 숨김없이 뉘우침을 말한다. "그 지은 죄를 자복하고 그 죄의 값을 온전히 갚되 오분의 일을 더하여 그가 죄를 지었던 그 사람에게 돌려줄 것이요"(민5:7) (수7:19, 스10:1, 시32:5, 잠28:13, 단9:4, 마3:6, 막1:5, 행19:18)

'통회'(痛悔):다시는 죄짓지 않겠음을 몹시 뉘우침을 말한다. 가톨릭에서는 고백성사의 다섯가지 요소 중 하나로 본다.

여호와는 마음이 상한 자를 가까이하시고 충심으로 통회하는 자를 구원하시도다. (시34:18)

'회개'(悔改):지난날의 잘못된 생각이나 의식을, 인정하고 앞으로 바른 생각과 결심함이며, 하나님을 떠났던 사람이 방향을 바꾸어 다시 돌아오는 것을 의미한다.

"사람이 회개하지 아니하면 그가 그의 칼을 가심이여 그의 활을 이미 당기어 예비 하셨도다."(시7:12) (욥42:6, 겔18:30, 마3:2, 막

1:15, 눅3:8, 행2:38, 롬2:4, 고후7:9, 딤후2:25, 히6:1)

45) 정당화(正當化),합법화(合法化)

'정당화'(正當化):부족한 정당성을 정당한 것으로 만듦을 말한다.
"일천 천사 가운데 하나가 그 사람의 중보자로 함께 있어서 그의 정당함을 보일진데"(욥33:23) "잘못을 시인하지 않고 정당화 하려는 것은 옳지 못한 행동이다."

'합법화'(合法化):"법령이나 규정에 맞도록 함을 이른다."
"동성결혼이 합법화가 되어서는 안 된다." "노동조합의 합법화, 과외가 합법화되다."

46) 조치, 조처

'조치'(措置):벌어지는 사태를 잘 살펴서 필요한 대책을 세워 대책을 세움을 말한다.
"다니엘에 관한 조치를 하지 못하게 하려 함이었더라."(다니엘6:17)
'조처'(措處):제기된 문제나 일을 잘 정돈하여 처리함, 또는 그러한 방식이다.
"당회에서 치리를 결정되었더라도, 세부 조처를 하여서 부담을 줄여야 합니다."

47) 좇다, 쫓다

'좇다':목표, 이상, 행복 따위를 추구하다. 타인의 말이나 뜻을 따르다. 규칙이나 관습을 지키다.
"그들과 그들의 자손이 그 순차를 좇아 여호와의 성전 곧 성막 문을 지켰는데~"(대상9:23)
"저희가 곧 그물을 버려두고 예수를 좇으니라."(마4:20) '따르니라'로 쓰는 것이 바람직함

'쫓다':어떤 자리에서 떠나도록 몰다. 졸음이나 잡념 따위를 물리치다.

"방 안에 있는 모기를 밖으로 쫓았다."

48) 주일(主日), 성일(聖日), 일요일(日曜日)

'주일'(主日):주님의 날이라는 말로써 예수님의 부활을 기념하는 날로 안식 후 첫날이다.

매주 첫날에 너희 각 사람이 수입에 따라 모아두어서 내가 갈 때 연보를 하지 않게 하라(고전16:2)

'성일'(聖日):하나님께 거룩히 구별하여 드리는 날, 안식 후 첫날을 말한다.

하나님 여호와의 성일이니 슬퍼하지 말며 울지 말라(느8:9)

'일요일'(日曜日):한 주일 중 첫째 날이며, 토요일과 월요일 사이에 있다. 비 크리스천 적 용어.

일요일에 늦잠이나 자야겠다. 자네 일요일에 무슨 약속이 있는가?

49) 지원(支援), 지지(支持)

'지원'(支援):지지하여 도와줌의 의미를 담고 있다.

"우리는 인도 선교사님에게 기도와 물질로 지원하고 있다."

'지지'(支持):정책, 의견에 찬동하고 힘씀을 말한다.

"선교사님은 현지인들로부터 많은 지지를 받고 있다."

50) 징후(徵候), 증후(症候)

'징후'(徵候):겉으로 들어나는 낌새를 의미한다.

"중국이 선교의 문을 열 징후가 보인다."

'증후'(症候):아플 때 나타나는 증상을 말한다.

"출혈은 어떤 환자에게나 좋지 않은 증후이다."

51) 지양(止揚), 지향(志向)

'지양'(止揚):더 나아지기 위하여, 하지 말아야 할 것을 의미한다.

"이기적 타산을 지양하고 기도하는 자세가 필요할 때입니다."

'지향'(志向):정한 목표에 뜻이 쏠리어 향함을 뜻한다.

"우리는 전 세계화의 복음화를 지향한다."

52) 평년(平年), 예년(例年)

'평년'(平年):윤년이 아닌 해, 농사가 보통 정도로 된 해. 지난 30년 간의 평균값을 말한다.

"올해 농사는 평년 작황을 넘을 것 같다."

'예년'(例年):보통의 해. 일기예보에서, 지난 30년간 기후의 평균적 상태

"올해는 예년에 비해 비가 많이 내렸다."

53) 환란(患亂), 환난(患難)

'환란'은 '인류의 대재앙'을 말하는 것이고, 환난은 사람이 받는 고난을 말한다.

'환란'(患亂):근심과 재앙을 아우르는 말로써 주로 전쟁이나 반란, 역병 등을 이를 때 사용한다. (인류적) "올해는 코로나19가 주는 환란으로 세상이 어수선하다."

"이는 그때 대환란이 있으리니, 그와 같은 것은 세상이 시작된 이후로 지금까지 없었으며"(마24:21) "하나님을 알지 못하는 자들은 무슨 환란이 닥칠지 몰라 공포를 느끼고 있다."

'환난'(患難):근심과 재난을 아우르는 말. (개인적)

"나를 모든 환난에서 건지신 여호와의 사자께서 이 아이들에게 복을 주시오며"(창48:16) (신4:30, 삿11:7, 삼상2:32, 삼하4:9, 왕상

1:29, 대상4:10, 대하20:9, 느1:3, 욥3:10, 시25:18, 마13:21, 눅 21:23, 요16:33, 행7:10, 롬5:3, 고전7:26, 고후1:4, 엡3:13, 살전 1:6, 살후1:4, 딤전5:10, 히10:33, 약1:27, 계1:9)

이처럼 교회의 용어와 비슷한 말을 살펴보았다. 사람은 생활 속에서 많은 언어를 구사하며 살아간다. 특히 성도는 사람들과의 대화 속에서 바른말과 맞는 말을 잘 활용해야 한다.

필자가 본서를 쓰게 된 동기는 하나님께서 우리 백성을 특별히 사랑해 주셔서 전 인류 언어 중에서 가장 과학적이고 훌륭한 언어(문자, 음성)를 주셨는데 겸손한 자세로 잘 활용하는 것이 성도의 도리라고 생각해서이다. 노력하지 않고 대략 아는 대로만 표현해 놓고 "하나님께서는 전능하시므로 다 아실 것"이라는 나태와 게으름은 버려야 한다. 성도는 하나님과 사람 앞에서 그릇됨이 없이 정확한 말로 전달하고 표현해야 한다. 그리하여 하나님으로부터 분명한 응답을 체험하고, 사람들과도 온전한 소통을 하는데, 도움이 되기를 기원한다.

02 틀리기 쉬운 음식 이름 알아보기

잘못 쓰고 있는 말	바르게 써야 할 말	잘못 쓰고 있는 말	바르게 써야 할 말
계장백반	게장백반	모밀국수	메밀국수
야끼만두	군만두	아나고 덴뿌라	붕장어 튀김
김치찌게	김치찌개	뼈다구해장국	뼈다귀해장국
오뎅	어묵(꼬치)	씨까스	생선튀김
맨보리밥	꽁보리밥	설롱탕, 설농탕	설렁탕

프라이드 치킨	닭고기 튀김	수재비	수제비
닭도리탕	닭볶음탕	아구찜	아귀찜
돈까스	돼지고기 튀김	오징어덥밥	오징어덮밥
된장찌게	된장찌개	육계장	육개장
떡뽁기	떡볶이	짜장면	자장면/짜장면
모둠요리	모음 요리	함박스텍	햄버그스테이크
곰장어 구이	민물 장어구이	호도과자	호두과자

03 잘못 적기 쉬운 일상용어

잘못 쓰고 있는 말	바르게 써야 할 말	잘못 쓰고 있는 말	바르게 써야 할 말
가리마	가르마	구비구비	굽이굽이
가재미	가자미	귀 뜸	귀 띔
가상자리	가장자리	기어히	기어이
간지럽히다	간질이다	기지게	기지개
갈구리	갈고리	꼬창이	꼬챙이
개 피	개비(담배, 성냥)	꼬시다	꾀 다
걷우다	거두다	끝트머리	끄트머리
거치장스럽다	거추장스럽다	나그내	나그네
건늘목	건널목	낚 지	낙 지
걸쩍하다	걸쭉하다	낙 시	낚 시
꼬 깔	고 깔	날개쭉지	날갯죽지
곪 병	골 병	날 자	날 짜
곰팽이	곰팡이	넉두리	넋두리
꼽사등이	곱사등이	널판지	널빤지
꼽슬머리	곱슬머리	눈 섭	눈 썹
개나리봇짐	괴나리봇짐	늦으감치	느지감치

잘못 쓰고 있는 말	바르게 써야 할 말	잘못 쓰고 있는 말	바르게 써야 할 말
구렛나루	구레나룻	늙으막	늘그막
구태어	구태여	닥달하다	닦달하다
굽닐다	굼닐다	닭 알	달 걀
잘못 쓰고 있는 말	바르게 써야 할 말	잘못 쓰고 있는 말	바르게 써야 할 말
담구다	담그다	안성마춤	안성맞춤
-드라도	-더라도	알송달송	알쏭달쏭
허깨비	도깨비	야멸차다	야멸치다
도령님	도련님	얕으막하다	야트막하다
돌하루방	돌하르방	어리광대	어릿광대
두루말이	두루마리	으슬렁거리다	어슬렁거리다
두리뭉실	두루뭉술	어쨋든	어쨌든
들리다	들르다	얼룩이	얼루기
땡초	땡추	연신	연방
떨구다	떨어뜨리다	오래비/올아	오라비
뙤약볕	뙤약볕	외토리	외톨이
맛배기	맛보기	어름짱/으름짱	으름장
망서리다	망설이다	어스름달밤	으스름달밤
먹거리	먹을거리	잎파리	이파리
메꾸다	메우다	있오	있소
몇일	며칠	장농	장롱
모듬냄비	모둠냄비	저녘	저녁
뭉돈	목돈	저으기	적이
무릎쓰다	무릅쓰다	졸립	졸리다
민밋하다	밋밋하다	찐드기	진드기
(발)자욱	(발)자국	짜집기	짜깁기
복숭아뼈	복사뼈	초생달	초승달

볼상사납다	**볼썽사납다**	치닥거리	**치다꺼리**
부서지다	**부서지다**	통채	**통째**
부억	**부엌**	콧밑	**코밑**
(돼지)비게	**(돼지)비계**	콧방아 찧다	**코방아 찧다**
사죽	**사족(四足)**	큰애기	**큰아기**
산골짝이	**산골짜기**	파토	**파투**
샷바	**샅바**	풍덩이	**풍뎅이**
섬 하다	**섬뜩하다**	하고저/하고져	**하고자**
소꾸리	**소쿠리**	하루걸이	**하루거리**
소꼽장난	**소꿉장난**	핼쓱하다	**해쓱하다/핼쑥하다**
숨박꼭질	**숨바꼭질**	행가래	**헹가래**
쓴나물	**씀바귀**	호로자식	**호래자식**
아구맞추다	**아귀마추다**	흙받이	**흙받기**
아웅다웅	**아옹다옹**	흐트리다	**흩뜨리다**
악발이	**악바리**	시시닥거리다	**히히닥거리다**

제11절 한국어의 호칭어와 지칭어

01 부모, 자식 간의 호칭어

구분	호칭	남에게 쓰는 호칭			
		나를 중심으로		타인을 중심으로	
		생존시	사망시	생존시	사망시
아버지	아버지	아버지 가친(家親) 엄친(嚴親) 가군(家君)	아버님 선친(先親) 선고(先考)	철수아버지(님) 춘부장(春府丈) 춘당(椿堂, 春堂) 영존(令尊),대인(大人)	철수아버님 선대인(先大人) 선고장(先考丈)
어머니	어머니	어머니 자친(慈親) 가자(家慈)	어머니(님) 선비(先妣) 선자(先慈)	철수어머니(님) 자당(慈堂), 훤당(萱堂) 북당(北堂),대부인(大夫人)	철수어머니(님) 선부인(先夫人)
아들	영광 찬미 아범	영광 찬미 아범 가아(家兒), 가돈(家豚)		아드님 영식(令息),영윤(令胤) 영랑(令郞)	
딸	예슬 슬기 어멈	예슬 슬기 어멈 여식(女息)		따님 영애(令愛) 영양(令孃)	
손자	찬미	손자(孫子),손아(孫兒)		영손(令孫),영포(令抱)	

☯ 이러한 호칭은, 한자의 영향을 받아 우리 생활과 언어문화에 깊숙이 뿌리내려 있다. 한자는 중국의 문자이고, 중국은 유교의 근원지이므로, 이러한 호칭이 유교적 뜻을 담고 있는 것은 아닌가 하는 생각은 옳지 않다. 한자어라고 해서 모두가 유교와 관련된 것은 아니다. 다만 한자의 음훈(音訓)으로 표기하고 읽

을 뿐이다. 우리나라는 복음화율이 아직 25% 안팎을 넘나들고 있다. 우리는 여전히 하나님을 알지 못하는 비 크리스천들과 많은 대화를 나누고, 그 속에 살고 있다. 상대가 알고 있는 내용으로 대화할 때 더욱 친숙해지고 복음의 보급도 빨라질 것이다.

✱ 하나님께로 돌아가신 분에게는 선(先-), 고(-考)를 사용한다. 유교에서 시행하는 제사에서 지방을 쓸 때는 '현고'(顯考), 또는 '아버지'로 쓰고, 돌아가신 어머니는 '현비'(顯妣) 또는 '어머니'로 쓴다.

할아버지는 '조고'(祖考), 할머니는 '조비'(祖妣)라고 쓴다. 그러나 성도는 망자에 대한 제사를 지내지 않으므로 지방을 쓸 필요는 없다.

자신을 중심으로 자녀를 호칭할 때는 낮춤말을, 남의 자녀를 칭할 때는 높임을 사용해야 한다. 어머니를 지칭할 때와 자녀, 손을 지칭할 때 위의 표를 참고해서 활용하기를 바란다.

02 직계존속에 관련된 호칭어

			현존 하시는 부모님
호칭어	어릴 때		어머니(엄마), 아버지(아빠)
지칭어	성장 후		어머니, 아버지
	부모, 조부모에게 고할 때		어머니(엄마), 아버지(아빠)
	친척에게 고할 때		어머니(엄마), 아버지(아빠)
	남편에게 고할 때		친정(지명)어머니, 친정(지명)아버지
	아내,형제,자매,처가쪽에게		어머니, 아버지
	시댁쪽에게 고할 때		친정(지명)어머니, 세온외할머니, (친정)아버지, 세아외할아버지
	타인에게	아들, 미혼 딸	어머니, 아버지
		기혼의 딸이	(친정)어머니, 세온외할머니, (친정)아버지, 외할아버지

✱ 자신의 부모님을 할아버지 할머니 앞에서 지칭할 때, 낮춰서('아비', '어미') 부르는 경향이 있으나 그냥 현실에 맞지 않음을 고려해 '아버지', '어머니'라고 지칭한다.

03 자녀와 관련된 호칭·지칭어

		미혼 자녀	기혼 자녀
호칭어		연구(이름)	세온아비(아범) 세온어미(어멈), 하나(이름)
지칭어	가족, 친족에게	연구(이름), 그들이 부르는대로	세온아비(아범) 세온어미(어멈) 하나 이름(그들이 부르는대로)
	자녀의 직장사람들에게	김연구씨, 김(원장)직함(님)	
	타인에게	우리연구(이름),(우리)아들, (우리)딸	
	손자,손녀(해당자녀의 자녀)에게		아버지(아빠,아비,아범) 어머니(엄마,어미,어멈)
	사돈 쪽 사람들에게		세온아비(아범) 세아어미(어멈) 하나, 이름(그들이 부르는대로)

✱ 자식의 직함(변호사)이나 학위(박사) 따위로 부르는 경우를 보는데 이것은 자식을 자랑하는 듯한 느낌이 없지 않으므로 되도록 사용하지 않는 것이 바람직하다.

며느리가 시부모를 호칭할 때 현대적 표현이라며 그냥 '아버지', '어머니'로 부르는 경향이 있는데, '아버님', '어머님'으로 부르는 것이 올바른 표현이라 하겠다.

04 시부모, 며느리와 관련된 호칭·지칭어

호칭어		아가, 새아가, 세온어미(어멈), 애야
지칭어	며느리에게	아가, 새아기, 세온어미(어멈), 애야, 너
	부모에게	며늘애, 세온어미(어멈), 연구댁(처)
	배우자에게	며늘애, 새아기, 세온어미(어멈), 연구댁(처)
	아들에게	세온어미, 네 댁, 네 처
	사돈에게	며늘애, 세온어미, 그들이 부르는 대로

05 남편과 관련된 호칭·지칭어

호칭어	신혼 초	여보, 연구씨,
	자녀가 있을 때	여보, 세온아버지, 세아아빠
	장·노년	여보, 영감, 세온할아버지, 연구아버지
	남편에게	당신, 연구씨(신혼 초), 영감(장·노년)
	시부모에게	아비, 아범, 그이(이, 저이)
	친정 부모에게	김서방, 그 사람
	남편 동기에게	형(님), 동생, 오빠
	남편동기의 배우자에게	그이, 세온아버지, 세아아빠
	친정 동기에게	매부, 매형, 자형, 형부, 김서방, 그이, 세온아버지, 세아아빠
지칭어	자녀에게	아버지, 아빠
	며느리에게	아버님
	사위에게	장인, 장인어른, 아버님
	친구에게	그이, 남편, 애 아버지, 애 아빠
	남편 친구에게	그이, 애 아버지, 애 아빠, 바깥양반, 바깥사람
	남편 회사에 전화 걸 때	김연구씨, [직함 또는 성이나 성명과 직함을 부른다.]
	아는 타인에게	세온아버지, 세아아빠, 바깥양반, 바깥사람
	모르는 타인에게	저의 남편
	남편의 회사 사람들에게	그이

✸ 요즘 신혼부부들이 많이 쓰는 호칭 중에 '자기', '오빠', '아저씨', '아빠' 등은 정말로 쓰면 안 된다. 특히 아빠라고 부르는 것은 일본식 표현 어법으로 알려져 있으므로 절대로 사용해서는 안된다. 신혼 초기 아직 아이가 없을 때 시부모님 앞에서 남편의 이름을 불러서도 안 된다.

"어머님 이이(그이) 어디 있어요?"라고 하는 것이 바른 표현이다.

06 아내와 관련된 호칭(부르는 말)·지칭어(가리키는 말)

호칭어	신혼 초	여보, 연구씨, 여봐요(허용할 수 있다.)
	자녀가 있을 때	여보, 세온 엄마, 세아어머니,
	장·노년	여보, 임자, 세온 어머니, 세아엄마, 세아할머니
지칭어	아내에게	당신, 하나씨(신혼 초), 임자[장, 노년]
	친부모 앞에서	그 사람, 세아어미(어멈), 예) 그 사람 어디 갔어요?
	장인, 장모 앞에서	세온어미(어멈), 세아엄마, 집사람, 그 사람, 안사람
	형 앞에서	세아엄마, 집사람, 안사람, 처 예) 집사람 어디 갔어요?
	동생 앞에서	형수, 세아엄마 예) 너 형수 못 봤니?
	누나 앞에서	세아엄마, 집사람, 안사람, 처
	여동생 앞에서	세아엄마, (새)언니. 예) 너 새언니 좀 도와주겠니?
	형수, 매부, 제수 앞에서	세온엄마, 집 사람, 안사람, 처
	손위 처남 앞에서	세아엄마, 집 사람, 안사람, 처
	손아래 처남 앞에서	세온엄마, 누나

지칭어	처남의 댁 앞에서	세아엄마, 집사람, 안사람, 처
	처형 앞에서	세온엄마, 집사람, 안사람, 처
	처제 앞에서	세아엄마, 언니 예) 처제, 언니 부엌에 있나요?
	동서 앞에서	세온엄마, 집사람, 안사람, 처
	자녀 앞에서	어머니, 엄마
	며느리 앞에서	어머니 (며느리에게는 어머니가 되고)
	사위 앞에서	장 모 (사위에게는 장모가 된다.)
	아내 친구 앞에서	그 사람, 집사람, 안사람, 애 어머니, 애 엄마
	아내 회사에 전화 걸 때	김연구씨, [성, 성명과 직함을 부른다.]
	아내 회사 사람에게	그 사람
	친구 앞에서	그 사람, 집사람, 안사람, 아내
	아는 사람에게	세아엄마, 집사람, 안사람, 처
	모르는 사람에게	집사람, 안사람, 아내, 처

✽ 아내를 부를 때, '야', '너', '이봐'로 부르는 것은, 아내를 무시하는 처사이고, '와이프'는 영어표현이므로 적절하지 않다. 친가에서 아내를 지칭할 때 아이가 있으면 예은 어미, 어멈이라고 하고, 아직 자녀가 없을 때는 '그 사람', '저 사람', '이 사람'으로 쓴다. 처가에 가서는 '집사람', '안 사람', '아내', '처'라고 한다. 타인에게 '우리 부인'이라고 하면 실수를 하는 것이다.

07 친인척과 관련된 호칭·지칭어

구분		호칭어	남에게 쓰는 지칭어	참고란
아버지의 형		큰아버지	큰아버지, 백부	'백부'는 아버지의 맏형에게만 씀.
아버지 형의 아내		큰어머니	큰어머니, 백모	'백모'는 아버지의 맏형 아내에게만 씀.
아버지 형의 남동생		삼촌, 작은아버지	삼촌, 아저씨, 작은아버지, 숙부, 사숙	'삼촌', '아저씨'는 미혼일 때, 나머지는 기혼일 때 씀.
아버지 동생의 아내		작은어머니	작은어머니, 숙모	
조카	친조카	경구(이름) 조카-성년	조카(남자)조카딸, 질녀(여자)	조카의 아내는 '조카며느리', '질부', 조카사위는 '질서'라 함.
	누이의 자녀	정우(이름) 조카-성년	생질(남자) 생질녀(여자)	사촌들의 아들은 '당질', 딸은 '당질녀'
처의 부모		장인어른, 아버님, 장모님, 어머님	장인(어른), 아버님, 장모(님), 어머님	빙장, 빙모는 다른 사람의 처부모를 높일 때 쓰는 말.
사 위		박서방, 여보게	사위, 박서방, 가서	상대의 사위를 높이 부를 때 '교객' 또는 '백년지객'이라함.
남편의 동생		도련님-미혼자 서방님-기혼자	시동생, 도련님, 서방님 연구 작은아버지	친정쪽 사람에게는 '시동생', '경구삼촌', '연구 작은아버지'.
아내 오빠의 부인		아주머니	처남의 댁, 세온 외숙모	아내 오빠의 부인을 당사자에게 '처남의 댁'이라면 안됨.
아내 남동생의 부인		처남댁	처남의댁, 연구외숙모	

* 아버지의 4촌 형제를 '당숙', '종숙'이라 하며, 사촌 형을 '종형', 6촌 형을 '재종형', 8촌 형을 '삼종형'이라고 한다. 남의 맏형을 '백씨', 아우를 '계씨'라 한다.

자매간의 아들, 딸을 '이질', '이질녀'이라 하고, 아내 자매의 아들을 '이질', 딸을 '이질녀'라고 한다.

할아버지뻘 되는 분에 대한 높임을 표현할 때는 접두사 '왕'을 사용하여. 서신을 쓸 때 '자신의 할아버지'를 높이어 '왕부', 할머니를 높이어 '왕모'라고 한다.

할아버지의 누이를 '대고모', '왕고모'라하고 아버지의 사촌 누이를 '당고모', '종고모'라 한다.

> 성도는 교회와 친 인척간의 호칭을 함께 사용함에 혼란을 초래해서는 안 된다.
> 친인척이 모인 자리에서 손아래 사람이 장로, 손위가 집사일 경우 굳이 직분을 부를 필요는 없다.

제12절 다양한 표현방법의 사례들

01 사람을 가리키는 말
* **가납사니**: 쓸데없는 말을 지껄이기 좋아하는 수다스러운 사람을 일컫는 말
* **개차반**: 행실이 형편없는 사람을 욕하는 말 (차반은 음식, 개가 먹는 음식을 똥으로 비유함)

* **고명딸:** 아들이 많은 집안의 하나밖에 없는 외딸 (고명은 음식의 모양과 맛을 내는 양념)
* **고삭부리:** 음식을 많이 먹지 못하여 늘 병치레를 하는 사람을 이르는 말
* **구년묵이:** 어떤 일에 오랫동안 종사한 사람을 낮잡아 이르는 말, 비슷한 말로는 '구닥다리'
* **늦깎이:** 나이가 많이 들어서 어떤 일을 시작한 사람을 이르는 말
* **동아리:** 같은 뜻을 가지고 모여서 한패를 이룬 사람들을 일컫는 말
* **망나니:** 언동이 막된 사람을 이르는 말.
 (조선시대 때 중죄인의 목 베던 일을 하던 사람)

02 사람의 신체를 나타내는 표현

* **귓불:** 귓바퀴의 아래쪽
 (손을 쓰지도 못한 채 귓불을 만지며 결과만 기다린다.)
* **귓전:** 겉귀에 드러나 보이는 귓바퀴의 가장자리 부분
* **눈총:** 눈에 독기를 띠며 쏘아보는 시선.
 (우리는 외국 사람들에게 눈총을 주어서는 안 된다.)
* **민낯:** 꾸미지 않은 실체를 관용적으로 이르는 말이다. 화장하지 않은 얼굴
* **반거들충이:** 배우던 것을 못다 이루고 중도에 포기한 사람, 일명 '반거충이'라고도 한다.
* **벽창호:** 고집이 세고 우둔 완고하며 무뚝뚝한 사람 (크고 억센 소=벽창우의 평북 사투리)
* **샌님:** 사교성과 숫기가 없고 조용하며, 얌전하여 융통성이 없는 사

람, 생원님이 줄어서 된 말
* **샛서방:** 남편 있는 여자가 남편 모르게 관계하는 남자
* **손방:** 할 줄 아는 것이 아주, 없고 솜씨가 형편이 없는 사람을 일컬음
* **솔봉이:** 나이가 어리고 촌스러운 티를 벗어 버리지 못한 사람을 일컬음
* **시앗:** 남편의 첩을 일컫는다. (시앗끼리는 하품도 옮지 않는다.)
* **자린고비:** 수치스럽고, 지저분할 만큼 인색한 사람을 낮게 이르는 말
* **책상물림:** 책상 앞에서 글만 읽다가 세상 물정에는 어두운 사람. (책상 퇴물)
* **천둥벌거숭이:** 무서운 줄도 모르고 함부로 날뛰거나 어떤 일에 앞뒤 없이 나서는 사람
* **핫아비:** 지어미가 있는 남자, 즉 유부남을 말한다.
* **핫어미:** 남편이 있는 여자 즉 유부남을 말한다.
* **엄장:** 풍채 좋은 큰 덩치. 예) 그의 엄장에 눌려 힘 한 번 못 쓰고 넘어지고 말았다.
* **오장:** 간장, 심장, 비장, 폐장, 신장의 다섯 가지 내장을 말한다.
* **채발:** 볼이 좁고 길이가 알맞아 맵시 있게 생긴 발

03 사람의 성격을 나타내는 표현
* **곰살갑다:** 성질이 보기보다 상냥하고 부드럽다.
* **곰살스럽다:** 얼굴 모습이 보기에 곱고 얌전하다.
* **드레지다:** 사람의 됨됨이가 가볍지 않고 점잖아서 무게가 있다.

* **방정(方正)하다:** 말이나 행동이 바르고 점잖다.
* **감사납다:** 생김새나 성격이 억세고 사납다. 예) 그 사람 참 감사납 게 보인다.
* **곰상스럽다:** 성질이나 행동이 잘고 좀스럽다.
* **더덜뭇하다:** 결단성이나 다잡는 힘이 모자람을 일컫는 말
* **버르집다:** 파서 헤치거나 벌리다. 작은 일을 크게 만들다.
* **성마르다:** 참을성이 없고 성질이 조급함을 일컫는 말
* **야멸치다:** 남의 사정은 돌보지 않고 자신만 생각하는 태도가 있음 을 일컫는 말이다.
* **열없다:** 어떤 일이나 사실에 대해 마음이 겸연쩍고 담이 적고 겁이 많은 사람을 일컫는 말

04 직업과 관련된 접미사

* **~사(士):** 전문적인 지식과 자격을 가지고 다른 사람의 업무를 도 와주는 성격이 강할 때 쓰이는 접미사 (변호사, 변리사, 속기사, 조 리사, 영양사. 세무사, 회계사, 등)
* **~사(師):** 자격이나 직업을 나타내지만 대개 사람을 가르치는 역할 과 관계있는 사람(목사, 교사, 권사, 교사, 선교사, 의사, 간호사, 약 사 등)
* **~사(事):** '다스리다'의 뜻이 두드러질 때 (집사, 판사, 검사, 도지사 등)
* **~수(手):** '그것을 직업으로 하는 사람'의 뜻을 더하거나 '선수'의 뜻 이 더해질 때(교환수, 무용수, 공격수, 투수 등)
* **~가(家):** '그것을 전문적, 직업으로 하는 사람' '그것에 능한 사람', '그 특성을 가진 사람'(건축가, 작곡가, 평론가, 전략가, 자본가, 명

망가, 예언가 등)

05 시간을 나타내는 여러 가지 표현

옛날 우리나라는 시간 표시를 어떻게 했을까 12가지 친근한 동물인 "자,축,인,묘,진,사,오,미,신,유,술,해"로 하루를 24등분이 아닌 12등분으로 나누어 사용해 왔다. 그것이 십이지(十二支=12개로 나누다)이다.

동물의 이름과 띠가 나오니까 이것을 유교적 성향이나 미신 정도로 생각하는 것은, 편견이다.

이 시간의 표현방법은 우리 선조들의 과학적 근거에서 오랜 기간동안 만든 온전하고도 순수한 우리만의 시간 표현방식이다.

이것을 앎으로 편견을 없애고 우리의 시간도 잘 알아서 보다 폭넓은 지식을 확보해야 할 것이다.

십이지	띠	시간	십이지	띠	시간
자(子)	쥐	23~1시	오(午)	말	11~13시
축(丑)	소	1~3시	미(未)	양	13~15시
인(寅)	호랑이	3~5시	신(申)	원숭이	15~17시
묘(卯)	토끼	5~7시	유(酉)	닭	17~19시
진(辰)	용	7~9시	술(戌)	개	19~21시
사(巳)	뱀	9~11시	해(亥)	돼지	21~23시

✱ 하루를 시간도 재미있게 나누었다.

새벽	아침	한낮	저녁	밤
갓밝이, 달구리➤동트기,	아침나절➤낮때,	낮참, 낮곁➤해넘이,	땅거미, 어스름➤온밤	

06 날짜를 나타내는 여러 가지 표현

* **삭(朔)**: 초하루, 개월을 나타낸다. 삭일은 초하루를 나타내는 말이고, 삼 삭은 3개월을 말한다.
  매월 첫날에 드리는 예배를 월삭 예배라고 한다.
* **주(週)**: 월, 화, 수, 목, 금, 토, 일 일주일 단위를 나타내는 말이다.
* **순(旬)**: 열흘(10일)을 나타내는 시간 단위이다. 30일을 셋으로 나누어 초순, 중순, 하순이라고 한다. * 오순절은 열이 다섯이 모여서 된 오십일을 말한다.
* **망(望)**: 음력 15일을 말한다. (태양, 지구, 달이 일직선으로 놓일 때 달이 둥글게 보이는 날)
* **기망(旣望)**: 음력으로 매달 열엿샛날(16일)을 의미한다.
* **념(念)**: 음력 날짜로 스무날(20일)을 일컫는 말이다.
* **회(晦)**: 그믐날, 그달의 맨 마지막 날을 나타낸다.

초순(初旬)	중순(中旬)	하순(下旬)
1일 - 초하루 - **삭(朔)**	11일 - 열하루	21일 - 스무하루
2일 - 이틀	12일 - 열이틀	22일 - 스무이틀
3일 - 사흘	13일 - 열사흘	23일 - 스무사흘
4일 - 나흘	14일 - 열나흘	24일 - 스무나흘
5일 - 닷새	15일 - 열닷새 - **망(望)**	25일 - 스무닷새
6일 - 엿새	16일 - 열엿새 - **기망(旣望)**	26일 - 스무엿새
7일 - 이레	17일 - 열이레	27일 - 스무이레
8일 - 여드레	18일 - 열여드레	28일 - 스무여드레
9일 - 아흐레	19일 - 열아흐레	29일 - 스무아흐레
10일 - 열흘	20일 - 스무날 - **념(念)**	30일 - 그믐 - **회(晦)**

* **날포**: 하루 남짓한 (이상의) 시간. 예) 권 권사님이 금식기도 시작하신 지 날포가 지났다.

* **달포:** 한 달 남짓한 (이상의) 시간 예) 최 목사님이 선교지로 떠나가신 지 달포가 지났다.
* **해포:** 일 년 남짓한 (이상의) 시간 예) 원로 목사님이 소천하신 지 벌써 해포가 지났다.

07 나이를 나타내는 여러 가지 표현

나이	호칭	유래
20세	약관(弱冠)	남자 나이 20세 전후가 되면 관례를 한다는 데서 시작된 말이다.
30세	이립(而立)	이때 즈음이면 가정과 사회에서 기반을 닦아 일어선다는 의미이다
40세	불혹(不惑)	이치를 터득하고 세상 유혹에 흔들리지 않는다는 의미이다.
50세	지천명(知天命)	쉰 살이 되고 보니 이제야 하늘의 뜻을 알게 되었다는 의미이다.
60세	이순(耳順)	귀에 거슬리는 말이 없고 순리대로 이해한다는 의미를 가진다.
70세	고희(古稀)	'칠십 먹은 사람을 보기 힘들다'는 두보의 詩에서 유래된 말이다.
88세	미수(米壽)	米를 위와 아래에서 보면 八자가 2개 있음에서 기인 한것.
99세	백수(白壽)	百에서 一을 빼면 99가 되고, 白이 된다는 것에서 유래 된 것임.
100세	기이지수(期頤之壽)	사람의 명은 백년을 1기로 하고, 늙는 것은 어찌할 수 없음을 뜻함.

08 결혼기념일을 나타내는 여러 가지 표현

> "이러므로 남자가 부모를 떠나 그의 아내와 합하여 둘이 한 몸을 이룰 지로다"(창2:24)
> "보라 형제가 연합하여 동거함이 어찌 그리 선하고, 아름다운고 여호와께서 복을 내리셨으니 곧 영생이로다"(시133:1~3)

* 목혼식(木婚式): 결혼 05주년을 기념하는 의식. 부부가 나무로 된 선물을 주고받음
* 석혼식(石婚式): 결혼 10주년을 기념하는 의식. 진주와 보석 등으로 선물을 교환함
* 동혼식(銅婚式): 결혼 15주년을 기념하는 의식. 부부가 구리로 된 선물을 주고받음
* 도혼식(陶婚式): 결혼 20주년을 기념하는 의식. 부부가 사기로 된 선물을 주고받음
* 은혼식(銀婚式): 결혼 25주년을 기념하는 의식. 부부가 은으로 된 선물을 주고받음
* 진주혼식(眞珠婚式): 결혼 30주년을 기념하는 의식. 진주로 된 선물을 서로 주고받음
* 산호혼식(珊瑚婚式): 결혼 35주년을 기념하는 의식. 산호로 된 선물을 서로 주고받음
* 모직혼식(毛織婚式): 결혼 40주년을 기념하는 의식. 서로 모직으로 된 선물을 주고받음
* 견혼식(絹婚式): 결혼 45주년을 기념하는 의식. 부부가 서로 비단

옷을 선물로 주고받음
* **금혼식(金婚式)**: 결혼 50주년을 기념하는 의식. 부부가 금으로 된 선물을 주고받음
* **금강혼식(金剛婚式)**: 결혼 60주년 또는 75주년을 기념하는 의식, 서로가 다이아몬드를 선물함

09 혼동하기 쉬운 말의 표현들

* **가늠** : 목표나 기준에 맞고 안 맞고를 헤아리는 일을 이른다.
* **갈음** : 같은 것으로 서로 바꾸어 대신함을 이르는 말이다.

> 아무런 <u>가늠</u>도 없이 무턱대고 예배당 건축을 시작해서는 안 된다고 생각합니다.
> 부족하지만 이것으로 여선교회 회장 인사 말씀을 <u>갈음</u> 하겠습니다.

* **간간이** : 이따금씩, 때때로, 가끔씩, 드문드문, 듬성듬성 의 뜻을 가지고 있다.
* **간간히** : 짭조름하게 짭짤하게, 또는 간절하게 의 뜻을 담고 있는 말이다.

> 성경은 시간 나는 데로 <u>간간이</u> 읽어서는 안 되고 시간을 들여서 꾸준히 읽어야 합니다.
> 작년 김치는 빨리 시어졌으니까, 올해 교회의 김장은 <u>간간히</u> 담궈야 할 것 같습니다.

* **간여(干與)** : 어떤 일에 끼어들어 참견함을 말한다.
* **관여(關與)** : 어떤 일에 관계하여 참여하다.

> 바리세인들은 자신들의 일에 <u>간여</u>하는 것을 몹시도 싫어합니다.
> 총장님은 학교의 인사문제에 <u>관여</u>하지 않는 것이 좋을 듯합니다.

* **감정(鑑定)** : 전문적인 지식이나 기술로 물건의 특성이나 가치, 진위 따위를 판정함
* **검증(檢證)** : 가설이나 사실, 이론 등을 검사하여 참인지 거짓인지 증명함

> 이 도자기의 진위를 <u>감정</u>해 주시기를 부탁드립니다.
> 그 도자기는 전문가의 <u>검증</u>을 거쳤으므로 믿을 수 있습니다.

* **강마르다** : 물기가 없어 바싹 메마르다. 성미가 부드럽지 못하고 메마르다. 살이 없어 수척함
* **깡마르다** : 물기가 없이 바싹 마르다. 강마르다 보다가 센 느낌의 어감을 가짐

> 어머니는 부황이 든 것처럼 얼굴은 누렇게 떠 있고 붓고 몸은 꼬챙이처럼 <u>강말라</u> 있었다.
> 칠년의 대 가뭄으로 이스라엘의 온 대지는 몹시도 <u>깡말라</u> 있다.

* **개재(介在)** : 어떤 일이나 사실에 어떤 요소가 사이에 끼어있음을 말하는 것이다.
* **개제(揭載)** : 글이나 그림 따위를 신문이나 잡지에 싣는 것을 말하는 것이다.

이번 우리교회 장로 투표에는 사적인 감정이 <u>개재</u>되어서는 안 됩니다.
최 권사님의 글과 사진이 기독신문 1면에 <u>개제</u> 된 것은 하나님의 은혜입니다.

* **거스르다** : 따르지 않고 그에 반대되는 행위를 말한다.
* **거슬리다** : 순순히 받아들여지지 않아 언짢고 불쾌감 느낌을 말한다.

율법을 신약을 거스르는 불필요한 규약으로 생각하면 크나큰 잘못입니다.
성도의 삶은 남의 눈에 거슬리는 행동을 하지 말아야 합니다.

* **건넌방** : 대청을 사이하여 안방의 맞은편에 있는 방
* **건넛방** : 마주하고 있는 저쪽 편에 있는 방

<u>건넌방</u>에서 자고 있던 아기가 깼나보다 얼른 건너가 보아라.
저기 보이는 <u>건넛방</u>이 평소에는 어머니의 기도실로 쓰이고 있어요.

* **곁방** : 남의 집 한 부분을 빌려서 사는 방이나 집, 안방에 딸린 작은 방
* **옆방** : 방이 연이어 있을 때 이웃하고 있는 방

> 우리의 신혼은 곁방살이부터 시작했습니다.
> 고요한 밤이면 옆방에서 어머니의 기도 소리가 은혜롭게 들리곤 했지요.

* **계기(契機)** : 어떤 일이 일어나거나 바뀌게 되는 원인이나 기회
* **전기(轉機)** : 상황이나 형세가 전환되는 기회나 시기

> 지혜 있는 사람은 자신의 실패를 성공의 계기로 삼아 갑니다.
> 환란은 성도를 성숙하게 하는 전기가 되므로 기쁘게 극복해 나가야 할 것입니다.

* **굴레** : 행동이나 의사의 자유를 얽매는 일. 소를 다루기 위해 목에서 고삐에 걸쳐 얽매는 줄
* **멍에** : 사람의 마음이나 행동에서 쉽게 벗어날 수 없는 구속이나 억압을 비유적으로 이름

> 이방인의 굴레에서 벗어날 수 없는 사람이라 할지라도 하나님께서는 사랑을 베푸십니다.
> 우리 조상과 우리도 능히 메지 못하던 멍에를 제자들의 목에 두려느냐? (행15:10)

* **궐기(蹶起)** : 어떤 목적을 달성하고자 힘차게 일어남, 뜻을 같이하여 일어남
* **봉기(蜂起)** : 다수사람들이 벌떼처럼 떼 지어 세차게 들고 일어나는 것을 일컬음
* **창궐(猖獗)** : 옳지 못한 세력이 발생하여 사납고 세차게 걷잡을 수 없이 퍼져나감을 이름

> 코로나로 인한 종교모임 탄압에 많은, 기독인들이 <u>궐기</u>대회를 가졌다.
> 마침내 그 사건은 민중의 <u>봉기</u>로 이어지고 말았다.
> 코로나19가 전 세계에 <u>창궐</u>하여 인류를 곤혹스럽게 하고 있다.

* **나우** : 조금 많이, 처우나 대접 따위가 약간 낫게
* **되우** : 아주 몹시, 매우 심하게
* **바투** : 두 사물 사이가 꽤 가깝게, 시간의 길이가 아주 짧음을 의미한다.
* **바히** : 모자람이 없이 충분히, 어떠한 경우에라도, 전혀
* **외우** : 외따로 떨어져 있거나 구석지게, 한 지점에서 거리가 몹시 떨어져 있는 상태로

> 형제님 형편이 좀 나아지면 수고비도 <u>나우</u> 대접하겠습니다.
> 바리새인들은 제 밑 구린 줄은 모르고 남의 탓으로 <u>되우</u> 하는군
> 사마리아 사람은 제자들 앞에 <u>바투</u> 주저앉았다.
> 지금의 나는 하나님 앞으로 가는 길 외에는 <u>바히</u> 없습니다.

> 내가 마땅히 들어갈 본향은 <u>외우</u> 있지 않습니다.

* **낙낙하다** : 어떤 기준에 차고도 조금 남음이 있다.
* **낙락(落落)하다** : 아래로 축축 늘어져 있다. 남과 서로 잘 어울리려 하지 않음

> 이번에 맞추는 찬양대 가운은 품을 좀 <u>낙낙</u>하게 해 주시면 고맙겠습니다.
> 그는 성격이 <u>낙락</u>하여 언제나 혼자 있기만을 좋아합니다.

* **난삽(難澁)하다** : 필요 이상으로 어렵고 산만하여 내용의 연결이 매끄럽지 못함을 이르는 말
* **난잡(亂雜)하다** : 품성이나 행동 따위가 막되고 잡됨을 이르는 말. 차림새가 너저분하다.

> 수식어나 설명적 성향이 많은 설교원고는 <u>난삽</u>해지기 쉽다.
> 성도는 세상 사람들과 어울려 <u>난잡</u>한 행동을 해서는 안 된다.

* **남루하다** : 낡고 해어져 허름하고 너절하다. 누덕누덕해지고 낡다.
* **꾀죄죄하다** : 몹시 지저분하고 초라함, 아니꼽게 더럽고 옹졸하다. 깨끗하지 못하고 더럽다.
* **조잡하다** : 깔끔하게 다듬어지지 않아 보기에 품위가 떨어지고 거칠다.
* **후줄근하다** : 약간 젖어서 추레하고 풀기가 없다, 고단하여 몸이

맥없이 늘어져 있다.

> 가난이야 한낱 남루에 지나지 않으나 본향을 모르는 사람은 한없이 불쌍하다.
> 닷새 금식을 마친 나의 겉모습은 꾀죄죄해 보이지만 내적 충만함은 말할 수 없이 기쁘다.
> 값싼 물건이라고 해서 조잡하게 만들어서는 안 된다.
> 광야 생활을 하는, 요한의 겉모습은 사람들에게 후줄근하게 보였을지 모르겠다.

* **남새** : 무, 배추 등을 반찬으로 먹기 위하여 밭에 심어 기르는 농작물
* **남세** : 남에게 비웃음이나 조롱을 받게 됨.('남우세'의 준말)

> 작은 남새밭이라고 열심히 일구어 가꾸면 우리 가정의 반찬거리는 걱정이 없다.
> 성도의 생활이 세상 사람들에게 남우세스럽게 보이지는 말아야 한다.

* **녹녹하다** : 습기나 기름기가 있어 딱딱하지 않고 말랑말랑하여 부드러움을 이른다.
* **녹록하다** : 평범하고 하잘것없다. 만만하고 호락호락하다.

> 새벽이슬을 적당히 맞은 이불 홑청이 녹녹하여 다림질하기가

좋아졌다.
이번 코로나 역병은 결코 녹록한 상대가 아니다.

* **다급하다** : 해야 할 일이 바로 앞에 닥쳐있어 몹시 급하다. 긴급하다, 절박하다.
* **조급하다** : 참을성 없이 매우 급하다. 급조하다, 변급하다.

나를 성가시게 하느냐 사울이 대답하되 나는 심히 다급 하니이다. (삼상28:15)
조급한 자의 마음이 지식을 깨닫고 어눌한 자의 혀가 민첩하여 말을 분명히 할 것~(이32:4)

* **단근질** : 살아있는 사람의 살을 태우거나 지지는 형벌을 말한다. 일종의 낙인과 같다.
* **담금질** : 쇠의 재질을 강하게 하려고 뜨거운 불에서 찬물에 급속히 냉각, 두드리는 일.

아무리 그악한 죄인이라도 단근질은 인간에게 해서는 안 될 형벌이다.
신앙이 돈독해지려면 담금질 당한 쇠처럼 시련을 이길 준비가 돼 있어야 한다.

* **닫다** : 빨리 뛰어 가다.
* **내닫다** : 밖이나 앞으로 갑자기 뛰어나감, 감히 어떤 일을 하려고

덤벼들다.
* **치닫다** : 문 따위를 아래에서 위로 올려 닫다. 문을 세게 닫다.
* **내리닫다** : 높은 곳에서 낮은 곳으로 향하여 달리다. 힘차게 마구 달리다.

> 닫는 말(馬)에 무슨 채찍이 필요하단 말이요?
> 미루었던 여름 수련회를 망설이다가 기어이 동해안으로 내닫고 말았다.
> 김 집사님은 구역모임에 가려고 가게 문을 치닫고 준비를 한다.
> 도마는 배를 움켜잡고 큰소리를 지르며 언덕 밑으로 내리달았다.

* **마파람** : 뱃사람들이 '남풍'(南風)을 이르는 말. [경풍(京風), 마풍(麻風), 앞바람, 외풍]
* **맞바람** : 양편에서 마주 불어오는 바람. [맞은바람]

> 나사로는 얼마나 허기가 졌던지 국밥 한 양푼을 마파람에 게 눈 감추듯 먹어치웠다.
> 두 기차가 지나치자 맞바람이 일면서 열차 창문이 심하게 흔들렸다.

* **매무시** : 옷을 입고 나서 매만지는 뒷단속, 옷매무시
* **매무새** : 옷을 입은 맵시, 매무시한 다음의 모양새 즉 옷을 입은 맵시를 말한다.

주일 아침 오 권사는 깨끗한 옷을 입고 연신 거울을 보며 옷<u>매무시</u>를 다시 하고 있다.
거울 앞에서 정성껏 매무시한 오 권사의 옷매무새는 어느 날보다가도 고왔다.

* **먹먹하다** : 귀가 먹은 것 같은 느낌이 있어 잘 들리지 않고 답답하다.
* **멍멍하다** : 말이 없이 어리둥절하거나 멍함, 얼빠진 듯 어리둥절하다.
* **멍청하다** : 하는 짓이 어리석고 머리가 둔함, 어떤 일을 만나 어찌할 줄 몰라 어리벙벙한 상태

첫 선교여행 때 비행기 안에서 귀가 <u>먹먹</u>해지기 시작했다, 고도가 점점 높아지고 있는가.
하나님의 음성을 들은 다니엘은 한동안 말없이 <u>멍멍</u>하게 서 있었다.
사람이 이렇게 <u>멍청</u>할 수 가, 예수님을 모르다니 될 법한 소린가?

* **모가지** : '목'을 속되게 이르는 말. 해고나 면직을 속되게 이르는 말
* **모가치** : 자신의 몫으로 돌아오는 물건 따위를 총체적으로 이르는 말
* **목매다(목매달다)** : 죽거나 죽이려고 끈이나 줄 같은 것으로 높은

곳에 목을 걸어 매달다.
* **목메다** : 기쁨이나 설움 따위의 감정이 북받쳐 솟아올라 그 기운이 복에 엉기어 막히다.

> 유다가 은을 성소에 던져 넣고 물러가서 스스로 <u>목매어</u> 죽은지라. (마27:5)
> 십자가 처형의 소식을 들은 여인들은 <u>목메어</u> 울며 말을 잇지 못했다.

* **밭떼기** : 밭에서 나는 작물을 밭에 나 있는 채로 몽땅 사는 일
* **밭뙈기** : 그렇게 넓지 않은 자그마한 밭을 이르는 말이다.

> 김장철이 되면 농민과 상인 사이에 채소를 <u>밭떼기</u>로 사고파는 일이 성행 한다.
> 손바닥 만 한 <u>밭뙈기</u>에 농사를 지어 근근이 살아가는 사람이다.

* **배상(賠償)** : 남의 권리를 침해한 사람이 그 손해를 물어주는 일
* **보상(補償)** : 남에게 끼친 손해를 갚음, 국가 또는 단체가 적법한 행위에 의하여 손실을 갚음

> 자기 밭의 가장 좋은 것과 자기 포도원의 가장 좋은 것으로 <u>배상</u>할지니라. (출22:5)
> 여호와께서 나를 위하여 <u>보상</u>해 주시리이다. 주의 인자하심이

영원하오니 (시138:8)

* **본데** : 보아서 배운 범절이나 솜씨 또는 지식
* **본때** : 본보기가 되거나 내세울 만한 것, 맵시나 모양새 [본새의 평북 방언]
* **지새다** : 달이 사라지면서 날이 밝아옴을 이르는 말
* **지새우다** : 잠을 자지 않고 뜬 눈으로 고스란히 밤을 지냄을 이르는 말

> 성 금요일 밤 주님을 생각하며 뜬 눈으로 그렇게 밤을, 지새었다.
> 수련회 첫날 형제, 자매님들의 열띤 성경 토론으로 밤을 지새우며 은혜를 나누었다.

* **세다** : 머리카락이나 수염 따위의 털이 희어지다.
* **쇠다** : 채소가 너무 자라서 줄기나 잎이 뻣뻣하고 억세게 되다. 명절이나 생일이 지나다.

> 요한은 아직 젊은 나이인데 머리는 흰 눈처럼 세었다.
> 신 장로님은 일흔을 쉰 연세 임에도 걸음걸이가 정정하시고 근육이 튼튼하시다.

* **스러지다** : 형체나 현상 따위가 차차 희미해지면서 없어지다.
* **쓰러지다** : 힘이 빠지거나 외부 힘에 의하여 서 있던 상태에서 바

닥에 눕는 상태

> 소리 없이 간곡한 기도에 힘입어 여리고 성은 마치 신기루처럼 <u>스러졌다.</u>
> 소년이라도 피곤하며 곤비하며 장정이라도 넘어지며 <u>쓰러지되</u>
> (이사야40:30)

* **신소리** : 상대의 말을 슬쩍 받아 엉뚱한 말고 재치 있게 넘기는 말.
* **흰소리** : 터무니없이 자랑으로 떠벌리거나 거드럭거리며 허풍을 떠는 말.

> 진심을 다 하여 전도하는데 친구가 옆에서 <u>신소리</u>로 방해를 하고 있다.
> 부자로 사는 사람은 하나님이 어디 있느냐고 <u>흰소리</u> 하는 모습이 무척 애처롭다.

* **안 갚음** : 자식이 자라서 부모를 봉양 함, 까마귀가 자라서 늙은 어미에게 모이를 물어다 줌
* **안 받음** : 자식이나 새끼에게 다하여 안 갚음을 받는 일.
* **앙갚음** : 남에게 해를 받은 만큼 저도 그에게 해를 다시 줌.

> 새들도 <u>안 갚음</u>을 알거늘 하물며 사람이 새보다 못할까.
> 여보, 이제 고생 그만하시고 아이들의 <u>안 받음</u>이나 하며 편하게 삽시다.

성도는 억울한 일을 당하더라도 앙갚음을 하려하기 보다가는 그
를 위하여 기도해야한다.

* **왕왕(往往)** : 시간 적으로 사이를 두고, 가끔 빈도가 잦지 않게, 때
때로 드문드문, 가끔.
* **삭삭(數數)** : 짧은 시간에 반복하여, 빈도가 잦게, 반복하여 자주
행동하다.

성도도 서러움에 복받치면 소리 내어 울 때도 왕왕(往往) 있다.
가난한 자를 보살피는 일은 삭삭(數數) 할수록 좋다.

* **으슥하다** : 무서움을 느낄 만큼 깊숙하고 후미지다. 아주 조용하다.
* **이슥하다** : 밤이 꽤 깊음을 나타내는 순우리말이다.

철야 기도회를 마치고 골목길에 접어들자 지난날 느꼈던 으슥
함이 사라졌다.
밤이 이슥하도록 산상설교는 계속되었다.

* **-재(齋)** : 불교적 의식을 치르기 위하여 몸과 마음을 청결하게 하
고 부정한 일을 멀리함.
* **-제(祭)** : 불교와 관련이 없는 제사.

불교에서 망자의 극락왕생 의식 행위를 천도재(遷度齋) 라고

한다.
망자의 영혼을 위로하기 위하여 지내는 제사를 위령제(慰靈祭)라고 한다. (一名 진혼제)

* **주접들다** : 잔병치레를 많이 하여 잘 자라지 못하거나 생기가 없어짐을 이르는 말.
* **주접떨다** : 음식에 관한 상스럽고 지저분하게 욕심을 부리고 염치가 없는 행동을 하다.
* **주전거리다** : 때를 가리지 않고 점잖지 못하게 자꾸 많이 먹는 모습을 이르는 말이다.

고난의 행군 시기를 겪은 아이들은 성장에 필요한 영양이 부족하여 주접이 들었다.
그는 성인이 되어서도 주접떠는 습관이 몸에 배어 버렸다.
배부르게 먹고 살 수 있는 환경이 되었는데도 그의 주전 거리는 버릇은 여전하다.

* **하릴없다** : 어떻게 할 방법이 없다. 조금도 틀림이 없다.
* **할일없다** : 하고자 하여도 마땅히 할 일이 없다는 뜻이다.
* **힘겹다** : 힘에 부쳐 능히 감당해 내기 어렵다. 힘에 부치다.
* **힘입다** : 어떤 힘에 도움을 받다. 행동이나 말 따위에 도움을 얻다. 어떤 것에 영향을 받다.
* **힘지다** : 힘이 들 만하다. 힘이 있다.

> 타인을 용서한다는 것이 저에게는 무척 힘겨운 일이었어요.
> 하나님의 은혜에 힘입어 이렇게 성장했습니다.
> 초등학생에게 철야기도는 아직 힘진 일이다.

제13절 성어(成語)와 다양한 속담 & 절기

☑ 고학력 시대에 다양한 사람들과 의사소통을 위해서는 고사성어와 속담을 꼭 알아두어야 한다.

01 여러 종류의 사자성어(成語)

- **가담항설(街談巷說)**: 길거리나 항간에 떠도는 소문, 유언비어(流言蜚語)와 유의 관계

  例文 ➤ 예수님 당시 **가담항설**에 의하면 세상의 종말은 2천 년 전에 이미 일어났다.

- **가렴주구(苛斂誅求)**: 가혹하게 세금을 거두거나 백성들의 재물을 억지로 빼앗음

  例文 ➤ 기근이 들었지만, 바로는 **가렴주구**를 일삼아 백성들의 삶은 더욱 피폐해졌다.

- **각자무치(角者無齒)**: 뿔이 있는 것은 이가 없듯 한 사람이 모든 복을 다 가질 수는 없다는 뜻

  例文 ➤ 김 집사님에게는 **각자무치**라는 말이 무색한 것 같아. 못 하는 것이 하나도 없으니 말이야.

- **각골난망(刻骨難忘)**: 은혜 입은 고마운 마음이 뼈에 사무치듯 잊혀지지 아니함

  同 ➤ [백골난망(白骨難忘), 결초보은(結草報恩)]
- **각주구검(刻舟求劍)**: 시세의 추이에 융통성이 없어 무척 고지식하고 미련함을 의미함

  同 ➤ ① 수주대토(守株待兎) : 융통 없음을 비유적으로 이르는 말
  ② 교주고슬(膠柱鼓瑟) : 터무니없는 방법으로 일을 처리하려는 우둔함

> 노나라에 '미생'이라는 사람이 있었다. 그는 한번 한 약속은 어떤 일이 있어도 지키려는 성격을 가지고 있다. 어느 날 사랑하는 사람과 개울의 다리 밑에서 만나기로 하고 약속 장소에 나가서 기다렸으나 그녀는 오지 않았다. 시간이 지남에 밀물이 밀려들어 개울물이 자신의 몸을 삼키는데도, 그는 꼼짝하지 않고 기다리다가 물에 휩쓸려 변을 당하고 말았다.

- **간어제초(間於齊楚)**: 약자가 강자 틈에 끼어서 괴로움을 받는다는 뜻
- **감탄고토(甘呑苦吐)**: 사리에 옳고 그름을 보지 않고 자신의 비위에 안 맞으면 내버림을 뜻함
- **갑남을녀(甲男乙女)**: 갑이라는 남자, 을이라는 여자를 이름. 잘 알려지지 않은 평범한 남녀
- **강구연월(康衢煙月)**: 연기가 나고 달빛이 비친다는 말, 태평한 세상의 평화로운 풍경을 이름
- **강호연파(江湖煙波)**: 강이나 호수 위에 안개처럼 뽀얗게 이는 잔

물결, 산수의 좋은 경치
- 개과천선(改過遷善): 지나간 허물은 고치고, 착한 사람으로 다시 태어나겠다는 의미의 말

  例文 ➤ 십자가의 우편 강도는 예수님을 믿고 **개과천선** 하여 천국 백성이 되었다.

- 개관사정(蓋棺事定):『관 뚜껑을 덮고 일을 정함』죽고 난 후에야 바른 평가를 할 수 있음
- 건곤일척(乾坤一擲):『하늘과 땅을 건 승부』운명을 걸고 단판걸이로 승부 겨룸을 의미

  同 ➤ 배수지진(背水之陣):『강, 바다를 등지고 진을 침』목숨 걸고 어떤 일에 대처함을 의미

- 격화소양(隔靴搔癢):『신을 신고 바닥을 긁음』성에 차지 않거나 철저하지 못함을 안타까워함
- 견강부회(牽强附會): 이치에 맞지 않는 말을 억지로 끌어 붙여 자기에게 유리하게 함

  例文 ➤ 하나님의 말씀을 진리고 받아들이는 데에는 어떠한 **견강부회**도 통하지 않는다.

- 견리사의(見利思義): 눈앞에 이익을 보면 의리를 먼저 생각한다는 의미의 말
- 견마지로(犬馬之勞):『개, 말 정도의 하찮은 힘』윗사람에게 충성하는 자신의 노력을 낮게 표현

  例文 ➤ 복음을 위해서라면 어떤 일이든 **견마지로**를 다 하겠습니다.

- 견문발검(見蚊拔劍):『모기를 보고 칼을 빼다』사소한 일에 크게, 성내는 성질이 급함을 이름

俗談 ➤ 번갯불에 콩 볶아 먹는다. 우물에서 숭늉 달란다. 싸전에 가서 밥 달란다.

- **견위치명(見危致命)**: 나라가 위태로울 때 자신의 몸을 나라에 바침을 이르는 말

  同 ➤ ① 선공후사(先公後私) : 공적 일을 앞세우고 사적 일을 뒤로한다는 말을 이름

  ② 대의멸친(大義滅親) : 큰 도리 앞에서는 부모 형제도 뒤로하여 사사로움을 버림

  ③ 읍참마속(泣斬馬謖) : 큰 목적을 위하여 아끼는 사람을 버림을 이르는 말

- **결자해지(結者解之)**: 『묶은 자가 푼다』자신이 저지른 일은 자신이 해결해야 함을 이르는 말

  例文 ➤ 이번 바자회는 힘들더라도 도움을 요청하지 않고 **결자해지** 하겠습니다.

- **경국지색(傾國之色)**: '임금이 혹하여 나라가 망할 만큼의 미인' 지극히 아름다운 여인을 이름

  同 ➤ ① 화용월태(花容月態) :『꽃다운 얼굴과 고운 자태』아름다운 여인의 얼굴과 맵시

  ② 해어화(解語花) :『말을 알아듣는 꽃』몹시도 아름다운 여인을 이르는 말

- **경당문노(耕當問奴)**:『농사일은 머슴에게 물어봐야 함』모르는 일은 아는 사람과 상의해야 함

- **경이원지(敬而遠之)**: 공경은 하되 가까이하지는 않음. 공경하는 체하면서 실제는 멀리함

- 계란유골(鷄卵有骨):『달걀에도 뼈가 있다』어떤 사람은 기회를 만나도 잘 풀리지 않음을 이름

  例文 ➤ 언중유골이라더니 그 말이 그저 나온 것 같지 않습니다.
- 진퇴양난(進退兩難): 앞으로 나아가기도 뒤로 물러나기도 어려움이 있음을 이르는 말

  同 ➤ ① 진퇴유곡(進退維谷) : 이러지도 저러지도 못하고 꼼짝할 수 없는 궁지를 이르는 말

  ② 계륵(鷄肋) :『닭의 갈비』이것은 버리기는 아깝고 그렇다고 먹을 것도 없다.
- 계명구도(鷄鳴狗盜):『닭 소리를 내어 개를 훔치다』비열하게 남을 속이는 하찮은 재주
- 고굉지신(股肱之臣):『팔, 다리처럼 중요한 신하』임금이 가장 신임하는 신하를 이르는 말

  同 ➤ ① 동량지재(棟梁之材) : 한 집안이나 나라에, 기둥이 될 만한 사람을 이르는 말

  ② 주석지신(柱石之臣) : 주춧돌이 될 만한 신하
- 고려공사삼일(高麗公事三日):

  『고려의 정책은 사흘 만에 바뀐다』참을성이 부족하여 자주 변경함을 비꼬아 이르는 말

  同 ➤ ① 조변석개(朝變夕改) :『아침, 저녁으로 뜯어고침』하루가 못가서 바뀌는 변덕을 이름

  ② 조령모개(朝令暮改) :『아침에 내린 명령을 저녁에 바꿈』아침저녁으로 바뀌는 변덕
- 고식지계(姑息之計): 당장 편한 것만을 택하는 일시적이며 임시

변통의 계책을 이르는 말

同 ➤ ① 미봉책(彌縫策) : 눈가림만 하는 일시적 대책을 이르는 말

② 엄이도령(掩耳盜鈴) : 『귀를 막고 방울을 훔침』얕은 꾀로 남을 속여도 소용없음

③ 임기응변(臨機應變) : 때를 따라 형편에 알맞게 일을 처리함

反 ➤ 발본색원(拔本塞源) : 『근본을 빼내고 원천을 막다』폐단을 없애기 위해 뿌리째 뽑음

- **고장난명(孤掌難鳴)** : 『외손뼉은 울리지 않는다』혼자서는 일을 이룰 수 없고 협동이 필요함

同 ➤ 십시일반(十匙一飯) : 열 숟가락의 밥이 한 그릇이 된다. 는 말로 협동을 독려하는 의미

俗談 ➤ 백짓장도 맞들면 낫다, 열의 한술 밥, 한 그릇 밥 푼푼하다.

- **곡학아세(曲學阿世)** : 바른길에서 벗어난 학문으로 세상 사람들에게 아첨함을 이르는 말

- **관포지교(管鮑之交)** : 『관중과 포숙의 사귐』우정이 돈독한 친구 관계를 이르는 말

同 ➤ ① 지음(知音) : 소리만 듣고도 마음을 알 수 있음을 이름
 [**종자기**와 **백아**의 관계]

② 수어지교(水魚之交) : 매우 친밀하게 사귀어 떨어질 수 없는 사이를 이르는 말

③ 막역지우(莫逆知友) : 마음이 맞아 서로 거스름이 없는

생사를 같이할 수 있는 벗

　④ 문경지교(刎頸之交) : 『목을 벨 수 있는 벗』이라는 뜻으로 생사를 같이할 수 있는 벗

• **괄목상대(刮目相對)**: '눈을 비비고 상대를 본다.'는 의미, 학식이나 지식이 놀랄 만큼 부쩍 늚

　同 ➤ 일취월장(日就月將) : 나날이 다달이, 자라거나 발전함을 이르는 말

• **교각살우(矯角殺牛)**: '소뿔을 바로 잡으려다 소를 죽임. 잘못을 고치려다 오히려 일을 그르침

　例文 ➤ 안보도 중요 하지만 국민의 알 권리를 희생시키는 **교각살우**를 범해서는 안 된다.

• **교언영색(巧言令色)**: 아첨하는 말과 알랑거리는 태도를 이르는 말

　例文 ➤ 가롯 유다(Judas Iscariot)는 자신의 언행이 **교언영색**보다는 낫다고 항변한다.

• **구미속초(狗尾續貂)**: '담비 꼬리가 모자라 개 꼬리를 잇는다' 벼슬을 함부로 줌을 비유로 이름

• **구밀복검(口蜜腹劍)**: '입에는 꿀이 있고, 배 속에는 칼이 있음' 말로는 친하나 해칠 생각을 함

　例文 ➤ 사두개인의 말이 그럴듯하여 혹여 구밀복검이 아닐지 다시 한번 생각해서 보아야겠다.

　同 ➤ ① 면종복배(面從腹背) : 겉으로는 복종, 내심으로는 배반을 꿈꾸고 있음을 이르는 말

　　② 양두구육(羊頭狗肉) : 『양 머리를 내놓고 개고기를 판다』겉은 그럴 듯, 속은 빔

- 구상유취(口尙乳臭): 『입에서 젖내가 남』 말이나 행동이 유치함을 이르는 말
- 구우일모(九牛一毛): 『아홉 마리의 소 가운데 박힌 하나의 털』 많은 것 중 하나
- 구절양장(九折羊腸): 『아홉 번 꼬부라진 양의 창자』 꼬불꼬불한 험한 산을 이르는 말
- 전정만리(前程萬里): 나이가 젊어 장래가 유망함을 이르는 말
- 군계일학(群鷄一鶴): 『닭 무리 중에서 한 마리의 학』 여럿 중에서 뛰어난 인물

  例文 ➤ 성도는 여러 사람들과 섞여 있어도 **군계일학**의 품격을 잃지 말아야 한다.

- 군맹무상(群盲撫象): 『맹인 여럿이 코끼리를 만진다.』 좁은 소견으로 잘못 판단함을 이름
- 권토중래(捲土重來): 『땅을 말아 일으킬 것 같은 기세로 다시 옴』 한번 실패하였으나 회복하여 다시 쳐들어옴
- 근묵자흑(近墨者黑): 『먹을 가까이하면 검어짐』 나쁜 사람과 함께하면 나쁜 영향을 받음

  例文 ➤ 성도가 불의한 자리에 앉아있다는 것은 **근묵자흑**의 우려를 가지게 한다.

- 금과옥조(金科玉條): 금이나 옥처럼 귀하게 꼭 지켜야 할 법칙이나 규정을 이름
- 금상첨화(錦上添花): 『비단위에 꽃을 더함』 좋은 일 위에 더 좋은 일이 더하여짐을 비유함

  例文 ➤ 맞선을 본 청년이 마음씨도 곱고 하나님을 믿는다고 하니

금상첨화가 아닐 수 없다.
- **금의환향(錦衣還鄕)**:『비단옷을 입고 고향에 돌아옴』출세하여 고향에 돌아옴을 비유함

  例文 ➤ 야곱은 **금의환향**의 길에 올랐지만, 兄 에서(Esau)를 생각하니, 마음이 편하지 않았다.

- **금지옥엽(金枝玉葉)**:『금가지와 옥잎』임금 가족을 높여 이르거나, 귀한 자손을 이르는 말

- **기우(杞憂)**: 앞일에 대해 쓸데없는 걱정. 기 나라 사람이 하늘 무너질 걱정 한데서 비롯

  例文 ➤ 혹시 일이 잘못되지는 않을까 하는 김 집사님의 걱정은 괜한 **기우**였다.

- **기호지세(騎虎之勢)**:『호랑이를 타고 달리는 기세』시작한 일을 중도에 포기할 수 없음

ㄴ

- **난형난제(難兄難弟)**: 형과 아우를 분별하기 힘들 정도로 낫고 못함을 정하기가 어렵다는 말
- **남가일몽(南柯一夢)**: 꿈과 같이 헛된 한때의 부귀영화를 이르는 말

  例文 ➤ 솔로몬의 부귀와 영화도 한순간의 **남가일몽**에 지나지 않았다.

  同 ➤ ① 일장춘몽(一場春夢):『한바탕의 봄 꿈』덧없는 부귀와 영화를 빗대어 이르는 말

  　　② 한단지몽(邯鄲之夢), 노생몽(盧生夢) : 인생과 영화가 덧없음을 이르는 말

> 중국 당나라 때 순우분이 술에 취하여 홰나무의 남쪽으로 뻗은 가지 밑에서 잠이 들었는데 괴안국의 부마가 되어 남가군(南柯郡)을 다스리며 스무 해 동안 영화를 누리는 꿈을 꾸었다는 데서 유래하여 한때의 부귀영화, 권세가 꿈처럼 헛되고 인생이 무상함을 이른다.

- **남귤북지(南橘北枳):** 『남쪽의 귤을 북쪽에 심으면 탱자가 됨』 사는 환경에 따라 선, 악이 정해짐

  同 ➤ 귤화위지(橘化爲枳) : 귤이 변하여 탱자가 되듯 환경에 따라 전통이 달라짐을 이르는 말

- **남남북녀(南男北女):** '남쪽 지방에는 남자가 잘나고 북쪽 지방은 여성이 곱다.'는 말

- **남부여대(男負女戴):** 『남자는 지고 여자는 인다.』 가난한 사람들의 유랑을 비유적으로 표현

  同 ➤ ① 동가식서가숙(東家食西家宿) : 『동쪽에서 밥 먹고, 서쪽에서 잠잔다.』

  ② 풍찬노숙(風餐露宿) : 『바람을 먹고 이슬에 잠잔다.』 객지에서 많은 고생을 겪음

- **남상(濫觴):** 양자강 같은 큰 하천의 근원도 잔을 띄울 만큼 가늘게 흐르는 시냇물이라는 말

  同 ➤ ① 효시(嚆矢) : 어떤 사물이나 현상이 시작되어 나온 맨 처음을 비유적으로 이르는 말

  ② 파천황(破天荒) : 이전에 아무도 하지 못한 일을 처음으로 해냄을 이르는 말

- **녹비왈자(鹿皮曰字)**: 주견 없이 남의 말을 좇아 이리저리 휘둘림을 이르는 말
- **녹음방초(綠陰芳草)**:『푸르게 우거진 나무, 향기로운 풀』여름철의 자연경관을 이르는 말

  例文 ➢ 하나님의 섭리는 변함없이 봄이 가고 여름이 돌아와 녹음방초의 계절을 맞게 하신다.

- **녹의홍상(綠衣紅裳)**:『연두저고리, 다홍치마』곱게 차려입은 젊은 여인의 옷차림을 이름

  例文 ➢ 녹의홍상을 걸친 여인이 부채를 펼쳐 들고 추는 춤은 과히 일색이로다.

- **누란지위(累卵之危)**:『층층이 쌓아놓은 알』몹시 아슬아슬한 위기를 비유적으로 이르는 말

  同 ➢ ① 일촉즉발(一觸卽發) : 조금만 건드려도 폭발할 것 같은 몹시 위급한 상태

  ② 풍전등화(風前燈火) :『바람 앞에 등불』사물이 매우 위태로운 처지에 있음

ㄷ

- **단사표음(簞食瓢飮)**:『도시락과 표주박의 물』청빈하고 소박함을 비유적으로 이르는 말

  同 ➢ ① 안분지족(安分知足) : 편한 마음으로 제 분수를 지키며 만족할 줄 아는 삶을 사는 것

  ② 단표누항(簞瓢陋巷) : 누항에서 먹는 한 그릇의 밥과 한 바가지의 물, 선비의 청빈한 삶

- **당랑거철(螳螂拒轍)**: 제 분수를 모르고 강적에게 덤벼드는 무모한 행동거지를 비유하는 말

  俗談 ➤ 하룻강아지 범 무서운 줄 모른다.
- **대기만성(大器晩成)**: 『큰 그릇을 만드는 데는 시간이 오래 걸린다.』 크게 될 사람은 늦게 이루어짐을 이르는 말

  例文 ➤ 박 장로님은 오랫동안 고생하셨지만, **대기만성**이라는 말처럼 뒤늦게 성공하셨다.
- **동가홍상(同價紅裳)**: 『같은 값이면 다홍치마』 같은 값이면 좋은 물건을 가짐을 이르는 말

  俗談 ➤ 이왕이면 창덕궁, 이왕이면 과부집 머슴살이
- **동고동락(同苦同樂)**: 괴로움도 즐거움도 함께함, 정과 의리가 아주 깊음을 이르는 말
- **동병상련(同病相憐)**: 『같은 병을 앓는 사람끼리 불쌍히 여김』 같은 입장 사람끼리 서로 이해함

  俗談 ➤ 과부의 설움은 과부가 안다. 팔은 안으로 굽는다. 고슴도치도 제 새끼는 함함하다고 한다.
- **동분서주(東奔西走)**: 『동쪽으로 뛰고 서쪽으로 뜀』 사방으로 이리저리 바쁘게 돌아다님
- **동상이몽(同床異夢)**: 『같은 자리에서도 다른 꿈을 꿈』 겉은 같은 행동, 속은 다른 생각
- **동호지필(董狐之筆)**: 『사실을 숨김없이 씀』 진나라 **동호**가 두려워하지 않고 직필(直筆) 함에서 유래함
- **두문불출(杜門不出)**: 『집에만 있고 바깥출입을 하지 아니함』

例文 ➤ 하나님의 응답을 받기 전에는 **두문불출**의 약속을 지키겠다.
- **등롱망촉(得隴望蜀)**:『롱을 얻고, 촉까지 바라본다.』만족할 줄 모르고 계속 욕심을 부림을 비유

  俗談 ➤ 말 타면 경마(남의 말고삐) 잡고 싶어 한다. 말 타면 종 부리고 싶다.
- **등고자비(登高自卑)**:『높은 곳에 오르려면 낮은 곳에서부터 시작해야 함』
- **등용문(登龍門)**:『용 문에 오름』어려운 관문을 통과하여 크게 출세하게 됨

  例文 ➤ 각 일간지의 신춘문예 공모는 젊은 작가들의 **등용문**이다.
- **등화가친(燈火可親)**:『등을 가까이할 만함』등불을 가까이하여 책 읽기에 좋음을 이르는 말

ㅁ

- **마이동풍(馬耳東風)**:『동풍이 말의 귀를 스쳐 감』남의 말을 귀담아듣지 아니하고 흘려 버림

  同 ➤ 우이독경(牛耳讀經):『쇠귀에 경 읽기』아무리 가르치고 일러주어도 알아듣지 못함

  例文 ➤ 수없이 전도했건만 그 사람에게는 완전한 **마이동풍**이었다.
- **만시지탄(晚時之歎)**: 시기를 놓쳐 버리고 몹시 안타까워 탄식함을 이르는 말
- **망양보뢰(亡羊補牢)**:『양을 잃고 우리를 고치다』일을 실패한 후

　　　　　에 뉘우쳐도 소용없음을 이름

　同 ➤ ① 사후약방문(死後藥方文) :『죽은 뒤에 약을 처방함』때가 지난 다음에 애씀을 이름
　　　② 갈이천정(渴而穿井) :『목이 말라야 비로소 샘을 판다』미리 준비하지 않음을 이름
　　　③ 우후송산(雨後送傘) :『비 그친 후 우산 보내기』기회를 놓치면 소용이 없음

　俗談 ➤ 소 잃고 외양간 고치기

- **망양지탄(亡羊之歎)**:『갈림길이 너무 많아 잃은 양 찾을 길 없음을 한탄』
- **망운지정(望雲之情)**:『어버이를 그리워하는 마음』자식이 객지에서 고향에 계신 어버이를 생각
- **망자계치(亡子計齒)**:『죽은 자식 나이 세기』지나간 쓸데없는 일을 생각하며 애석하게 여김
- **맥수지탄(麥秀之嘆)**:『조국의 망함을 한탄함』기자가 "나라는 망했는데 보리는 잘도 자란다."

　同 ➤ 망국지탄(亡國之歎), 서리지탄(黍離之嘆)

- **명경지수(明鏡止水)**:『맑은 거울, 고요한 물』잡념과 가식과 헛된 욕심 없이 맑고 깨끗한 마음
- **명약관화(明若觀火)**: 불을 보듯 분명하고 확실함을 이르는 말

　同 ➤ ① 명명백백(明明白白) : 의심할 여지가 없이 아주 뚜렷함을 이르는 말
　　　② 불문가지(不問可知) :『물어보지 않아도 알 수 있음』지극히 명백한 사실을 이름

- 모순(矛盾): 『창과 방패』 말이나 행동의 앞과 뒤가 서로 일치하지 아니함을 이르는 말

  同 ➤ 자가당착(自家撞着) : 같은 사람이 하는 행동이나 말의 앞뒤가 맞지 아니함을 이르는 말

- 목불식정(目不識丁): 『눈을 뜨고도 고무래를 알아보지 못함』 고무래를 보고도 丁을 알지 못함

  俗談 ➤ 낫 놓고, 기역자도 모른다.

- 묵적지수(墨翟之守): 『묵적의 지킴』 성의 수비가 굳세고 튼튼함을 이르는 말

- 문전성시(門前成市): 『문 앞에 시장을 이룸』 부잣집 앞이 방문객으로 붐빈다는 말을 이르는 말

- 물아일체(物我一體): 외물과 자아, 객관과 주관, 또는 물질계와 정신계가 어울려 하나가 됨

  同 ➤ 주객일체(主客一體), 물심일여(物心一如), 무아지경(無我之境)

ㅂ

- 반포보은(反哺報恩): 『까마귀 새끼가 늙은 어미에게 먹이를 주어 보답함』 부모의 은혜에 보답

  同 ➤ ① 혼정신성(昏定晨省) : 부모에게 밤에는 잠자리를, 아침에는 밤새 안부를 묻는 효성

  ② 반의지희(班衣之戲) : 나이 많은 자식이 늙은 부모 앞에서 색동옷을 입고 재롱을 떪

- 방약무인(傍若無人): 『곁에 사람이 없는 것처럼 여김』 타인을 의

식하지 않고 맘대로 행동함
- 배중사영(杯中蛇影):『술잔에 비친 활의 모습이 뱀으로 보임』의 심이나 착각을 사실로 믿음
- 백년하청(百年河淸):『황하강은 항상 흐리므로 맑을 날이 없다.』 나아질 기미가 없음

  同 ➤ ① 한강투석(漢江投石):『한강에 돌 던지기』지나치게 미미하여 아무런 효과 없음

  ② 홍로점설(紅爐點雪):『벌겋게 단 화로에 눈 한 송이는 별 소용이 없다.』

  俗談 ➤ 밑 빠진 독에 물 붓기, 콩나물시루에 물 주기, 잔솔밭에서 바늘 찾기

- 백면서생(白面書生): 한갓 글만 읽고 세상일에는 아무 경험이 없는 사람을 빗대어 표현

  例文 ➤ 아무리 **백면서생**이라지만 세상 돌아가는 것도 좀 알아야지요.

- 백안시(白眼視): 남을 업신여기거나 무시하는 태도로 흘겨봄을 이르는 말

  俗談 ➤ 소 닭 보듯 하다, 데면데면하다.

- 백의종군(白衣從軍): 계급장을 떼고 군대를 따라 싸움터로 나아감을 이르는 말
- 백절불굴(百折不屈):『백번을 꺾여도 굽히지 않음』어떤 난관에도 결코 굽히지 않음을 이름

  同 ➤ ① 백절불요(百折不撓): 어떠한 난관에도 결코 굴복하지 않음을 이르는 말

② 칠전팔기(七顚八起) : 『일곱 번 넘어져도 여덟 번째는 일어남』
- **번문욕례(繁文縟禮)**: 『번거롭고 까다로운 규칙과 예절』 번거롭고 형식에만 치우침을 뜻함
- **병입고황(病入膏肓)**: 몸속 깊이 병이 들어 고치기가 어려움을 이르는 말
- **부창부수(夫唱婦隨)**: 『남편이 주장하고 부인이 따름』 부부 사이의 화합이 잘 됨을 이르는 말

例文 ➤ 권사님과 장로님의 신앙이야말로 둘도 없는 부창부수입니다.

- **불간지서(不刊之書)**: 길이길이 전해질 불후의 양서를 이르는 말
- **불문곡직(不問曲直)**: 옳고 그름을 따지지 아니함을 이르는 말
- **비육지탄(髀肉之嘆)**: 재능 발휘의 기회를 얻지 못하여 헛되이 세월 보냄을 한탄함
- **빙공영사(憑公營私)**: 공사(公事)를 빙자하여 사리를 꾀함을 이르는 말
- **빙탄불상용(氷炭不相容)**: 얼음과 숯의 성격이 반대이어서 서로 용납하지 못함을 이르는 말

同 ➤ ① 빙탄지간(氷炭之間) : 『얼음과 숯의 사이』 서로 맞지 않아 화합하지 못하는 관계
② 불구대천지원수(不俱戴天之怨讎) : 하늘을 함께이고 살아갈 수 없는 원수의 사이를 이름
③ 상극지간(相剋之間) : 뜻이 맞지 않아 양보 없이 이기려고만 드는 사이를 이르는 말

④ 견원지간(犬猿之間) : 개와 원숭이의 사이처럼 서로 용납하지 못하는 사이를 이름

ㅅ

- **사면초가(四面楚歌)**: 아무에게도 도움을 받지 못하는, 외롭고 곤란한 지경에 빠진 형편을 이름

  同 ➤ ① 사고무친(四顧無親) : 의지할 만한 피붙이 하나 없음을 이르는 말.
  　　② 고성낙일(孤城落日) : 『외딴 성과 서산에 지는 해』세력이 다하고 매우 외로운 처지

  例文 ➤ 예수님을 십자가에 못 박은 빌라도는 부활의 아침에 **사면초가**의 신세가 되고 말았다.

  俗談 ➤ 끈 떨어진 뒤웅박, 날개 다친 매, 끈 떨어진 망석중(나무로 만든 꼭두각시)

- **사면춘풍(四面春風)**: 누구에게나 좋게 대하는 일, 또 그런 사람을 비유적으로 이르는 말

- **사이비(似而非)**: 겉으로는 비슷하나 속은 완전히 다름, 또 그런 것을 이르는 말

- **사족(蛇足)**: (화사첨족畵蛇添足)의 준말로써 뱀을 다 그리고 나서 있지도 않은 발을 그려 넣는다는 뜻으로 쓸데없는 군짓을 하여 오히려 잘못되게 함을 이르는 말

  同 ➤ 옥상가옥(屋上假屋) : 『지붕위에 또 지붕을 만듦』부질없이 거듭함을 꼬집어 이르는 말

- **사필귀정(事必歸正)**: 모든 일은 반드시 바른길로 돌아감

- **산자수명(山紫水明)**: 『산은 자줏빛, 물은 맑음』 경치의 아름다움을 이르는 말

  同 ➤ 금수강산(錦繡江山) : 『비단에 수를 놓은 아름다움』 아름다운 산천을 비유적으로 이르는 말

- **삼고초려(三顧草廬)**: 『오두막을 세 번 찾아감』 유비가 제갈량의 초가집에 세 번 찾아가 간청하여 제갈량을 군사의 우두머리로 맞이하게 된 것에서 유래 됨

- **삼순구식(三旬九食)**: 『삼십일 동안 아홉 끼니밖에 먹지 못함』 몹시 가난함을 이르는 말

  俗談 ➤ 물에 빠지면 주머니만 뜬다. 서 발 막대 저어 봐야 거칠 것 없다. 굶기를 밥 먹듯 한다.

- **삼인성호(三人成虎)**: 『없는 범도 세 사람이 있다고 하면 믿음』 근거 없는 거짓말도 여러 사람이 하게 되면 곧 이듣게 됨을 뜻하는 말

- **상전벽해(桑田碧海)**: 『뽕나무밭이 변하여 바다가 됨』 세상일의 변천이 심함을 비유적으로 이름

  同 ➤ ① 천선지전(天旋地轉) : 세상일이 크게 변함을 이르는 말
  ② 오월동주(吳越同舟) : 『사이가 나쁜 오나라 사람과 월나라 사람이 같은 배를 탐』

  俗談 ➤ 십 년이면 강산도 변한다.

- **상행하효(上行下效)**: 윗사람이 하는 일을 아랫사람이 본받음을 이르는 말

  俗談 ➤ 윗물이 맑아야 아랫물이 맑다.

- **새옹지마(塞翁之馬)**: 인생의 길흉화복은 변화가 많아서 예측하기 어려움을 이르는 말

  同 ➤ 전화위복(轉禍爲福) : 화가 변하여 복이 될 정도로 세상일을 사람은 알 수가 없다.

> 변방에 새옹 이라는 노인이 기르던 말이 오랑캐 땅으로 달아나서 노인이 낙심했다, 그 후 달아났던 말이 준마를 끌고 와서 훌륭한 말을 얻게 되어 기뻐했다, 아들이 그 준마를 타다가 떨어져 다리가 부러지므로 낙심을 했다, 그로 인하여 전쟁에 끌려가지 않게 되어 목숨을 건지게 되었다는 일화에서 유래된 말이다. 사람은 한 치 앞도 내다볼 수 없다. 생로병사는 하나님께서 주관 하신다.

- **선행후교(先行後敎)**: 선지자의 행위를 바탕으로 후학을 가르침을 의미함
- **세한송백(歲寒松柏)**: 『소나무와 잣나무는 엄동설한에도 변하지 않음』
- **송구영신(送舊迎新)**: 『묵은해를 보내고 새해를 맞이함』

  例文 ➤ 모든 성도들은 **송구영신** 예배를 드리려고 모두 한자리에 모였다.
- **송무백열(松茂栢悅)**: 『소나무가 무성하면 잣나무가 기뻐함』 벗이 잘되는 것을 기뻐함
- **수구초심(首丘初心)**: 『여우가 죽을 때 머리를 고향 쪽으로 둔다.』 짐승도 고향을 그리워함

同 ➤ 사향지심(思鄕之心), 호사수구(狐死首丘)
• **수불석권(手不釋卷)**:『손에서 책을 놓지 않음』늘 공부하는 일에 열심을 다 함을 이르는 말

　　同 ➤ ① 자강불식(自强不息) : 스스로 힘써 몸과 마음을 가다듬어 쉬지 아니함을 이르는 말
　　　　② 발분망식(發憤忘食) :『끼니도 잊을 만큼 어떤 일에 집중함』
　　　　③ 형창설안(螢窓雪案) :『반딧불이 비치는 창과 눈이 비치는 책상』
　　　　④ 주경야독(晝耕夜讀) :『낮에는 농사, 밤에는 학문탐구』

• **수서양단(首鼠兩端)**:『구멍에서 머리를 내밀고 나갈까 말까 망설이는 쥐』

• **수수방관(袖手傍觀)**:『팔짱을 끼고 봄』간섭이나 거들지도 않고 그대로 내 버려둠을 이르는 말

　　同 ➤ 오불관언(吾不關焉) :『나는 관여하지 않는다.』어떤 일에 상관하지 않고 모른 체함
　　俗談 ➤ 굿이나 보고 떡이나 먹는다.

• **수청무어(水淸無魚)**:『물이 맑으면 고기가 살 수 없다.』약간의 결점이 있어야 인간미가 있음

• **숙호충비(宿虎衝鼻)**:『자는 범의 코를 찌름』가만히 있는 사람을 건드려서 화를 불러들이는 일

　　俗談 ➤ 긁어 부스럼 만들기, 자는 범 코침 주기, 범꼬리를 밟은 격이다.

• **순망치한(脣亡齒寒)**:『입술이 없으면 이가 시림』평소에는 느끼

지 못했다가 어떤 일을 당했을때 여파가 미치는 경우를 비유적으로 이른 말

例文 ➤ **순망치한**이라더니 기도해 주는 부모가 없으니 목회 사역이 많이 힘들어보인다.

- **시위소찬(尸位素餐)**: 재덕이나 공적이 없어도 높은 자리에 앉아 녹을 받는다는 뜻
  자신의 직책을 다하지 않음을 비유적으로 이르는 말
- **식언(食言)**: 『입안의 음식이 없어지다』 약속한 말대로 지키지 않음을 비유적으로 이르는 말
- **식자우환(識字憂患)**: 『아는 것이 오히려 근심거리다』 확실하게 알지 못하면 오히려 화가 됨
- **신언서판(身言書判)**: 인재를 선택하는 네 가지 기준 (외모, 말씨, 서체, 판단력)
- **신토불이(身土不二)**: 『몸과 땅은 둘이 아님』 자기가 사는 땅에서 나는 농산물이 체질에 맞음
- **십벌지목(十伐之木)**: 『열 번 찍어 베는 나무』 열 번 찍어 안 넘어가는 나무가 없음을 이르는 말
- **십인십색(十人十色)**: 『열 사람이 열 가지 색』 사람의 모습이나 생각이 저마다 다름을 이르는 말
- **십일지국(十日之菊)**: 국화의 정점인 구월 구일이 지나 십일의 국화는 벌써 때가 늦었다는 말

ㅇ

- **앙급지어(殃及池魚)**: 『재앙이 못의 물고기에게 미침』 성문에 난 불을 끄려고 못의 물을 전부 퍼 온 탓으로 그 못의 물고기가 모두 죽음, 제삼자가 엉뚱하게 재난당함
- **양상군자(梁上君子)**: 『들보 위의 임금』 도둑을 완곡하게 이르는 말
- **양호유환(養虎遺患)**: 『범을 길러서 화근을 남김』 화근이 될 만한 것을 길러서 후환을 당함
- **어부지리(漁父之利)**: 두 사람이 다투는 사이 엉뚱한 사람이 애쓰지 않고 가로챈 이익

　同 ➤ 견토지쟁(犬兎之爭) : 개와 토끼의 싸움에 제삼자가 이익 봄을 이르는 말

> 도요새가 무명조개의 속살을 먹으려고 부리를 조가비 안에 넣는 순간 무명조개가 껍데기를 꼭 다물고 안 놔주자, 서로 다투는 틈을 타서 어부가 둘 다 잡아 이익을 얻었다는 데서 유래된 말이다.

- **언어도단(言語道斷)**: 『할 말이 없어지다』 말을 하려 해도 어이가 없어 말할 수 없음을 이름
- **언중유골(言中有骨)**: 『말 속에 뼈가 있음』 예사로운 말 속에 단단한 속뜻이 들어있음을 뜻함

- **여반장(如反掌)**: 『손바닥을 뒤집는 것 같음』 일이 매우 쉬움을 비유적으로 이르는 말

  俗談 ➤ 누운 소 타기, 식은 죽 먹기, 땅 짚고 헤엄치기, 호박에 침 주기. 무른 땅에 말뚝박기
- **역지사지(易地思之)**: 처지나 입장을, 바꾸어 생각하여 봄
- **연목구어(緣木求魚)**: 『나무 위에서 물고기를 구함』 잘못된 방법으로 목적을 이루려 함
- **오리무중(五里霧中)**: 『오 리나 되는 짙은 안개 속에 있음』 일의 방향이나 갈피를 잡을 수 없음

  例文 ➤ 한 치 앞도 못 내다보는 이 **오리무중** 같은 시국에 충신과 역적을 분별하기 어렵다.
- **오매불망(寤寐不忘)**: 자나 깨나 잊지 못함을 이르는 말

  同 ➤ ① 전전반측(輾轉反側) : 누워서 몸을 이리저리 뒤척이며 잠을 이루지 못함

  ② 전전불매(輾轉不寐) : 뒤척이며 잠을 이루지 못함
- **오비삼척(吾鼻三尺)**: 『내 코가 석자』 자신의 사정이 급하여 남을 돌볼 겨를이 없음을 이르는 말
- **오비이락(烏飛梨落)**: 『까마귀 날자 배 떨어짐』 아무 관계도 없는 일이 공교롭게도 때가 같음
- **오십보백보(五十步百步)**: 조금 낫고 못함의 차이는 있으나 본질적으로는 별 차이가 없음을 이름

  同 ➤ 대동소이(大同小異) : 거의 같고 조금 다름을 나타내는 말
- **오합지졸(烏合之卒)**: 『까마귀가 모인 것』 질서 없이 모인 병졸, 또는 군중을 이르는 말

- 옥석구분(玉石俱焚): 『옥, 돌 모두가 불에 탐』 옳은 사람이나 그른 사람이 모두 재앙을 받음
- 옥석혼효(玉石混淆): 『옥과 돌이 한데 섞임』 좋은 것과 나쁜 것이 섞여 있음을 이르는 말
- 온고지신(溫故知新): 『옛것을 익히고 새것을 앎』
- 와신상담(臥薪嘗膽): 『섶에 몸을 눕히고 쓸개를 맛봄』 일을 이루기 위하여 어려움을 참고 견딤

> 오나라 王 부차가 아버지의 원수를 갚기 위하여 장작더미 위에서 잠을 자며 월나라의 王 구천에게 복수할 것을 맹세하였고, 그에게 패배한 월나라 王 구천이 쓸개를 핥으면서 복수를 다짐한데서 비롯되었다.

- 외유내강(外柔內剛): 겉으로는 순하고 부드럽게 보이나 속은 곧고 굳셈을 이르는 말
- 요동지시(遼東之豕): 『요동 땅의 돼지』 남이 보기에는 하찮은 물건인데 본인은 대단히 귀하다고 생각하는 어리석음을 비유적으로 이르는 말
- 용두사미(龍頭蛇尾): 『용의 머리와 뱀의 꼬리』 처음은 왕성하나 끝이 부진한 현상을 이르는 말

  例文 ➤ 과감한 개혁을 시도하는 것처럼 보였으나 모든 것은 용두사미로 그치고 말았다.

- 우수마발(牛溲馬勃): 『소의 오줌과 말의 똥』 가치 없는 말이나 글, 품질이 나빠 쓸 수 없는 것

- 우이독경(牛耳讀經):『쇠귀에 경 읽기』아무리 가르치고 일러주어도 알아듣지 못함
- 원화소복(遠禍召福): 화를 물리치고 복을 불러들임
- 위편삼절(韋編三絶): 공자가 주역을 즐겨 읽어 가죽끈이 세 번이나 끊어진대서 유래된 말
- 유방백세(流芳百世): 꽃다운 이름이 후세에 길이 전함을 비유적으로 이르는 말

  同 ➤ 유명청사(遺名靑史) : 이름을 역사에 길이 남김을 이르는 말
- 유유상종(類類相從):『같은 무리끼리 서로 사귐』

  俗談 ➤ 초록은 동색이요, 가재는 게 편이라
- 은인자중(隱忍自重): 마음속에 감추어 참고 견디면서 몸가짐을 신중하게 행동함
- 이심전심(以心傳心): 마음에서 마음으로 뜻이 통함을 이르는 말
- 인순고식(因循姑息): 낡은 습관이나 폐단을 벗어나지 못하고 당장의 편안함을 취함
- 일각여삼추(一刻如三秋):『잠깐의 시간이 삼 년과 같다』몹시 기다려지거나 지루한 느낌

  同 ➤ 학수고대(鶴首苦待) : 몹시 애타게 기다림
- 일거양득(一擧兩得): 한 가지 일을 하여 두 가지 이익을 얻음

  同 ➤ 일석이조(一石二鳥) :『돌 한 개를 던져 두 마리의 새를 잡음』동시에 두 가지 이득을 봄

  俗談 ➤ 꿩 먹고 알 먹기, 맛도 좋고 값이 싼 갈치자반, 배 먹고 이 닦기, 도랑 치고 가재 잡고
- 일명경인(一鳴驚人): 한번 시작하면 사람을 놀랠 정도의 대사업

을 이룩함을 이르는 말
- **일모도원(日暮途遠)**:『날은 저물고 갈 길은 멀다』늙고 쇠약한데 할 일이 많음을 이르는 말
- **일어탁수(一魚濁水)**:『물고기 한 마리가 큰물을 흐리게 함』

  俗談 ➤ 어물전 망신은 꼴두기가 시키고, 과일 망신은 모과가 시킨다.
- **입신양명(立身揚名)**: 뜻을 확립하고 이름을 드날림. 사회적으로 인정받고 유명해짐을 이름

- **자승자박(自繩自縛)**:『자신이 만든 줄에 스스로 묶임』자신이 한 말과 행동에 자신이 묶임
  어려움을 겪는 것을 비유적으로 이르는 말
- **적반하장(賊反荷杖)**:『도둑이 몽둥이를 듦』잘못한 사람이 도리어 잘한 사람을 나무라는 경우

  同 ➤ ① 주객전도(主客顚倒) : 주인과 손님이 뒤바뀐 형세를 이르는 말

  　　② 아가사창(我歌査唱) :『내가 노래를 부르니 사돈도 따라 부른다』

  俗談 ➤ 물에 빠진 놈 건져 놓으니까 내 보따리 내놓으라 한다.
- **적소성대(積小成大)**: 작거나 적은 것도 쌓이면, 크게 되거나 많게 됨을 이르는 말

  俗談 ➤ 티끌 모아 태산이다.
- **전광석화(電光石火)**: 번갯불이나 부싯돌처럼 짧은 시간에 매우

재빠른 움직임을 비유
- 전전긍긍(戰戰兢兢): 몹시 두려워서 벌벌 떨며 조심함을 이르는 말
- 점입가경(漸入佳境): 『갈수록 경치가 더 아름다움』 시간이 지날수록 더욱 재미있음
- 정문일침(頂門一鍼): 『정수리에 침을 줌』 남의 잘못에 급소를 찔러 충고하는 것을 의미함
- 정저지와(井底之蛙): 『우물 안의 개구리』 궁벽한 곳에서만 살아서 넓은 세상의 형편을 모름
- 정족지세(鼎足之勢): 솥의 발처럼 셋이 맞서 대립한 형세를 이르는 말
- 조강지처(糟糠之妻): 『지게미와 쌀겨로 끼니를 이를 때의 아내』 고생을 함께 겪어온 아내

例文 ➤ 아무리 잘 난 구석이 없더라도 **조강지처**를 버리는 것은 옳지 않은 일이다.

- 조족지혈(鳥足之血): 『새 발의 피』 매우 적은 분량을 비유적으로 이르는 말
- 주마가편(走馬加鞭): 『달리는 말에 채찍질 하다』 잘하는 사람을 더욱 장려함을 이르는 말
- 주마간산(走馬看山): 『말 달리며 산천구경 하다』 자세히 살피지 아니하고 대충대충 보고 지나감

俗談 ➤ 수박 겉핥기, 개머루 먹듯, 후추 통째로 삼킨다. 숲만 보고 나무는 보지 못한다.

- 중과부적(衆寡不敵): 적은 수효로 많은 수효를 대적하지 못함

- **중구삭금(衆口鑠金)**: 뭇 사람들의 말은 쇠도 녹일 만큼 위력이 있음을 이르는 말. 여론의 힘
- **지록위마(指鹿爲馬)**: 아랫사람이 윗사람을 농락하여 권세를 마음대로 함을 뜻함. 진나라 승상이었던 조고가 황제 앞에서 사슴(鹿)을 말(馬)이라고 우긴 데서 생겨난 일
- **지성감천(至誠感天)**: 『지극한 정성은 하나님도 감동하심』 정성껏 하면 하나님께서 도와주심
- **진인사대천명(盡人事待天命)**: 사람이 할 수 있는 일을 다 하고 하나님의 뜻을 기다림

ㅊ

- **차일피일(此日彼日)**: 이날, 저 날 하고 자꾸 기한을 미루는 모양을 이르는 말
- **천려일실(千慮一失)**: 『천 번 생각에, 한 번 실수』 여럿 중 한 가지 잘못이 있을 수 있음
- **천붕지통(天崩之痛)**: 『하늘이 무너지는 것 같은 아픔』 제왕이나 아버지 잃음의 슬픔
- **천석고황(泉石膏肓)**: 자연의 아름다운 경치를 몹시 사랑하고 즐기는 성벽
- **천양지차(天壤之差)**: 하늘과 땅 사이와 같이 엄청난 차이
  - 同 ➤ 천양지판(天壤之判) : 하늘과 땅 사이와 같이 엄청난 차이
- **천의무봉(天衣無縫)**: 『천사의 옷은 꿰맨 흔적이 없음』 인위적으로 꾸밈이 없이 자연스럽고 아름다우면서

　　　　　　　　완전함을 이르는 말. 완전하여 흠이 없음
　　　　　　　　을 이르는 말
- 천재일우(千載一遇):『천년에 한 번 만남』좀처럼 만나기 어려운
　　　　　　　　좋은 기회를 이르는 말
- 천정부지(天井不知):『천정을 알지 못함』물가 따위가 한없이 오
　　　　　　　　르기만 함을 비유적으로 이름
- 청출어람(靑出於藍):『쪽에서 뽑아낸 푸른 물감이 쪽보다 더 푸
　　　　　　　　름』제자나 후배가 스승이나 선배보다 나음
　　　　　　　　을 비유적으로 이르는 말

　同 ➤ 후생가외(後生可畏) :『젊은 후학들을 두려워할 만함』후진
　　　들이 선배들보다 젊고 기력이 좋아 학문을 닦음에 큰 인물
　　　이 되므로, 가히 두렵다는 말

- 촌철살인(寸鐵殺人):『한 치의 쇠붙이로도 사람을 죽일 수 있음』
　　　　　　　　간단한 일로 사람을 감동하게 하거나 남의
　　　　　　　　약점을 찌를 수 있음을 이르는 말

　俗談 ➤ 말 한마디로 천 냥 빚을 갚는다.

- 춘란추국(春蘭秋菊):『봄에는 난초와 가을은 국화』각각 특색이
　　　　　　　　있어 무엇이 낫다고 못 함
- 춘추필법(春秋筆法): 춘추와 같이 비판적이고 엄정한 필법을 이
　　　　　　　　르는 말
- 춘치자명(春雉自鳴):『봄철의 꿩은 누가 뭐라 하지 않아도 스스
　　　　　　　　로 운다』
- 칠종칠금(七縱七擒):『일곱 번 놓아주고 일곱 번 잡음』무슨 일이
　　　　　　　　든 자기 마음대로 함을 뜻함

- 침소봉대(針小棒大): 『바늘을 몽둥이처럼 부풀려 말함』 사물을 과장하여 말하는 것을 뜻함

ㅌ

- 타산지석(他山之石): 『다른 산의 나쁜 돌도 자신의 산의 옥돌을 가르는 데는 쓸 수 있음
- 태두(泰斗): 태산과 북두칠성의 준말, 많은 사람에게 숭배와 존경받음을 뜻함
- 퇴고(推敲): 글을 지을 때 여러 번 생각하여 고치고 다듬음을 이름

ㅍ

- 파사현정(破邪顯正): 개인의 도리나 의견을 깨고 정법을 드러내는 과정을 이름
- 포의한사(布衣寒士): 『베옷을 입은 가난한 선비』 벼슬이 없는 가난한 선비를 이르는 말
- 포호빙하(暴虎馮河): 『맨손으로 범을 때려잡고 걸어서 황하강을 건넘』 용기는 있으나 무모함

　同 ➤ 필부지용(匹夫之勇) 깊은 생각 없이 혈기만 믿고 함부로 부리는 소인의 용기

- 풍비박산(風飛雹散): 사방으로 날아 흩어짐
- 풍월주인(風月主人): 맑은 바람과 밝은 달 따위의 아름다운 자연을 즐기는 사람

ㅎ

- **한우충동(汗牛充棟)**: 짐으로 실으면 소가 땀을 흘리고, 쌓으면 들보에까지 찬다는 뜻
- **함흥차사(咸興差使)**: 심부름 가서 오지 않거나 늦게 온 사람을 이르는 말

> 조선 태조 이성계가 왕위를 물려주고 함흥에 있을 때 태종이 보낸 차사를 죽이거나 혹은 잡아가두어 돌려보내지 아니하였던 데서 유래 되었다.
> *차사 : 왕의 임무를 띠고 파견된 벼슬아치

- **호가호위(狐假虎威)**: 『여우가 호랑이의 권세를 빌려 위세를 떨침』 남의 권세로 위세를 부림

  例文 ➤ 원님 덕에 나팔 분다.

- **호사다마(好事多魔)**: 좋은 일에는 흔히 방해되는 일이 많음. 또는 그런 일이 생김

  例文 ➤ 호사다마라더니 옆집 딸이 시집가던 날 친정아버지가 몸져누우셨다지 뭐야...

- **호시탐탐(虎視眈眈)**: 『범이 눈을 부릅뜨고 먹이를 노려봄』

  例文 ➤ 악한 세력의 무리들은 **호시탐탐** 기회만 노리고 있다.

- **호연지기(浩然之氣)**: 하늘과 땅 사이에 가득 찬 넓고 큰 원기. 거침없이 넓고 큰 기개

- 홍일점(紅一點): 푸른 잎 가운데 피어나는 한 송이의 붉은 꽃. 왕 안석의 영석류 시에서 유래
- 화룡점정(畵龍點睛): 어떤 일을 함에 가장 중요한 부분을 완성함을 비유적으로 이르는 말
- 환골탈태(換骨奪胎):『뼈를 바꾸고 태를 바꾸어씀』짜임새와 수법이 먼저 것 보다 잘되게 함을 이르는 말. 보다, 나은 방향으로 변하여 딴 사람처럼 됨

  例文 ➢ 아무리 **환골탈태**라고 하지만 바울의 모습을 바라본 서기관들은 정신을 차리지 못하고 섰다.
- 환과고독(鰥寡孤獨): 늙어서 아내, 남편, 자식이 없는 사람을 이르는 말

  例文 ➢ 아내가 떠난 후 환과고독의 신세가 된 욥을 찾아간 친구는 엘리바스와 빌닷과 소발 이었다.
- 환부작신(渙腐作新): 썩은 것을 싱싱한 것으로 바꿈을 이르는 말.
- 환해풍파(宦海風波): 관직을 지내 오면서 겪은 온갖 험한 일을 이르는 말

  例文 ➢ 요즘 세상에 바른말 하고서 환해풍파를 겪지 않을 수는 없는 일이지, 성도의 몫일세!
- 회자정리(會者定離): 만난 자는 반드시 헤어짐을 말함, 모든 것이 무상함을 나타내는 말

  例文 ➢ 믿음 안에 거하는 성도에게 회자정리는 그저 빈말일 뿐이다.

  反 ➢ 거자필반(去者必返) : 헤어진 사람은 언젠가 반드시 돌아오게 됨을 이르는 말

우리는 사자성어나 고사성어 등을 **한문=유교=성경과는 거리가 멺.** 이라는 공식을 가지고 있어서는 안 된다. 모든 **언어(음성, 문자)=하나님=성경**이라는 공식을 인식해야 한다. 동양권에 사는, 우리는 한문을 제외하고는 의사전달이 불가능하다. 물론 하나님께서는 최고급의 한글을 주셨지만 우리 사회 전반은 한글과 함께 한문으로 소통을 하고 있다.
한문은 곧 유교라는 인식도 빨리 버려야 한다. 모든 언어는 하나님에게서 왔고 모든 언어를 통하여 하나님을 체험할 수 있다.

◎ 단어처럼 쓰이는 성어들

- **고무(鼓舞)**:『북을 쳐서 춤을 추게 함』힘을 내도록 격려하여 용기를 북돋움을 말함

  例文 ➤ 이단들이 주장하는 교리는 전혀 고무적이지 못하다.

- **고취(鼓吹)**:『북을 치고 피리를 붊』용기를 내도록 격려하여 사기를 북돋움을 말함

- **극구(隙駒)**:『달리는 말을 문틈으로 봄』세월이 빨리 지나감을 의미함

- **낭패(狼狽)**: 일이 뜻대로 되지 않아 몹시 딱한 형편을 의미함

  例文 ➤ 요즘 코로나19로 인하여 연합예배를 드리지 못하여 여간 **낭패**가 아니다.

- **농단(壟斷)**: 깎아 세운 듯한 높은 언덕. 이익이나 권리를 독차지함을 이르는 말

  例文 ➤ 국정농단 사건으로 온 나라가 떠들썩했지만 은혜로운 한

해를 마감했다.
- **도외시(度外視)**: 안중에 두지 않고 무시함. 문제 삼지 않음. 불문에 부침
- **독안룡(獨眼龍)**: 『한쪽 눈이 없는 용』 애꾸눈을 가진 영웅을 이르는 말
- **방안(榜眼)**: 시험에 이 등으로 붙는 것을 이른다. 일등으로 붙는 것을 괴원, 삼등을 탐화라 함
- **불초(不肖)**: 『아버지를 닮지 않음』 아버지의 덕망을 이을 만한 자질이 없다는 겸손함의 말
- **비조(鼻祖)**: 어떤 일을 가장 먼저 시작한 사람을 의미함

  例文 ➤ 성경에서 시편은 시문학(詩文學)의 **비조**라고 할 수 있다.
- **사직(社稷)**: 『국가 또는 정부』
- **상재(上梓)**: 책을 인쇄하여 만들어 내는 일련의 과정을 이르는 말
- **역린(逆鱗)**: 왕의 노여움을 이르는 말. 용의 턱 아래에 거꾸로 난 비늘을 건드리면 용이 크게 노하여 건드린 사람을 죽인다고 함
- **연리지(連理枝)**: 두 나무가 서로 맞닿아서 결이 서로 통한 것, 화목한 부부 사이나 남녀 사이

  例文 ➤ 교회 앞뜰에 두 그루의 나무가 연리지로 연결되어 있다.
- **점액(點額)**: 수험생이 시험에 응시하였다가 떨어짐을 이르는 말

  由來 ➤ 고기가 용문을 올라가면 용이 되지만 급류 때문에 올라가지 못하면 애쓰는 동안에 이마에 멍만 들고 되돌아온다는 데서 유래된 말
- **조장(助長)**: 자리를 잡도록 돕는다는 뜻이지만, 조급히 키우려고

무리하게 힘들여 오히려 망침
- 파경(破鏡):『거울이 깨어짐』

02 유대, 탈무드, 여러 나라 속담과 격언들

우리나라 속담처럼 다른 나라의 속담이나 격언들도 그 나라 사람들이 살아오면서 축척 된 지혜와 교훈을 담고 있다. 우리가 미처 생각하지 못했던 생각들이 우리에게 지식과 감동으로 다가올 수 있다. 우리나라 속담, 격언은 익히 잘 알고 있으므로 다른 나라 속담과 격언들도 함께 살펴봄이 바람직할 것으로 생각되어 삽입하였으니, 보다, 폭넓은 지식을 얻는 통로가 되기를 바란다.

또한, 탈무드는 예수님께서 이 땅에 오시기 전 유대의 율법학자들이 사회의 사상과 문화의 터전에서 구전되어 오던 것들을 해설하고 집대성한 것이므로, 비교하여 탐독하면 생각의 폭이, 좀 더 깊어질 것으로 믿는다.

- 가난과 사랑은 감추기가 어렵다. (스웨덴속담)
- 가난하기 때문에 바르고, 부자이기 때문에 옳지 않다고 할 수는 없다. (탈무드)
- 가난한 사람에게서 돈을 빌리는 것은 마치 추녀에게 키스하는 것과 같다. (탈무드)

· 가난함은 수치가 아니지만, 그렇다고 명예로움도 아니다.
  (탈무드)
· 가르침을 무턱대고 받아들이는 사람은, 권력과 자신을 부패하게
  만든다. (탈무드)
· 가장 큰 고통은 남에게 말하지 못하는 것이다. (탈무드)
· 가장 하기 힘든 일은, 아무 일도 하지 않는 것이다. (유대격언)
· 가장 훌륭한 지혜는 친절함과 겸허함이다. (탈무드)
· 가정에서 마음이 평화로우면 어디에 가서도, 축제처럼 즐거운 일
  들을 만난다. (인도속담)
· 가족 사이에 조화가 유지되면 그 인생은 성공한 것이다.
  (인디언 우태족)
· 감사함을 표하는 길은, 또다시 받을 길을 닦아 놓는 것이다.
  (유대격언)
· 강철보다는 강하고 파리보다도 약한 것이 인간이다. (탈무드)
· 거북은 아무도 몰래 수천 개의 알을 낳지만, 암탉이 알을 낳을 땐
  온 동네가 다 안다. (말레이지아)
· 거짓말을 해서는 안 된다. 그러나 진실 중에도 말해서는 안 되는
  것이 있다. (탈무드)
· 거짓말쟁이는 뛰어난 기억력을 가져야 한다. (탈무드)
· 거의 모든 사람은 병 때문이 아니고 치료 때문에 죽는다.
  (프랑스속담)
· 건강에 대한 지나친 걱정만큼 건강에 치명적인 것은 없다.
  (미국속담)
· 건강과 다식은 동행하지 않는다. (포루투칼속담)

- 건강이 있으면 소망이 있으며, 소망을 가지면 모든 것을 가진 자다. (아라비아)
- 건강할 때는 병들었을 때를, 조용한 날에는 폭풍의 날을 잊어서는 안 된다. (영국속담)
- 걸으면 병이 낫는다. (스위스속담)
- 겉치레 인사는 고양이처럼 핥는다. (탈무드)
- 결혼식의 연주 음악은 군악대의 음악처럼 활기차다. (탈무드)
- 결혼을 위해서는 걷고, 이혼을 위해서는 달려라. (탈무드)
- 결혼이란 굴레는 무척 무겁다. 부부뿐만 아니라 자식까지도 함께 운반해야 하니까. (탈무드)
- 결혼할 때는 이혼까지도 예상해야 한다. (탈무드)
- 곰과 사나이는 못 생길수록 더욱 묘한 매력이 있다. (스페인속담)
- 공짜 치즈는 쥐덫에만 놓여 있다. (러시아속담)
- 관 뚜껑이 일단 한번 닫히고 나면 한 사람에 대한 판결은 끝이 나는 것이다. (중국속담)
- 교만은 심장을 강하게 하고, 머리는 약하게 만든다. (탈무드)
- 그림과 전쟁은 떨어져서 바라보는 것이 좋다. (영국속담)
- 금과 은은 불에 달궈진 다음에야 빛을 낸다. (유대격언)
- 금이 아름답다는 것을 알게 되면 별이 아름답다는 것을 잊어버린다. (독일속담)
- 금전의 차용은 거절해도 좋으나 책을 빌리려 할 때 거절하는 것은 도리가 아니다. (탈무드)
- 기다릴 줄 아는 사람은 바라는 것을 가질 수 있다. (프랑스격언)
- 기다림만으로 사는 사람은 굶어서 죽는다. (이탈리아속담)

- 기도 시간은 짧게 하고, 학문에는 오랜 시간을 보내라. (탈무드)
- 기둥에 적합한 재목이 젓가락을 만드는데 잘못 사용되어서는 안 된다. (중국속담)
- 기회는 앞 머리카락만 있고, 뒷머리는 벗어져 있다. 기회를 만나려면 앞 머리카락을 잡아라. (영국)
- 길을 열 번 물어보는 것이 한 번 길을 헤매는 것보다 낫다. (유대속담)
- 꺾이어지는 것보다 구부리는 것이 더욱 낫다. (스코틀랜드속담)
- 꿀을 치다 보면 조금은 꿀맛을 볼 수가 있다. (탈무드)
- 꿈의 의미. 왕의 성격. 가을날 구름의 결과. 여자의 마음은 알 수 없다. (인도속담)
- 꽃양배추에 사는 벌레는 꽃양배추를 자기 세상으로 생각한다. (탈무드)

ㄴ

- 낙관하는 마음은 자기뿐만 아니라, 남들까지도 밝게 해 준다. (유대속담)
- 남자가 술을 마시면 집이 절반 불탄다. 여자가 마시면 온 집이 불타 버린다. (러시아속담)
- 남자는 두 볼 사이와 두 다리 사이에서 명성이 결정된다. (탈무드)
- 남에게 돈을 빌려줄 때는 증인을 세우고, 적선할 때는 아무도 보지 않는 데서 하라. (탈무드)
- 남을 행복하게 해 주는 것은, 마치 향수를 뿌리는 일과도 같다.

(탈무드)
· 남의 강요에 베푼 자선은, 스스로 한 자선의 절반의 가치밖에 없다. (탈무드)
· 낯선 사람, 백 마디 모략보다도 친구 한마디의 말이 깊은 상처를 남긴다. (유대격언)
· 내일의 모든 꽃은 오늘의 씨앗에 근거한 것이다. (중국속담)
· 내일 일어날 일을 미리 걱정하지 말라. 오늘 현재의 앞일도 모르면서 (탈무드)
· 너 자신을 다스려라, 그러면 당신은 세계를 다스릴 것이다. (중국속담)
· 너의 친구가 가지고 있는 결점까지도 함께 사랑하라. (이탈리아속담)
· 노인을 공경하지 않는 젊은이의 노후는 결코 행복할 수 없다. (탈무드)
· 노인 한 명이 죽는 것은, 도서관 하나가 사라지는 것과 같다. (아프리카속담)
· 눈에는 눈, 이에는 이로 갚을지라. (탈무드)
· 늑대와 함께 살면 당신도 울부짖을 수 있다. (스페인속담)
· 늙은이가 젊은 아내를 맞으면, 늙은이는 젊어지고 아내는 늙는다. (탈무드)
· 능력 있는 사람은, 성취하고, 천재는 창조한다. (독일속담)

ㄷ

- 단번에 바다를 만들려고 해서는 안 된다. (유대격언)
- 닫을 문이 없을 때는 입을 닫아라. (자마이카속담)
- 당나귀가 예루살렘에 가도 역시 당나귀인 것이다. (탈무드)
- 당나귀는 긴 귀로써 알아보고, 어리석은 사람은 긴 혀로써 알아본다. (탈무드)
- 당신은 의지의 주인이 되라, 그리고 당신은 양심의 주인이 되라. (유대격언)
- 당신의 혀에는 뼈가 없다는 것을 항상 생각하라. (탈무드)
- 당신이 지금 과자를 먹을 수 없다고 하여 그것을 먹고 있는 이에게 남겨놓으라고 할 수는 없는 법이다. (중국속담)
- 돈은 기회를 만들어 준다. (탈무드)
- 돈은 벌기는 쉽다. 하지만 돈을 쓰기는 더 어렵다. (유대속담)
- 돈이란 결코 모든 것을 좋게 할 수도 없지만 그렇다고 모든 것을 썩게 하지도 않는다. (탈무드)
- 돈이란 선인에게는 좋은 것을, 악인에게는 나쁜 것을 안겨준다. (탈무드)
- 돈이란 악함도 저주도 아니며, 인간을 축복하는 것이다. (탈무드)
- 돈이란 옷이 우리에게 베푸는 역할 밖에는 해 주지 못한다. (탈무드)
- 돈이란 인정 없는 주인이기도 하지만, 반면 유익한 심부름꾼일 수도 있다. (탈무드)
- 돈이 말을 하면 진실은 침묵한다. (서양격언)

- 돌처럼 굳어진 마음은 황금 망치로만 풀 수 있다. (탈무드)
- 두툼한 돈지갑이 반드시 좋다고는 할 수 없지만, 빈 지갑이 좋은 것만도 아니다. (유대속담)
- 돼지도 추켜세우면 나무에 오른다. (일본속담)
- 따분한 사람이 방을 나가면 누군가 방에 들어온 듯한 기분이 든다. (탈무드)
- 뜨거운 정열로 결합하지만, 정열이란 결혼 만큼 오래가지 않는다. (탈무드)

ㅁ

- 마음이 가는 것은 두뇌가 가는 것보다 더 소중하다. (유대격언)
- 만약 손님이 기침하면 수저를 내놓아라. (탈무드)
- 만일 당신이 당신의 적에게 불같은 화를 낸다면 종종 당신의 적보다 당신이 더 많은 화상을 입는다. (탈무드)
- 많은 것을 가진 부자에게는 자식이 없고 상속인만이 있다. (탈무드)
- 많은 사람들은 생각하는 것을 피하고 도망하기 위해 책을 읽는다. (유대격언)
- 말을 백 마리 가진 사람이라도, 채찍 때문에 다른 사람의 신세를 져야 할 때가 있다. (인도)
- 말이 입안에 있을 때는 네가 말을 지배하지만, 말이 입 밖에 나오면 말이 너를 지배한다. (탈무드)
- 매일매일 자기 자신을 죽여 가는(비관하는) 자는 이승도 저승도 갈 곳이 없다. (탈무드)

- 매일을 마지막 날이라고 생각하라. (탈무드)
- 매춘부의 얼굴에 침을 뱉으면 그해는 비가 온다고 말한다. (탈무드)
- 모든 이들을 즐겁게 하고 기쁘게 하려는 자는 슬픔으로 죽을 것이다. (아라비아속담)
- 모든 이의 친구는 그 누구의 친구도 아니다. (미국속담)
- 말이 입힌 상처는 칼이 입힌 상처보다 깊다. (모르코속담)
- 모르는 사람에게 베푸는 친절은 천사에게 베푸는 친절과 같다. (유대속담)
- 모자는 재빨리 벗되 지갑은 천천히 열라. (덴마크속담)
- 몸을 닦는 것은 비누고, 마음을 닦아내는 것은 눈물이다. (탈무드)
- 무거운 돈지갑을 무겁다고 생각하는 사람은 아무도 없다. (이스라엘속담)
- 무거운 포도송이일수록 아래로 늘어진다. (탈무드)
- 문을 나서면 여행의 가장 어려운 관문을 지난 셈이다. (네덜란드속담)
- 묻는 것이 두려운 자는, 배우는 것을 두려워하는 자이다. (덴마크속담)
- 물고기는 세 번 헤엄을 친다. 물과 기름과 그리고 술 속에서 (독일속담)
- 물고기는 언제나 입으로 낚인다. 인간도 역시 입 때문에 걸려든다. (탈무드)
- 밀가루 장수와 굴뚝 청소부가 싸우면 밀가루 장수는 검어지고 청

소부는 희어진다. (유대속담)

ㅂ

- 바다 건너 아내보다 벽 건너 이웃이 낫다. (알바니아속담)
- 배우려는 사람은 언제나 선생님을 찾아낸다. (독일속담)
- 백단향 나무로만 된 숲은 없다. (인도속담)
- 백리를 가려는 자 구십 리가 반이다. (중국속담)
- 변하지 않으면 죽는다. (미상)
- 병은 말을 타고 들어와서 거북이를 타고 나간다. (네덜란드속담)
- 병을 숨기는 자에게는 약이 없다. (에티오피아속담)
- 병을 앓는 사람은 모두 다 의사이다. (아일랜드속담)
- 보드라운 흙으로 빚은 남자를 기쁘게 하는 것이, 뼈로 빚은 여자를 기쁘게 하는 것 보다, 쉽다. (탈무드)
- 봄 여자는 낙타도 웃고 지나간다. (몽골속담)
- 부러진 손은 고칠 수 있지만 상처받은 마음은 어찌할 도리가 없다. (페르시아속담)
- 부자가 넘어지면 재난이라고 말하고 가난한 자가 넘어지면 술에 취했다고 한다. (터키)
- 부자는 내년 일에, 가난한 사람은 오늘 일에 생각이 미친다. (중국속담)
- 부자를 칭송하는 사람은 그 부자보다는 돈을 칭송하는 것이다. (탈무드)
- 부호의 잘못은 돈으로 덮을 수 있고 의사의 잘못은 흙으로 덮을 수 있다. (영국)

· 불순한 호기심은 신이 인간에게 보낸 훌륭한 안내자이다.
  (탈무드)
· 빨리 가려면 혼자 가고, 멀리 가려면 함께 가라. (아프리카속담)

ㅅ

· 사람들은 길에서 넘어지면 먼저 돌을 탓한다. (탈무드)
· 사람들은 돈을 시간보다 소중하게 여기는데, 잃는 시간은 금전으로도 사지 못한다. (탈무드)
· 사람들이 돌을 던지는 것은 과일이 많이 열려 있는 나무뿐이다.
  (프랑스속담)
· 사람은 누구나 어른이 되지 않는다. 다만 아이로서 나이를 한 살씩 먹을 뿐이다. (탈무드)
· 사람은 자기 고향에서는 높임을 받지 못한다. (탈무드)
· 사랑은 쨈과 같이 달지만, 빵이 없으면 살 수 없다. (탈무드)
· 사랑은 담배와 같다, 불로 시작해서 재로 끝나며 모든 독은 입술을 통해 스며든다. (프랑스)
· 사랑은 시간을 흐르게 만들고 시간은 사랑이 지나가게 만든다.
  (프랑스속담)
· 사랑의 감정을 감추는 것은, 기침을 감추는 것과 같이 어려운 일이다. (독일속담)
· 사랑이 아무리 멋져도 테니스 기술에는 무용지물이다. (탈무드)
· 사랑이 큰 곳에 그에 대한 아픔도 크다. (포르투갈속담)
· 산양이 수염이 있다 하여 랍비가 될 수는 없다. (탈무드)
· 산을 옮기는 사람은 작은 돌멩이부터 옮긴다. (중국속담)

- 살아있는 사람에게서 빼앗을 수 없는 것은 지식이다. (탈무드)
- 새 습관을 만들어 내는 것이 오랜 습관에서 벗어나는 것보다 천 배나 쉽다. (영국속담)
- 새장으로부터 도망친 새는 붙잡을 수가 있으나, 입에서 나간 말은 붙잡을 수가 없다. (탈무드)
- 생물 가운데 웃는 것은 인간뿐이다. 그중에서도 영리한 사람이 웃는다. (탈무드)
- 서로가 자신의 잘못을 인정하지 않으면 화해가 이루어지지 않는다. (유대격언)
- 선보다 악이 빨리 번진다. (유대격언)
- 선행에 대한 가장 큰 대가는 무엇인가? (유대격언)
- 성공을 누리기 위해서는 실패를 누려야만 한다. (중국속담)
- 성공의 문을 열려면 밀거나 당기거나 해야 한다. (탈무드)
- 성공의 절반은 인내심이다. (탈무드)
- 세 딸과 그 어머니는 아버지에게 있어서는 네 명의 악마이다. (스페인속담)
- 세 사람이 어떤 것을 거북이라고 부른다면 그것은 거북이다. (중국속담)
- 세상에 떠도는 풍문은 바다의 물결과도 같다 (러시아속담)
- 세 종류의 어리석은 사람이 있다. (탈무드)
- 섹스는 냇물과 같다. (탈무드)
- 소문은 가장 좋은 소개장이다. (탈무드)
- 손님과 생선은 사흘만 지나면 악취가 난다. (탈무드)
- 손님은 잠시 머물러 있어도 많은 것을 보고 돌아간다. (몽고속담)

- 술집에 간다고 하여 선인이 악 하게 될 수는 없다. (탈무드)
- 술집 여자와 키스를 하였거든 꼭 당신의 치아 세어 보라. (탈무드)
- 술이 들어가면 비밀은 밖으로 나온다. (탈무드)
- 쉽게 얻어낸 것은 쉽게 잃는 법이다. (미국속담)
- 스스로 좋아서 하는 일이, 곧 잘하게 된다. (탈무드)
- 시간을 소모하는 것이 가장 큰 기회를 소모하는 것이다. (중국속담)
- 식사는 자기의 기호에 맞추고 옷차림은 사회의 풍조를 따르라. (유대격언)
- 신(神)은 새 부부가 생길 때마다 새로운 말을 해 준다. (탈무드)
- 신(神)은 인간이 만든 마을과 탑을 보기 위해 왔다. (탈무드)
- 신(神)은 짧은 인생에서 낚시로 보낸 시간을 빼 주지 않는다. (바빌로니아 속담)
- 신(神)은 항상 어느 곳에나 있는 것이다. 그래서 신은 어머니를 창조하였다. (탈무드)
- 썩은 사과는 어떤 상자에든 하나쯤 들어있는 법이다. (미국격언)

ㅇ

- 아내가 아양을 떨 때는 필시 무슨 곡절이 있다. (러시아속담)
- 아들에게 근면함을 가르치지 않는 부모는 아들에게 절도를 가르치는 거와 다를 게 없다. (탈무드)
- 아무리 길고 훌륭한 쇠사슬이라도, 고리 하나가 망가지면 못쓴다. (유대속담)

- 아무리 비싼 시계라도 바늘이 가리키는 시간은 똑같다. (미상)
- 아무리 친한 벗이라도 너무 가까이하지 말라. (탈무드)
- 아버지의 덕행은 최상의 유산이다. (서양속담)
- 아홉 명의 노름꾼은 한 마리의 수탉도 기를 수 없다. (유고슬라비아속담)
- 악한 사람은 눈과 같아서 처음 만났을 때는 순결하고 아름답지만 금방 흙투성이가 된다. (탈무드)
- 애매하고 모호한 말은 거짓말의 시작이다. (서양속담)
- 애매한 친구보다는 차라리 분명한 적이 낫다. (탈무드)
- 양심에 부끄러운 일을 하지 않으면, 귀신이 찾아와도 두려울 것 없다. (중국속담)
- 어떤 사람이고 가까워지면 작아지게 된다. (탈무드)
- 어리석은 수다는 초상집에 즐거운 음악이 울리는 것과 같다. (탈무드)
- 어리석은 자의 노년은 겨울이지만, 현자의 노년은 황금기이다. (탈무드)
- 어린아이일 때는 두통을 안겨 주지만, 크면 심통을 안겨 준다. (탈무드)
- 어린 시절에 당신의 아이들을 훈련 시키라, 그러면 당신은 노인 시절에 그들로부터 훈련을 받지 않게 될 것이다. (유태격언)
- 어차피 같은 햄을 먹는 것이라면 즐거운 마음으로 먹어라. (탈무드)
- 여가를 활용하지 못하는 사람은 항상 여유시간이 없다. (서양격언)

- 여자는 결혼 전에 울고 남자는 결혼 후에 운다. (서양격언)
- 여자는 교회에서 성녀, 거리에서는 천사, 집에서는 악마이다. (프랑스속담)
- 여자는 10세에 천사 15세에 성녀 40세에 악마 80세엔 마귀 할멈이 된다. (서양속담)
- 여자는 질투할 줄 알아야 한다. (베트남속담)
- 여자와 수박은 우연히 선택된다. (그리스속담)
- 여자와 싸우는 것은 우산을 받쳐 들고 샤워하는 것과 같다. (탈무드)
- 여자의 혓바닥은 그녀의 신체 중에서 가장 마지막으로 숨을 거두는 곳이다. (서양격언)
- 영에서 일까지의 거리가 일에서 백까지의 거리보다 길다. (유대격언)
- 예루살렘의 멸망은 잘못된 교육 때문이다. (유대격언)
- 오래 앉아 있으면 치질이, 오래 서 있으면 심장이, 오래 걸으면 눈이 나빠진다. (탈무드)
- 오랜 기간 꿈을 바라보는 자가 자신의 그림자라도 닮는 법이다. (말라바르속담)
- 옳은 것을 배워 나는 것보다, 옳은 일을 몸소 행하는 것이 낫다. (탈무드)
- 옷을 팔아서라도 책을 사라. (탈무드)
- 용모를 보고 신부를 고르는 것은, 페인트 색깔을 보고 집을 고르는 것이다. (탈무드)
- 우유를 마시는 사람보다 배달하는 사람이 더 건강하다.

(영국속담)
· 웃음은 내적 조깅이다. (서양속담)
· 위기는 비켜 가는 선심도 쓸 줄 모른다. (탈무드)
· 위대한 학자가 창시자가 될 수 없듯이, 위대한 학자 또한 학자가 될 수 없다. (유대격언)
· 위대함은 다른 사람보다 앞서가는 데 있지 않다, 참된 위대함은 자신의 과거보다 한 걸음 앞서 나아가는 데 있다 (인도속담)
· 유대민족이 안식일을 지켜온 것이 아니라 안식일이 유대인을 지켜온 것이다. (유대격언)
· 음식은 냄비 속에서 만들어지나, 사람은 접시를 칭찬한다. (탈무드)
· 음식을 충분히 소화해 내는 사람에게는 질병이 없다. (미국속담)
· 음악이 바뀌면 춤도 바뀌어야 한다. (아프리카속담)
· 의사가 병을 고치면 해가 보고 의사가 환자를 죽이면 땅이 숨긴다. (미국속담)
· 이미 끝나버린 일을 후회하기보다는, 하고 싶었던 일을 하지 못한 것을 후회하라. (탈무드)
· 이미 행해진 행동은 변하지 않고 남게 되지만, 그러나 인간은 날마다 변해 간다. (탈무드)
· 이별이 두려워 사랑하지 않는 자는, 죽음이 두려워 숨 쉬지 않는 자와 같다. (체로키 인디언의 격언)
· 이보다 더한 불행은 얼마든지 있다고 생각하라. (탈무드)
· 이상적인 남자는 남자의 강인함과 여자의 부드러움을 함께 갖고 있다. (탈무드)

- 이상이 없는 교육은 미래가 없는 현재와 같다. (탈무드)
- 이웃집 개를 두들겨 패고 싶을 때는 동시에 그 개의 주인 얼굴도 머리에 떠올리자. (미얀마속담)
- 이스라엘은 누에이다. 그들은 항상 입을 놀리고 있다. (탈무드)
- 인간의 가치는 그 사람이 휴일을 어떻게 보내느냐에 따라 결정된다. (유대격언)
- 인간의 탄생과 죽음은 책의 앞면과 뒷면 같은 것이다. (유대격언)
- 인간이 말을 하는 것은 태어나면서 곧 배우나, 입을 다무는 것은 어지간해서 배우기 힘들다. (탈무드)
- 일평생 동안 울고 허송해서도 안 되고, 웃고만 보내서도 안 된다. (탈무드)
- 일을 배우는 것은 일단 그 일을 시작하고 보는 것이다. (에스토니아속담)
- 입보다 귀를 상석에 앉혀라. (탈무드)
- 입을 다물 줄 모르는 사람은, 대문이 닫히지 않는 집과 같다. (탈무드)

ㅈ

- 자기가 가지고 있는 것, 그것을 필요로 하는 사람에게 파는 것은 상술이 아니다. (탈무드)
- 자기 결점을 쉽게 고치지 못하더라도, 자기 향상을 위한 노력은 계속하여야 한다. (탈무드)
- 자기 둥지를 더럽히는 새는 비열한 새이다. (프랑스속담)
- 자신에 대해 웃을 수 있는 사람은 남의 웃음을 사지 않는다.

(유대속담)
· 자기 혀에게 '모른다'는 말을 열심히 가르쳐라. (탈무드)
· 자녀를 가르치는 최선의 교육은 스스로 모범을 보이는 것이다. (탈무드)
· 자물쇠는 정직한 사람을 위해서 존재한다. (탈무드)
· 자식이 결혼할 때는 신부에게 혼인 증서를 주고, 어머니에게는 이혼장을 주어야만 한다. (탈무드)
· 자신의 결점을 찾아내는데 힘쓰는 사람은 남의 결점을 찾지 않으며, 남의 결점만 찾아내는 사람은 자기 결점을 찾지 못한다. (탈무드)
· 자신의 허물을 벗어 던지는 자는 누구든 죽지 않는다. (중국속담)
· 자신이 기르는 개를 때리려는 자에게 몽둥이가 필요한 법이다. (중국속담)
· 잔잔한 바다는 훌륭한 뱃사공을 만들지 못한다. (영국속담)
· 잘 닫기는 문은 잘 열리기 마련이다. (중국속담)
· 장미를 사랑하는 사람은 그 가시도 감내한다. (터키속담)
· 재산은 오물과 같다. 쌓으면 쌓을수록 악취가 나고 이를 뿌리면 땅이 비옥해진다. (독일)
· 재물이 많으면 그만큼 걱정거리도 늘어나지만, 재물이 전혀 없으면 걱정거리가 더 많다. (탈무드)
· 적당히 어리석은 자는 완전히 어리석은 자보다 더 어리석다. (탈무드)
· 적을 만들고 싶거든 돈을 빌려주고, 가끔 재촉하는 것이 좋다.

(서양속담)
- 적을 벗으로 삼을 수 있는 자가 진정한 인물감이다. (영국속담)
- 전쟁터에 가기 전에는 한 번 기도하고, 바다에 가게 되면 두 번 기도하고 결혼 생활에 들어가기 전에는 세 번 기도하라.
 (러시아속담)
- 젊은이는 희망과 꿈으로 살고, 노인은 추억과 과거에 살아간다. (프랑스속담)
- 정신의 부가 참된 재물이다. (그리스속담)
- 정열은 불이다. 그래서 없어서는 안 되지만, 또 그만큼 위험하다. (탈무드)
- 정원을 보면 그 집의 정원사를 알 수 있다. (탈무드)
- 제일 무서운 여자는 외로운 여자이고 제일 무서운 남자는 열등감 있는 남자이다. 그런데 더 무서운건 외로움을 표현하는 여자이고 열등감을 표현하는 남자이다. (탈무드)
- 조개는 칼로 열고 변호사의 입은 돈으로 연다. (영국속담)
- 좋은 구두가 좋은 곳으로 데려다준다. (미상)
- 좋은 말에는 채찍이 있고, 현자에게 충고가 있다. (탈무드)
- 좋은 밤을 찾다가 좋은 낮을 잃어버리는 사람들이 많다.
 (네덜란드격언)
- 좋은 질문은 좋은 답보다 낫다. (유대격언)
- 죽은 물고기만이 물의 흐름을 거슬러 올라가지 못하고 강을 따라 떠내려간다. (독일속담)
- 증오심이란 하늘 보고 침 뱉기며 자기 자신의 꼬리를 무는 것이다. (프랑스속담)

- 쥐의 정의보다 오히려 고양이의 난폭함이 낫다. (아랍속담)
- 지나치게 실패를 두려워하는 것은 실패하는 것보다 더 나쁘다. (유대격언)
- 지식이란 흐르는 물과 같다. (탈무드)
- 지혜로운 사람과 마주 앉아 나눈, 한 번의 대화는 한 달 동안 책을 읽는 것과 같은 가치가 있다. (중국)
- 진주를 찾기 위해서 값싼 촛불을 사용한다. (탈무드)
- 집에 불이 나거든 그 불로 몸을 녹여라. (스페인속담)
- 집에서 새는 바가지가 밖에서도 새는 법이다. (중국속담)
- 지성만으로 사람들에게 존경받으려 하는 것은 마치 사막에서 물고기를 잡는 것과 같다. (탈무드)
- 질투는 천 개의 눈을 가지고 있지만, 그 가운데 한 개의 눈도 올바로 보이지 않는다. (탈무드)
- 짬을 이용하지 못하는 사람은 항상 짬이 없다. (유럽속담)

ㅊ

- 책으로부터 지식을 배우고, 인생에서 지혜를 배운다. (미상)
- 책과 친구는 수가 적고 좋아야 한다. (스페인속담)
- 책 만권 읽는 것보다 만리를 여행하는 것이 낫다. (중국속담)
- 책은 이를 펴보지 않으면 나무 조각과 같다. (영국격언)
- 처(妻)를 팔아 좋은 친구를 산다. (중국속담)
- 천 명의 친구들, 그것은 적다. 단 한 명의 원수, 그것은 많다. (터키속담)
- 천지창조의 마지막 날 인간을 만드신 것은 인간의 오만함을 없애

기 위해서였다. (탈무드)
- 첫 결혼은 하늘이 맺어준다, 재혼은 인간이 맺어준다. (유대격언)
- 최대의 사랑은 어머니의 사랑 다음은 개의 사랑 그다음이 연인의 사랑이다. (폴란드격언)
- 친구와 포도주는 오래된 것일수록 좋다. (영국속담)
- 친구 하나를 일 년에 만들기는 힘들지만, 한 시간에 잃을 수는 있다. (중국속담)

ㅋ

- 큰 부자에게 아들은 없다. 다만 상속인만이 있을 따름이다. (탈무드)

ㅌ

- 태양을 향해 몸을 돌려라. 그리하면 그림자는 네 뒤로 떨어질 것이니 (마오리 격언)
- 태어난 것 자체가 행복이다. (부탄속담)
- 토끼는 둥지 주변의 풀을 절대로 먹지 않는다. (중국속담)
- 투박한 항아리 속에도 귀한 술이 들어있다. (유대속담)

ㅍ

- 판사는 반드시 진실과 평화의 양쪽을 구하지 않으면 안 된다. (탈무드)
- 평판은 최선의 소개장이 이다. (탈무드)

- 포도주가 새 술일 때에는 신 포도와 같은 맛이 난다. (탈무드)
- 표범 꼬리는 잡지 마라. 만약 잡았다면 놓지 마라. (이디오피아속담)
- 표정은 분명히 밀고자이다. (유대속담)
- 풍족한 사람이란 자기가 가지고 있는 것으로 만족할 수 있는 사람이다. (탈무드)
- 필요한 돈을 빌리는 것은 마치 가려운 곳을 긁는 것과 같다. (탈무드)

ㅎ

- 하고 싶은 일에는 방법이 보이고 하기 싫은 일에는 핑계가 보인다. (필리핀속담)
- 하나님 앞에서는 울고, 사람 앞에서는 웃어라. (탈무드)
- 하나님께서는 바르게 사는 자를 시험해 본다. (탈무드)
- 하나님께서는 밝은 사람에게 복을 준다. (탈무드)
- 하나님께서는 인간의 마음을 먼저 보고, 그다음 그의 두뇌를 본다. (탈무드)
- 하나의 기쁨이 백 가지의 슬픔을 흩어 버린다. (중국속담)
- 하늘과 땅을 웃기려면 먼저 고아를 웃겨라. 고아가 웃으면 하늘과 땅도 웃을 것이다. (탈무드)
- 하늘에서 내리는 비와 재혼하려는 여자는 누구도 말릴 수가 없다. (중국속담)
- 하늘을 날거나 물 위를 걷는 것이 기적이 아니라, 우리가 땅을 딛고 걷는 것이 기적이다. (중국)

- 하늘의 아름다움은 별에 있고, 여자의 아름다움은 머리카락에 있다. (이탈리아격언)
- 한 가지 기쁨이 백 가지 슬픔을 흩어 버린다. (중국격언)
- 한가한 인간은, 고여 있는 물이 썩는 것과도 같다. (프랑스 격언)
- 한 번 결혼함은 의무이고 두 번 결혼함은 어리석은 행동이며, 세 번 한다는 것은 미친 짓이다. (서양속담)
- 한 아버지는 열 아들을 기를 수 있으나 열 아들은 한 아버지를 봉양키 어렵다. (독일격언)
- 한 아이를 키우려면 온 마을이 필요하다. (아프리카 속담)
- 함께 웃은 사람은 잊을 수 있지만, 함께 운 사람은 잊을 수 없는 법이다 (아라비아속담)
- 해결된 문제라면 걱정할 필요가 없고, 해결이 안 될 문제라면 걱정해도 소용없다. (티베트격언)
- 행복에서 불행의 거리는 고작 한 발짝밖에 안 되지만, 불행에서 행복의 거리는 매우 먼 거리이다. (탈무드)
- 행복에서 불행으로 바뀌는 것은 순간적인 일이나, 불행을 행복으로 가꾸는 데는 오랜 시간이 필요하다. (탈무드)
- 행복을 얻으려면 만족에서 멀어져야 한다. (탈무드)
- 행복한 사람에게는 시간을 알리는 소리가 들리지 않는다. (독일 속담)
- 향수 가게에 가면 향수 냄새를 옮는다. (탈무드)
- 호부무견녀(虎父無犬女)호랑이 같은 아버지 아래 강아지처럼 순한 딸은 없다. (중국 속담)
- 화살은 심장을 관통하며 부정적인 말은 영혼을 관통한다.

(스페인격언)
· 훔칠 기회가 없는 도둑은 자신을 정직한 사람이라고 생각한다. (유대속담)
· 휴일이 사람에게 주어진 것이지, 사람이 휴일에 주어진 것은 아니다. (유대속담)

03 성경속 여러 종류의 절기(節氣)

절기(Fastival)는 종교상의 축제일을 말한다. 즉 Israel 백성이 하나님을 예배하기 위해 정해진 날을 의미한다.(출5:1) 절기를 지키는 것은 사람들이 정해놓은 축제일과는 다르게 하나님께서 Israel백성들에게 하신 명령이다.

이 절기(Fastival)는 매주 드리는 것과 매월 드리는 것, 일년 마다 드리는 것 등으로 분류해서 엄숙하고도 경건하게 드려야 한다.

지켜야 할 절기는 안식일, 월삭, 나팔절, 속죄일, 무교절, 수장절(초막절, 장막절), 맥추절(칠칠절, 오순절), 부림절 등에 대하여 알아보도록 한다. 신약에 와서 생략되거나 약식으로 지켜지는 절기도 있음을 알아야 한다.

01) 안식일(安息日/the Sabbath day)

한 주간의 마지막 날(제7일)인 토요일, 곧 히브리인들의 시간개념으로 금요일 해질 때부터 토요일 해질 때까지의 시간(레 23:3; 마 12:9-10). '안식일'을 가리키는 히브리어 '솨바트'는 '일을 중지하다', '

행동을 멈추다'. '휴식하다'는 의미를 지닌다. 즉 안식일은 '하던 일을 중지하고 쉬는 날'을 말한다. 태초에 하나님이 6일 동안 천지를 창조하시고 제 7일에 창조 사역을 멈추고 쉬심으로써 창조 사역을 완성하셨으며, 또 그날을 거룩히 구별하고 복 주셨다. (창 2:1-3). 안식일은 이 같은 하나님의 뜻을 좇아 피조물인 인간도 모든, 일들을 멈추고 그날을 구별하여 거룩하게 지키며 안식하는 날이다.

02) 월삭(月朔/New Moon)

히브리어 '호데쉬'는 '하다쉬'(새롭게 하다)에서 유래한 말로 '새 달', '초하루' 곧 '매월 1일'이란 뜻이다. (민 10:10). 또한, 헬라어 '네오메니아'는 '네오스'(새로운)와 '멘'(달)의 합성어로서 '매월의 첫 날'을 말한다. (골 2:16). 매월 1일은 그달 전체를 대표하는 날로서의 중요성을 지닌다. (민 28:11) 이날에는 지난달 지켜주신 은혜에 감사하고 새로운 한 달을 의뢰한다는 면에서 먼저 나팔을 불어 선포했고(민 10:10: 시 81:3) 하루를 쉬며(노동이 금지됨) 희생제사(속죄제, 감사제)가 드려졌다. (민 28:11-14) 또한 이날은 거룩한 날로서 매매가 금지되었다. (암 8:5). 월삭 중 특히 7월의 월삭을 중시했다. (레 23:24) 그리고 바벨론 포로기 이후 월삭은 그 중요성이 더욱 증가 되었다. (느 8:2) '초하루'(민 10:10: 왕하 4:23; 시 81:3), '새달'(호 5:7)로도 일컬어진다.

03) 유월절(過越節, Passover)

"첫째 달 열이튼 날 저녁은 여호와의 유월절이요."

유월절은 여호와께서 약속대로 이스라엘 백성들이 집 좌우 문설주와 인방에 바른 양의 피를 보고 애굽에 내린 장자 재앙이 그냥 넘어간 것을 기념하는 절기이다.

이스라엘 백성들은 여호와의 명령대로 해마다 양력으로는 4월 14일 저녁에 유월절을 기념하여 지킨다.

유월절은 하나님께서 자기 백성을 애굽의 노예 생활에서 해방하고, 구원하여 주신 구약시대 이스라엘 민족의 광복절이요 독립기념일이다.

예수님께서는 유월절 저녁에 제자들과 최후의 만찬에서 유월절 어린양으로서 십자가에서 찢기시고 흘리실 예수님의 살과 피가 인류를 죄로부터 해방되고 구원하여 줄 것을 제자들에게 말씀하셨습니다. 구약시대의 이스라엘의 유월절은 신약시대의 예수 그리스도의 십자가 죽음을 예표 하는 절기가 되었다

04) 무교절(無酵節, the Feast of Unleavened Bread)

"이달 열다섯째 날은 여호와의 무교절이니 이레 동안 너희는 무교병을 먹을 것이요."

무교절은 유월절 그다음 날인 15일부터 21일까지 일주일 동안 지키는 절기이다.

유대인들의 하루는 해가 저무는 초저녁부터 시작된다. 그러므로 사실상 14일 저녁에 지켜지는 유월절부터 이미 무교절이 시작되는 것이다. "무교"는 누룩을 넣지 않은 빵(떡)을 말한다.

무교절은 유월절과 마찬가지로 애굽에서 430년간의 노예 생활로부터 해방되어 하나님의 구원을 기념하고 감사하는 절기이다.

05) 초실절(初實節, Feast of First fruits)

"이스라엘 자손에게 고하여 이르라 너희는 내가 너희에게 주는 땅에 들어가서 너희의 곡물을 거둘 때에 너희의 곡물의 첫 단을 제사장에게로 가져갈 것이요."

"초실절"은 그해의 첫 열매를 하나님께 드리는 절기를 말한다. 출애굽 한 이스라엘 백성들이 가나안에 들어와 농사를 지어 추수한 보리의 첫 열매를 하나님께 드림으로 출발한 절기이다.

초실절은 일명 "맥추절"이라고도 하는데 보리의 첫 열매를 예물로 드림으로 우리나라에서는 맥추절(麥秋節)이라 일컫는다.

06) 오순절(五旬節 Pentecost)

"안식일 이튿날 곧 너희가 요제로 곡식단을 가져온 날부터, 세어서 일곱 안식일의 수효를 채우고 일곱 안식일 이튿날까지 합하여 오십 일을 계수하여 새 소제를 여호와께 드리되"(15,16)

오순절은 무교절과 초막절과 더불어 이스라엘의 3대 절기이다. 구약의 이스라엘의 성인 남자는 1년에 3번 예루살렘에 올라가 이 절기를 지켰다. (출.34:23)

초실절이 지난 후, 일곱 주를 계수한다. 사십구 일이 지난 다음 오십 일이 되는 날, 즉, 유월절을 지나 오십 일 만이다. 그래서 오순절(순=10일, 순이 다섯이므로 5순(50일)이라 일컫는 것이다. 이때 드리는 예물이 바로 맥추감사 예물이다. 칠칠절, 맥추절, 오순절이 각각 다른 절기가 아니라, 똑같은 절기의 다른 명칭이다.

오순절은 구원받은 하나님의 백성으로서 정체성의 근간인 율법을 수여 받은 매우 중요한 날이다.

예수님의 말씀이 성취되어 오순절에 성령께서 강림하셔서 120명, 성도들이 성령으로 세례를 받고 성령의 충만함을 받은 시기도 오순절에 맞추어져 있다.

07) 나팔절(喇叭節 feast of trumpets)

"이스라엘 자손에게 말하여 이르라 일곱째 달 곧 그달 첫날은 너희에게 쉬는 날이 될지니 이는 나팔을 불어 기념할 날이요 성회라."(24)

나팔절은 나팔을 불며 새해 첫날을 알리는 절기이다. 양력으로 9월 중순이나 10월 초순에 해당된다. 양력 7월(유대력은 1월) 초하루에는 신년 새해를 알리는 숫양 뿔로 만든 양각 나팔을 분다. 이스라엘 사람들은 나팔절을 다음과 같은 세 가지 신념이 있다.

첫째 새해 첫날 여호와께서 세상을 "창조하신 날"이고, 또 왕으로 즉위하시는 날, 그리고 또 이날은 세상을 "심판하시는 날"로 믿고 있다.

또한 이들은 나팔절로부터 10일 후에 있는 "대 속죄일"을 매우 중요하게 생각하여 나팔절로 부터 대 속죄일까지 10일 동안은 철저한 회개와 기도, 그리고 구제하는 일에 힘쓰며 두렵고 떨리는 마음으로 경건하게 맞이하고 보낸다.

08) 속죄일(贖罪日 Day of Aton)

"일곱째 달 열흘날은 속죄일이니 너희는 성회를 열고 스스로 괴롭게 하며 여호와께 화제를 드리고."(27)

속죄일은 한 마디로 지난 1년 동안의 모든 죄 사함을 받는 매우 중요한 절기이다. 속죄일의 시기는 나팔절로부터 10일이 지난, 유대 음력으로 7월 10일에 해당한다.

　속죄일은 1년 중 가장 거룩한 날이다. 이날은 어떤 일도 해서는 안 되는 안식일로 지켜야 하는데, 레위기 16장 31절에서는 속죄일을 가리켜 "안식일 중의 안식일"이라고 말씀하신다. 또 이날은 1년 중 유일하게 하나님께서 금식하도록 명령하신 공식적인 금식일이다. 27절 말씀에 "스스로 괴롭게 하며"라는 말이 금식을 가리키는 표현이다.

　하나님께서는 속죄일에 금식하지 않고 안식하지 않는 자는 이스라엘 백성 중에서 끊어지고 멸절시키신다고 엄중하게 경고하신다. 오늘날도 경건하지 않은 세속적인 이스라엘 사람들조차도 1년 중에 한 번 "속죄일" 만큼은 회당에 나가 회개 기도를 하며 하루를 금식하며 기도하는 것이다.

9) 초막절(草幕節 feast of booths)

　"이스라엘 자손에게 말하여 이르라 일곱째 달 열닷새 날은 초막절이니 여호와를 위하여 이레 동안 지킬 것이라."(34)

　초막절은 이스라엘 민족이 사십년 동안 광야 생활을 하면서 초막을 짓고 살았던 것을 기념하여 지키는 절기이다. 초막절을 "장막절"이라고도 한다. 장막은 일반적인 텐트 정도라면 초막은 지붕이 있다는 것이 다르다.

　초막절의 시기는 속죄일로부터 닷새가 지난 음력 7월 15일부터 21일까지 일 주일간에 해당된다. 유대인들은 집 밖에 초막을 짓고 한 주간 동안 거기서 그 안에서 생활했다.

　유대인들에게 초막절은 광야 생활의 체험 기간이라 할 수 있다.

　초막절은 우리나라의 추석 명절처럼 추수 감사제로 즐겁게 지키는 절기이다. 이 시기에는, 포도 등을 추수하여 저장하므로 "수장절"이라고도 한다. 그러므로 초막절과 장막절, 그리고 수장절은 모두가 같은 절기의 명칭이라 할 수 있다.

제2장 | 한국어 맞춤법 실용언어

제1절 우리말의 맞춤법 활용

01 한글 맞춤법 통일안

우리 한국어의 맞춤법은 표준어를 소리 나는 대로 적고, 또 어법에 맞도록 표기함을 원칙으로 삼고 있다. 즉 어법에 맞게 어근을 살펴서 적음을 말한다. (넓다, 만듦, 살살이, 설거지, 오뚝이 등)

그리고 문장의 각 단어는 띄어 씀을 원칙으로 하며 '외래어는 외래어 표기법'에 의하여 적는다.

한글 닿소리와 홀소리의 순서와 이름은 다음과 같이 읽고 표기한다.

01) 한국어 사전 찾기 순서의 (자음 19자)

	ㄱ	ㄲ	ㄴ	ㄷ	ㄸ	ㄹ	ㅁ	ㅂ	ㅃ	ㅅ	ㅆ	ㅇ	ㅈ	ㅉ	ㅊ	ㅋ	ㅌ	ㅍ	ㅎ
자음	ㄱ		ㄴ	ㄷ		ㄹ	ㅁ	ㅂ		ㅅ		ㅇ	ㅈ		ㅊ	ㅋ	ㅌ	ㅍ	ㅎ
이름	기억		니은	디귿		리을	미음	비읍		시옷		이응	지읒		치읓	키읔	티읕	피읖	히읗

02) 한국어 사전 찾기 순서의 (모음21자)

| ㅏ | ㅐ | ㅑ | ㅒ | ㅓ | ㅔ | ㅕ | ㅖ | ㅗ | ㅘ | ㅙ | ㅚ | ㅛ | ㅜ | ㅝ | ㅞ | ㅟ | ㅠ | ㅡ | ㅢ | ㅣ |

된소리는 같은 단어 안에서 별다른 이유 없이 된소리가 나면 다음 절의 첫소리는 된소리로 적는다.
예) 거꾸로, 깨끗하다, 기쁘다, 부쩍, 아끼다. 어떠하다, 해쓱하다. 등

한국어에서 두음법칙도 무척 중요하다. 이것은 한자음 첫소리에 '**녀, 뇨, 누, 니**' 가 오면 '**여, 요, 유, 이**' 적음을 말한다. 예) 년세-연

세, 녀자-여자, 뉴대-유대, 닉명-익명

02 표준어 규정

　우리나라의 표준어는 교양 있는 두루 쓰는 현대의 서울말로 정함을 원칙으로 삼고 있다.
　수컷을 나타내는 접두사는 숫이 아닌 수-로 통일한다.
예) 수꿩, 수나사, 수놈, 수소, 수은행나무 등이다. 그러나 접두사 다음에 나는 거센소리는 인정하도록 하고 있다.
예) 수캉아지, 수캐, 수컷, 수키와, 수탉, 수탕나귀, 수톨쩌귀, 수퇘지, 수평아리 등을 표준어로 삼는다. 그러나 다음 세 가지는 예외로 하고, 숫양, 숫염소, 숫쥐로 적음을 표준어로 한다.
　줄임말을 표준어로 삼는 경우가 있으므로 주의해야 한다.
예) 귀찮다, 김, 똬리, 무, 미다, 뱀, 샘, 생쥐, 장사치, 솔개, 온갖, 빔, 뱀장어
　다음은 두 가지 모두가 표준어로 쓰이는 경우를 살펴보자.
예) 쇠(소), 괴다(고이다), 꾀다(꼬이다), 쐬다(쏘이다), 죄다(조이다), 쬐다(쪼이다)

03 날마다 읽어보는 맞춤법 이야기

　우리는 하루에도 수없이 많은 대화를 한다. 맞춤법을 무시하고 생각 없이 말을 하다가 보면 실수가 나오기 쉬우므로 잘못 쓰이기 쉬운 사례들을 모아 모았다.

비치다 / 비추다
　'비치다'는 자동사이므로 목적어를 가지지 않는다. 어둠 속에 달이

비치다. 불빛이 창문으로 비치다. 김 장로님은 이번 선교여행에 동참할 뜻을 비치셨다. 등으로 쓰인다.

　반면 '비추다'는 반드시 목적어를 수반한다.

예) 내 모습을 맑은 연못에 비추어 보았다. 손전등을 비추다. 그러나 '무엇에 견주어보다'라는 의미로 쓰일 때는 목적어가 없어도 쓰일 수 있다.

예) 그의 행동에 비추어 볼 때 성격도 무척 양순할 것으로 보인다.

두루뭉술 / 두리뭉실

　성도의 잘못된 행동을 두루뭉술하게 넘어가서는 곤란하다. 즉 '두루뭉술하다'는 말은 '모나지도 않고 아주 둥글지도 않고 그저 둥글다'. '언행이나 성격 등이 끊고 맺음이 불분명하다' 할 때 쓰이는 '두루뭉술하다.'는 형용사로 '두루뭉수리'는 명사적 의미로 쓰이고 '두리뭉실'이라는 말은 잘못된 말이므로 쓰면 안 된다.

굽신거리다 / 굽실거리다

굽신거리다: 고개나 허리를 자꾸 가볍게 구푸렸다 펴다. 남의 비유를 맞추느라고 자꾸 비굴하게 행동하다.

굽실거리다: 고개나 허리를 자꾸 가볍게 구푸렸다 펴다. 남의 비유를 맞추느라고 자꾸 비굴하게 행동하다. 국어사전에서는 같은 의미로 보고 있으나 '굽신'에서 '신'은 몸신(身)이 아니다. 흔히 사람들은 몸을 굽혀서 비유를 맞추는 것처럼 생각하기 쉬운데 잘못된 발상이다. 윗사람을 대할 때 "굽신거리다." "허리를 굽신거리다." 등의 표현을 할 때 '굽신'이 아니라 '굽실'로 써야한다.

충돌 / 추돌

　충돌은 서로 부딪치는 현상을 말하고 추돌은 뒤에서 들이받는 것을 이른다.

눈길에 미끄러진 자동차가 앞차와 정면으로 충돌했다.

과속을 못 이긴 자동차가 결국 앞차를 추돌하고 말았다.

제2절 외래어 표기법

01 외래어 표기법의 기준

외래어 표기법은 대한민국의 국어국립원이 정한, 다른 언어에서 빌려온 어휘 및 들어온 언어를 한국어로 표기하는 규정이다.

1986년에 제정하였고, 그 원칙을 지금까지 별다른 변동 없이 따르고 있다.

외래어는 국어의 현재 사용하고 있는 24자의 자모만으로 적는다. 또 외래어의 한 개의 음운은 원칙적으로 한 개의 기호로 적는다. 그리고 받침에는 'ㄱ, ㄴ, ㄹ, ㅁ, ㅂ, ㅅ, ㅇ'만을 쓴다.

파열음 표기에는 된소리를 쓰지 않는 것을 원칙으로 한다.

국제음성기호와 한글 대조표는 다음과 같다.

A	B	C	D	E	F	G	H	I	J	K	L	M	N	O	P	Q	R	S	T	U	V	W	X	Y	Z
ㅏ	ㅂ	ㅆ	ㄷ	ㅔ	ㅍ	ㅈ	ㅎ	ㅣ	ㅈ	ㅋ	ㄹ	ㅁ	ㄴ	ㅜ	ㅍ	ㅋ	ㄹ	ㅅ	ㅌ	ㅜ	ㅂ	ㅜ	ㅅ	ㅣ	ㅈ
ㅐ		ㅋㅈ		ㅓ		ㄱ		ㅏㅣ						ㅏ				ㅈㅓ				ㅈ		ㅏㅣ	
ㅖ				ㅣ										ㅓ				ㅊㅠ				ㅣ			
ㅓ														ㅜ				ㅣ							
ㅗㅜ	ㅣ																								

ch	ck	dg	ng	ph	sh	th	ar	ir	or	ur	ai, ay	au, aw	ee, ea	eu, ew	oa	oo
ㅊ	ㅋ	ㅈ	ㅇ	ㅍ	쉬	ㄷ	ㅓ	ㅓ	ㅓ	ㅓ	ㅔㅣ	ㅗ	ㅓ	ㅠ	ㅗㅜ	ㅜ
치		지				ㅆ	ㅏ		ㅗ							

02 한국어 로마자 표기법

국어의 로마자 표기법은 한국어를 로마자로 표기하는 방법의 대한민국 표준으로, 표준 발음법에 맞추어 쓰는 것을 원칙으로 한다. 문화관광부가 2000년 5월 7일 고시하였다. 기존의 로마자 표기법에서 'ㅓ', 'ㅡ' 등에 쓰인 반달표와 격음에 쓰인 어깻점을 없앴고, 기존에 유, 무성 차이를 철저히 구별하던 것을 일반인이 이해하기 쉽게 개정되었다.

단모음

ㅏ	ㅓ	ㅗ	ㅜ	ㅡ	ㅣ	ㅐ	ㅔ	ㅚ	ㅟ
a	eo	o	u	eu	i	ae	e	oe	vi

이중모음

ㅑ	ㅕ	ㅛ	ㅠ	ㅒ	ㅖ	ㅘ	ㅙ	ㅝ	ㅞ	ㅢ
ya	yeo	yo	yu	yae	ye	wa	wae	wo	we	ui

서울 [Seoul] 부산[Busan] 광주[Gwangju] 안동[Andong] 김해[Gimhae] 강릉[Gangneung] 백두산[Baekdusan] 한라산[Hanllasan] 제주도[Jeju-do] 박문수[Park Moon-soo]

03 문장부호와 활용법

문장 부호의 이름과 그 사용법은 다음과 같이 정한다.

*** 마침표(.)**

온점(.), 고리점(°) 이라고도 한다. 가로쓰기에는 온점, 세로쓰기에는 고리점을 쓴다.

아라비아 숫자만으로 연월을 표시할 때 쓴다. 2022. 5. 1

준말을 나타내는 데 쓴다. 서. 2022. 5. 1(서기)

*** 물음표(?)**

의심이나 물음을 나타낸다. 반어나 수사 의문(修辭疑問)을 나타낼 때 쓴다.

제가 감히 거역할 리가 있습니까? 이게 은혜에 대한 보답이냐?

특정한 어구 또는 그 내용에 대하여 의심이나 빈정거림, 비웃음 등을 표시할 때, 또는 적절한 말을 쓰기 어려운 경우에 소괄호 안에 쓴다. 그것참 훌륭한(?) 태도다.

한 문장에서 몇 개의 선택적인 물음이 겹쳤을 때는 맨 끝의 물음에만 쓰지만, 각각 독립된 물음인 경우는 물음마다 쓴다.

너는 한국인이냐, 중국인이냐? 너는 언제 왔니? 어디서 왔니? 뭐 하러 왔니?

*** 느낌표(!)**

감탄이나 놀람, 부르짖음, 명령 등 강한 느낌을 나타낼 때와 느낌을 힘차게 나타내기 위해 감탄사나 감탄형 종결 어미 다음에 쓴다. 앗! 아, 달이 밝구나!

강한 명령문 또는 청유문에 쓴다. 지금 즉시 대답해! 부디 몸조심하도록!

감정을 넣어 다른 사람을 부르거나 대답할 적에 쓴다. 춘향아!

* **쉼표(,)**

반점(,), 모점(、) 이라고 하며, 가로쓰기에는 반점, 세로쓰기에는 모점을 쓴다.

문장 안에서 짧게 쉬어갈 때 사용한다. 같은 자격의 어구가 열거될 때에 쓴다.

근면, 검소, 협동은 우리 겨레의 미덕이다. 충청도의 계룡산, 전라도의 내장산, 강원도의 설악산은 모두 국립공원이다. 성질 급한, 철수의 누이동생이 화를 내었다.

대등하거나 종속적인 절이 이어질 때, 절 사이에 쓴다. 콩 심으면 콩 나고, 팥 심으면 팥 난다.

흰 눈이 내리니, 경치가 더욱 아름답다.

숫자를 나열할 때에 쓴다. 1, 2, 3, 4

* **가운뎃점(·)**

열거된 여러 단위가 대등하거나 밀접한 관계임을 나타낸다.

쉼표로 열거된 어구가 다시 여러 단위로 나누어질 때 쓴다. 철수·영이, 영수·순이가 서로 짝이 되어 윷놀이를 하였다.

특정한 의미를 가지는 날을 나타내는 숫자에 쓴다. 3·1운동 6·25전쟁 8·15 광복

같은 계열의 단어 사이에 쓴다. 경북 방언의 조사·연구 충북·충남 두 도를 합하여 충청도라고 한다.

* **쌍점(:)**

내포되는 종류를 들 적에 쓴다. 문장 부호: 마침표, 쉼표, 따옴표, 묶음표 등

문방사우: 붓, 먹, 벼루, 종이

작은 표제 뒤에 간단한 설명이 붙을 때 쓴다. 일시: 2022년 3월 1일 10시

* **빗금(/)**

대응, 대립 되거나 대등한 것을 함께 보이는 단어와 구, 절 사이에 쓴다.

분수를 나타낼 때 쓰기도 한다. 3/4 분기 3/20

* **따옴표**

큰따옴표(" "), 겹낫표(『 』) 가로쓰기에는 큰따옴표, 세로쓰기에는 겹낫표를 쓴다.

대화, 인용, 특별 어구 따위를 나타낸다.

글 가운데서 직접 대화를 표시할 때에 쓴다. "전기가 없었을 때는 어떻게 책을 보았을까?"

남의 말을 인용할 경우 쓴다. 예로부터 "민심은 천심이다."라고 하였다.

작은따옴표(' '), 낫표(「 」) 가로쓰기에는 작은따옴표, 세로쓰기에는 낫표를 쓴다.

따온 말 가운데 다시 말이 들어있을 때 쓴다.

"여러분! 침착해야 합니다. '하늘이 무너져도 솟아날 구멍이 있다.'고 합니다."

마음속으로 한 말을 적을 때에 쓴다.

'만약 내가 이런 모습으로 돌아간다면 모두를 깜짝 놀라겠지.'

* **묶음표 〔括弧符〕**

소괄호(( )) 원어, 연대, 주석, 설명 등을 넣을 적에 쓴다.

커피(coffee)는 기호 식품이다. 3·1 운동(1919) 당시 나는 중학생이었다.

니체(독일의 철학가)는 이렇게 말했다.

빈자리임을 나타낼 적에 쓴다. 예수님을 배반한 제자는 (   ) 이다.

제3장 | 교회 관련 한자어

생활 속에 꼭 필요한 한자들

교회속의 필수 한자어
교회에서 자주 쓰이는 한자어들을 익힘으로 유사시에 어려움을 당하지 않고 유용하게 쓰임을 생각하고 눈여겨봐 주기를 바란다.

01) 삼위일체 호칭별 한자와 뜻
三位一體 석 삼, 자리 위, 하나 일, 몸체 [삼위일체]
- 세 가지가 같은 목적을 이루기 위해 하나가 됨

聖父 성스러울 성, 아비 부 [성부]
- 삼위일체 중의 하나인 하나님을 이르는 말

聖子 성스러울 성, 아들 자 [성자]
- 삼위일체 중의 하나인 예수그리스도를 이르는 말

聖靈 성스러울 성, 신령할 령 [성령]
- 삼위일체 중의 하나인 거룩한 영, 하나님의 영을 이르는 말

02) 성직의 호칭별 한자와 뜻
使徒 하여금 사, 무리도 [사도]
- 예수님께서 복음전파를 위하여 특별히 선별하여 뽑은 열두 명의 제자

先知者 먼저 선, 알 지, 놈 자 (선지자)
- 예수님 이전 시대에 예수님의 강림과 하나님의 뜻을 예언하던 대선지자, 소선지자

前導者 앞 전, 이끌 도, 놈 자 [전도자]
- 하나님을 믿지 않는 자에게 하나님을 신앙 하도록 권유하는 직분 자

宣敎師 베풀 선, 가르칠 교, 스승 사 [선교사]
- 외국에 파견되어 하나님의 말씀을 전파하는 목회자

牧師 칠 목, 스승 사 [목사]
- 교회에서 예배를 인도하고 교구 관리와 신자의 영적 생활을 지도하는 성직자

傳道師 전할 전, 길 도, 스승 사 [전도사]
- 목사 안수 이전의 교역자로서 담임 목회자를 도와 전도의 임무를 맡은 성직자

長老 길 장, 늙을 로 [장로]
- 교회의 운영과 선교에 참여하며 기도에 힘쓰는 경륜과 덕을 가진 교회의 한 성직자

勸士 권할 권, 선비 사 [권사]
- 교역자를 도와 궁핍자와 어려움 겪는 성도의 집을 심방, 위로하며, 교회의 덕을 세우는 직분

將立執事 장차 장, 설 립, 잡을 집, 일 사 [장립집사]
- 교회 각 기관의 일을 맡아 봉사하는 직분 자, 안수를 통하여 세워진 항존 직

署理執事 관청 서, 다스릴 리, 잡을 집, 일 사 [서리집사]
- 교회 각 기관의 일을 맡아 봉사하는 직분 자, 안수 받지않은 단년 직

區域長 지경 구, 지경 역, 길다 장 [구역장]

- 한 구역의 성도를 보살피고 이끌어 신앙의 본을 보이는 교회의 한 직분

聖徒 성스러울 성, 무리 도 [성도]
- 하나님을 아버지라 시인하고 예수님을 구세주라 믿고 성령의 도우심을 받는 모든 신자(信者)

教區長 가르칠 교, 지경 구, 길 장 [교구장]
- 넓은 지역의 책임을 맡아 교육, 관리를 담당하는 교회 내의 한 직분을 가진 자

千夫長 일천 천, 지아비 부, 길 장 [천부장]
- 구약시대 백성들의 시시비비를 가리는 재판관이며 일천 명의 군사를 통솔하는 지휘관

百夫長 일백 백, 지아비 부, 길 장 [백부장]
- 구약시대의 재판관, 일백 명의 군사를 통솔하는 지휘관

十夫長 열 십, 지아비 부, 길 장 [십부장]
- 열 명을 다스리는 관리, 천, 백, 오십 부장과 함께 '이드로'의 권유로 '모세'가 세운 효율적 제도

勸察 권할 권, 살필 찰 [권찰]
- 성도의 가정형편을 살피어 목회자에게 보고하고 함께 기도하는 교회의 한 성직자

03) 헌금의 종류별 한자와 뜻

主日獻金 주인 주, 날 일, 바칠 헌, 쇠 금 [주일헌금]
- 주님의 날 예배에 참석하여 미리 준비하여 하나님께 자원하여 드리는 예물

主定獻金 주인 주, 정할 정, 바칠 헌, 쇠 금 [주정헌금]

− 성도가 하나님 앞에 매주, 정한 예물을 드리겠다고 마음먹고 드리는 헌금

月定獻金 달 월, 정할 정, 바칠 헌, 쇠 금 [월정헌금]
− 성도가 하나님 앞에 매월 정한 예물을 드리겠다고 마음먹고 드리는 헌금

救濟獻金 건질 구, 건널 제, 바칠 헌, 쇠 금 [구제헌금]
− 가난한 이웃이나 불우한 단체, 갑작스런 재난이나 어려움 당한 자를 돕기 위한 헌금

麥秋感謝獻金 보리 맥, 가을 추, 느낄 감, 사례할 사, 바칠 헌, 쇠 금 [맥추감사헌금]
− 수고하여 얻은, 그 해의 첫 결실을 드리는 예물

苦難週刊獻金 쓸 고, 어려울 난, 돌 주, 책 펴낼 간, 바칠 헌, 쇠 금 [고난주간헌금]
− 예수님께서 당하신 고난이 우리를 위함임을 알고, 감사함으로 드리는 예물

復活節獻金 다시 부, 살 활, 마디 절, 바칠 헌, 쇠 금 [부활절 헌금]
− 예수님의 부활을 기뻐하며 감사함으로 자원하여 감사함으로 드리는 예물

秋收感謝獻金 가을 추, 거둘 수, 느낄 감, 사례할 사, 바칠 헌, 쇠 금 [추수감사헌금]
− 한 해의 농사를 갈무리하고, 결실하게 하신 하나님께 감사의 마음을 담아 드리는 예물

聖誕感謝獻金 성스러울 성, 태어날 탄, 느낄 감, 사례할 사, 바칠 헌, 쇠 금 [성탄감사헌금]

─ 예수님의 초림을 기뻐하고, 감사하는 마음을 담아 드리는 예물

送舊迎新獻金 보낼 송, 옛 구, 맞이할 영, 새 신, 바칠 헌, 쇠 금 [송구영신헌금]

─ 한 해를 잘 보내게 하시고, 새로운 한 해를 주신 하나님께 기쁜 마음으로 드리는 예물

新年獻金 새로운 신, 해 년, 바칠 헌, 쇠 금 [신년헌금]

─ 새해, 새 소망을 주신 하나님께 진심으로 감사하는 마음을 담아 올리는 예물

尋訪獻金 찾을 심, 찾을 방, 바칠 헌, 쇠 금 [심방헌금]

─ 목회자가 성도의집을 방문하여 위로하고 예배드리심에 감사의 마음으로 드리는 예물

作定獻金 지을 작, 정할 정, 바칠 헌, 쇠 금 [작정헌금]

─ 하나님께 드릴 예물을 마음으로 작정하여 드리는 예물

誠米獻金 정성 성, 쌀 미, 바칠 헌, 쇠 금 [성미헌금]

─ 하나님의 은혜에 감사하여 식사 때마다 모아서 정성껏 구별하여 드리는 예물

宣敎獻金 베풀 선, 가르칠 교, 바칠 헌, 쇠 금 [선교헌금]

─ 해외에서 전도하는 선교사를 돕기 위하여 구별하여 드리는 예물

建築獻金 세울 건, 쌓을 축, 바칠 헌, 쇠 금 [건축헌금]

─ 예배드릴 처소(예배당)를 짓기 위한, 필요의 경비를 목적으로 드리는 예물

十一條 열 십, 하나 일, 가지 조 [십일조]

─ 성도가 수입의 십분의 일을 하나님께 드리는 예물

感謝獻金 느낄 감, 사례할 사, 바칠 헌, 쇠 금 [감사헌금]

- 하나님의 은혜와 사랑에 감사하는 마음으로 드리는 모든 예물

節氣獻金 마디 절, 기운 기, 바칠 헌, 쇠 금 [절기헌금]
- 성경 중심의 절기에 맞춰 감격하는 마음으로 특별히 드리는 예물

獎學獻金 권면할 장, 배울 학, 바칠 헌, 쇠 금 [장학헌금]
- 배움의 열의가 있는 학생들에게 배움을 장려하는 마음으로 전달되는 예물

04) 절기별 명칭과 한자와 뜻

安息日 편안할 안, 숨 쉴 식, 해 일 [안식일]
- 한 주간의 마지막 날(제7일)인 토요일, 그날을 구별하여 거룩하게 지키며 안식하는 구약 절기

月朔 달 월, 초하루 삭 [월삭]
- 새달, 초하루 곧 매월 1일 이란 뜻, 매월의 첫날을 말함

過越節 지날 유, 넘을 월, 마디 절 [유월절]
- 이스라엘 백성들의 문설주와 인방에 바른 양의 피를 보고 재앙이 그냥 넘어감

無酵節 없을 무, 삭힐 교, 마디 절 [무교절]
- 누룩을 넣지 않은 맛없는 떡을 말한다.

初實節 처음 초, 열매 실, 마디 절 [초실절]
- 그해 첫 열매를 하나님께 드리는 절기, 맥추절(麥秋節)로 명명함

五旬節 다섯 오, 열흘 순, 마디 절 [오순절]
- 초실절 후, 일곱 주를 계수한다. 사십구 일이 지난 다음 오십 일, 유월절을 지난 오십 일

喇叭節 나팔 나, 입벌릴 팔, 마디 절 [나팔절]
- 나팔을 불며 새해 첫 날을 알리는 절기

贖罪日 속바칠 속, 허물 죄, 날 일 [속죄일]
- 속죄일은 지난 1년 동안의 모든 죄를 사함 받는 매우 중요한 절기

草幕節 풀초, 막 막, 마디 절 [초막절]
- 출애굽 후 광야생활을 할 때 하나님께서 인도해주심에 대한 기념의 절기, 다른 말로 장막절

復活節 다시 부, 살 활, 마디 절 [부활절]
- 예수님이 죽으시고 사흘 만에 다시 살아나심을 축하는 기념일

聖靈降臨節 성스러울 성, 신령 령, 임할 임, 마디 절 [성령강림절]
- 예수님이 부활하시고 오십일이 지난날 성령께서 사도들에게 강림하신 날을 기념하는 절기

聖誕節 성스러울 성, 태어날 탄, 마디 절 [성탄절]
- 예수님께서 인생들의 죄를 해결하시기 위하여 동정녀로부터 초림하심을 기념하는 절기

05) 교회에서 자주 사용하는 한자와 뜻

架上七言 시렁 가, 윗 상, 일곱 칠, 말씀 언 [가상칠언]
- 예수님께서 십자가 위에서 남기신 마지막 일곱 마디의 말씀

感動感化 느낄 감, 움직일 동, 느낄 감, 될 화 [감동감화]
- 하나님께서 주시는 은혜로 마음이 움직이고, 영향력에 힘입어 감정이 바람직하게 바뀌는 현상

降臨 내릴 강, 임할 림 [강림]
- 인간 세상의 온전한 회복을 위해 하나님께서 성육신 하셔서 직접 내려오심

敎會創立 가르칠 교, 모일 회, 비롯할 창, 설 립 [교회창립]
- 교회창립은 오순절 성령강림과 함께 생겨났다. 교회 개척의 의미

는 [예배당설립]으로 해야한다.

改新敎 고칠 개, 새 신, 가르칠 교 [개신교]
- 종교개혁 이후 가톨릭과 대립하는 개혁주의 사상이 바탕이므로 [개혁교회]로 잡아야 함

禁食祈禱 금할 금, 밥 식, 빌 기, 빌 도 [금식기도]
- 회개의 목적이나 기도의 응답을 받기 위하여, 음식물을 섭취하지 않고 하나님께 드리는 기도

基督敎 터 기, 살펴볼 독, 가르칠 교 [기독교]
- 메시야로서 인류 구원을 위하여 이 땅에 오신 예수님의 인격과 교훈을 따르는 신앙단체

男, 女 宣敎會 사내 남, 계집 녀, 베풀 선, 가르칠 교, 모일 회 [남·녀 선교회]
- 특별히 해외전도를 목적으로 조직한 교회안의 남·녀 성도의 모임

老會 늙을 노, 모일 회 [노회]
- 장로교회에서 각 교구(시찰회)의 목사와 장로의 대표들이 모이는 협의단체

童貞女 아이 동, 곧을 정, 계집 녀 [동정녀]
- 남자와는 단 한 번의 성적 관계를 가지지 않은 여자, 즉 마리아를 일컫는 말

牧會者 칠 목, 모일 회, 놈 자 [목회자]
- 교회에서 성도의 교육과 지도, 불신자에게는 복음을 전하는 의무를 가지며 설교와 예전을 실행함

黙想 묵묵할 묵, 생각할 상 [묵상]
- 하나님을 깊이 생각하며 기도와 명상을 수반하는 성도의 엄숙한

행위

奉仕 받들 봉, 벼슬할 사 [봉사]
- 하나님을 믿는 타인을 위하여 자신을 돌보지 않고 힘써 성도를 돌보는 행위

復活信仰 다시 부, 살 활, 믿을 신, 우르를 앙 [부활신앙]
- 사망을 이기시고 다시 살아나신 예수님을 강력히 믿는 믿음

使徒 하여금 사, 무리 도 [사도]
- 예수님께서 복음전파를 위하여 특별히 선별하여 뽑은 열두 명의 제자(베드로, 안드레, 야고보, 요한, 빌립, 마태, 시몬, 도마, 바돌로메, 야고보(알페오아들), 다대오, 유다)

使命 하여금 사, 목숨 명 [사명]
- 하나님으로부터 내려받은 거룩한 책무, 복음 전하는 일은 성도의 사명(使命)이다.

宣敎 베풀 선, 가르칠 교 [선교]
- 그리스도의 구원사역을 세상에 널리 전파하는 일

說敎 말씀 설, 가르칠 교 [설교]
- 하나님의 진리의 말씀을 성도들이 이해하기 쉽도록 풀어서 말로 전달하는 일

設立 베풀 설, 설 립 [설립]
- 교회나 사회적 기관의 조직체를 만들어 세우는 그러한 일 (교회를 설립하다.)

聖經 성스러울 성, 날 경 [성경]
- 하나님의 특별계시가 담긴 구약39권과 신약27권 모두 66권의 정경을 이름

聖潔敎 성스러울 성, 깨끗할 결, 가르칠 교 [성결교]
- 19세기 말에 미국에서 시작됨. 중생, 성결, 신유, 재림의 4중 복음이 중심. 감리교의 한 갈래

聖徒 성스러울 성, 무리도 [성도]
- 삼위일체 하나님을 믿고 믿음으로 의롭게 되었으며, 예수 안에서 형제요, 자매를 일컬음

聖時交讀 성스러울 성, 때 시, 사귈 교, 읽을 독 [성시교독]
- 예배시에 설교자와 회중이 시편이나 특정 성경을, 한 구절씩 교송함을 이르는 말

聖殿 성스러울 성, 큰집 전 [성전]
- 예수님께서 오시기 전 하나님께 예배드릴 목적으로 지은 건축물. 신약에는 성도가 교회이다.

聖化 성스러울 성, 될 화 [성화]
- 구원의 현재적 단계이며 거룩하고 의롭다 칭함, 받은 성도들의 실질적으로 거룩하여지는 과정

所望 바 소, 바랄 망 [소망]
- 하나님을 바라며 긍정적인 기대감을 의미하며, 성도는 '희망'이 아닌 소망을, 가져야 한다.

召命 부를 소, 목숨 명 [소명]
- 하나님의 일을 하도록 하나님으로부터 특별한 부름을 받는 일

所願 바 소, 원할 원 [소원]
- 일반적으로는 '바라고 원하는 것'을 말하지만, 성도는 하나님께만 간절한 소원을 바라야 한다.

順從 순할 순, 좇을 종 [순종]

- 시키는 대로 복종함. 예수님께서 목숨 바쳐 순종하셨던 것처럼 성도도 순종으로 따라야 한다.

視察會 볼 시, 살필 찰, 모일 회 [시찰회]
- 장로교에서 총회, 노회의 산하이며 지경, 내의 교회들의 사정을 두루 살피는 당회들의 집합체

信者 믿을 신, 놈 자 [신자]
- 성부의 창조와 성자의 구원하심, 성령(聖靈)의 도우심을 믿는 신앙인의 한 개개인을 이름

十誡命 열 십, 경계할 계, 목숨 명 [십계명]
- 하나님께서 모세(Moses)를 통하여 시내산(Mount Sinai)에서 내리신 열 가지 계명(誡命)

十字架 열 십, 글자 자, 시렁 가 [십자가]
- 그리스도께서 우리의 죄과를 속량하시기 위하여, 못 박히신 명예와 존경과 희생의 표징이다.

良善 좋을 량, 착할 선 [양선]
- 착하고 좋은 사람. 성도는 구원을 통하여 착하고 선한 사람으로 조금씩 완벽하게 성화되어간다.

溫柔 따뜻할 온, 부드러울 유 [온유]
- 성령의 열매중 하나인데 말은 따뜻하고 성격은 온화하다는 말. 성도가 갖춰야 할 태도 중 하나

榮光 불꽃 영, 빛 광 [영광]
- 하나님의 위대하심을 성도가 나타내는 것으로서, 성도는 항상 하나님을 향한 마음으로 살아야 한다.

禮拜堂 예도 예, 절 배, 집 당 [예배당]

- 하나님의 말씀을 선포하며 예배드리는 장소로서, 성도의 공동체가 모이는 건축물을 말함

容恕 얼굴 용, 용서할 서 [용서]
- 상대의 잘못을 잊어버리고 내게 상처 준 사람이 잘 되기를 진심으로 빌어주는 고도의 베풂이다.

律法 법율 률, 법 법 [율법]
- 하나님께서 모세에게 내리신 십계명을 중심으로 모세오경의 내용을 근간(根幹)으로 삼고 있다.

恩惠 은혜 은, 은혜 혜 [은혜]
- 받을 자격이 없는 사람에게 하나님께서 아무런 대가 없이 거저 주시는 선물

應答 응할 응, 팥 답 [응답]
- 부름이나 질문에 응대하여 답함. 우리가 어떤 기도를 하든지 하나님께서는 응답해 주신다.

引導 끌 인, 이끌 도 [인도]
- 길이나 장소로 안내함. 깨달음의 길로 들게함

長老會 길다 장, 늙을 로, 모일 회 [장로회]
- 16세기 초 존 칼빈이 종교개혁을 하면서 개혁교회를 주창하였으며 예정론의 교리를 가진다.

傳道 전할 전, 길 도 [전도]
- 하나님의 인간 구원에 대한 사실들을 세상 많은, 사람들에게 알리고 전하는 하나님의 사역

節制 마디 절, 마를 제 [절제]
- 죄 성을 지니고 살아가는 인간들에게 성령의 도우심으로 정도를

넘지 않고 알맞게 하려함

主日 주인 주, 해 일 [주일]
- 안식 후 첫날, 예수님께서 부활하신 날을 기념하여 예배드리는 엄숙한 축제의 날이다.

仲保祈禱 버금 중, 지킬 보, 빌기, 빌 도 [중보기도]
- 자신이 아닌 다른 사람을 위하여 드리는 기도를 말함. 예수님께서도 자신 보다가 타인을 위한 기도를 많이 하셨다.

指揮者 손가락 지, 휘두를 휘, 놈 자 [지휘자]
- 합창, 합주에서 찬양이나 연주를 조화롭게 이끌기 위하여 단체행동을 조화롭게 이끄는 이

讚頌歌 기릴 찬, 기릴 송, 노래 가 [찬송가]
- 하나님의 구속사역에 감사하여 하나님의 사랑과 은총을 기리며 영광(榮光)을 올리는 노래

讚揚隊 기릴 찬, 오를 양, 대 대 [찬양대]
- 하나님의 위대하심을 크게 기리고 부르기 위하여 조직된 합창대(合唱隊)

慙悔 부끄러울 참, 뉘우칠 회 [참회]
- 지난날의 잘못을 깨달아 뉘우치고 하나님께 고백(告白)하며 용서(容恕)를 구하는 것

天國 하늘 천, 나라 국 [천국]
- 이 땅에서 하나님을 믿고 떠난 이후에 하나님과 함께 살게 되는 영생 복락의 나라

總會 거느릴 총, 모일 회 [총회]
- 다수의 구성원이 모여서 사역에 관하여 기도하고 의논하는 모임,

총회 〉 노회 〉 시찰회 〉 당회

祝禱 빌 축, 빌 도 [축도]
- 축복기도의 준말, 예배(禮拜)의 마지막에 목사가 하나님께 복을 빌며 하는 기도(祈禱)

祝福 빌 축, 복 복 [축복]
- 하나님을 믿는 성도가 타인의 복을 대신 빌어주는 것. 하나님께서는 우리를 축복 하시는 분이 아니라 복의 근원이신 하나님께서 직접 주신다. '하나님 축복하여 주시옵소서'는 잘못된 표현이다.

祝願 빌 축, 원할 원 [축원]
- 하나님에게 뜻을 아뢰고 그것이 이루어지기를 바라는 일. 성도 모두가 할 수 있는 기도이다.

忠誠 충성 충, 성 [충성]
- 진정에서 우러나오는 정성, 구원 받은 성도는 신명(身命)을 다하여 죽도록 충성(忠誠) 해야 한다.

悔改 뉘우칠 회, 고칠 개 [회개]
- 죄인(罪人)임을 자각하고 반성하며 벗어나려는 의지로 하나님께로 향(向)하는 걸음걸이이다.

알아두면 유익한 용어들

바로 잡아야 할 기독교 용어

제1절 예민한 기독교 용어들

> 설교를 듣는 도중 하나님의 말씀을 사람이 말한 것처럼 하여 듣는이가 의아함을 가지게 하는 경우가 종종 있다. 즉 하나님의 말씀을 대필한 저자의 말로 확정지어 그 저자가 말한 것처럼 설교할 때이다. 예를 들면 "이사야 선지자가 말하기를", "사도바울은 이렇게 말했다" 따위들이다. 성경의 저자는 하나님이심을 명심해야 한다. 바로 잡자면 "하나님께서 이사야 선지자를 통하여 말씀하시기를" "사도바울을 통하여 하나님께서 이렇게 말씀하셨다."로 해야 한다. 하나님의 말씀이 사람의 말로 잘못 전달되어서는 안 된다. 하나님의 말씀과 사탄의 표현도 잘 분별해서 써야 할 필요가 반드시 있다.
>
> 모든 성경은 하나님의 감동으로 된 것으로 교훈과 책망과 바르게 함과 의로 교육하기에 유익하니 이는 하나님의 사람으로 온전하게 하며 모든 선한 일을 행할 능력을 갖추게 하려 함이라 (딤후3:16~17)

01 성령(聖靈)의 감동으로 쓰여진 성경(聖經)

성경이 기록된 기간은 대략 천오백여 년으로 추측한다. 기록은 사람이 하였으나 내용은 하나님의 계시에 의하여 완성되었다. 필사에 가담한 인원은 약 마흔 명에 이른다.

직업별로 보면 선지자, 제사장, 목자, 목동, 사사, 세리, 어부, 엔지니어, 의사 등이 있다. 각기 다른 환경과 다른 세대를 살았지만, 성경은 모순이나 오류를 찾아볼 수가 없다. 각자의 다른 관점으로 한 가지 사실을 향하고 지목하고 있으므로 절대적인 하나님의 영감으로 쓰여졌다.

02 성경(聖經)의 저자(著者)들(대필자)

인물	연대	성경	인물	연대	성경
모 세	bc 1400년경	창,출,레,민,신,욥	마 태	ad 55년경	마태복음
여호수아	bc 1350년경	여호수아	마 가	ad 50년경	마가복음
사무엘	bc 900년경	사사기, 룻기, 사무엘상, 하	누 가	ad 60년경	누가복음
예레미아	bc 600년경	예레미야, 애가	요 한	ad 90년경	요한복음
에스라	bc 450년경	역상,하,에,느	누 가	ad 65년경	사도행전
모르드게	bc 400년경	에스더	바 울	ad 70~50년경	롬,고전,후,갈,엡,빌,골,살전,후,딤전,후,디,몬
다 윗	bc1000~400년경	시편	바울or누가	ad 65년경	히브리서
솔로몬	bc 900년경	잠언,전도서,아가	야고보	ad 45년경	야고보서
이사야	bc 700년경	이사야서	베드로	ad 60년경	벧전,후서
예레미아	bc 600년경	예레미야,애가	요 한	ad 90년경	요한1~3서
에스겔	bc 550년경	에스겔서	유 다	ad 60년경	유 다 서
다니엘	bc 550년경	다니엘서	요 한	ad 90년경	요한계시록
호세아	bc 750년경	호세아서			
요 엘	bc 850년경	요 엘 서	사람의 손이 작용했다고 해서 내용마저도 사람의 것이 아니다. 그러므로 말씀을 인용할 때 "사도바울이 말하기를~"이라기 보다는 "하나님께서 사도바울을 통하여 이렇게 말씀하셨다."고 해야한다. 성경 저작의 최종 목적은 예수 그리스도를 통한 구원 사역에 있음을 명심해야 한다.		
아모스	bc 750년경	아모스서			
오바댜	bc 600년경	오바댜서			
요 나	bc 700년경	요 나 서			
미 가	bc 700년경	미 가 서			
나 훔	bc 650년경	나 훔 서			
하박국	bc 600년경	하박국서			
스바냐	bc 650년경	스바냐서			
학 개	bc 500년경	학 개 서			
스가랴	bc 500년경	스가랴서			
말라기	bc 430년경	말라기서			

03 성도가 사용해서는 안 되는 말들

가호(加護) "보호 하여줌"으로 해석할 수 있다. 그러나 불교에서는 부처가 베풀어 주는 것으로 사용하고 있다.

궁합(宮合) 혼인할 상대의 생년월일시를 유교의 풍습에 따라 음양오행에 맞춰 길흉을 점치는 일

기일(忌日) 조상의 사망일, 음주, 작약(作藥즐기다) 등 길사를 꺼리는 경향이 있으므로 기일(꺼리는 날)이라고 칭한다. 제사는 유교의 산물이다. [추도예배]라는 용어도 합당하지 않는 용어이다. "죽은 사람은 생각하여 슬퍼하다"의 의미를 담고 있다. 엄밀히 말하면 하나님의 부르심을 받은 육신의 혈육을 인간적으로 보면 기뻐할 수는 없겠으나, 그렇게 슬퍼할 일도 아니다. 그러므로 기일이라는 말을 대신하여 "죽은 사람을 그리며 생각하다."는 의미의 추모(追慕)가 합당할 듯하다. 예) 추모식, 추모예배

별세(別世) "윗사람이 세상을 떠남"이란 의미를 지닌다. 그러므로 소천(召天) "하나님의 부름을 받아 돌아가다."는 의미의 표현이 적절하다.

부정타다 [샤머니즘Shamanism] 신앙에서 출발한 용어이다. 영혼이 맑지 못한 기운이나 불길한 생각 등으로 사탄의 궤계로 어떤 일이 잘 풀리지 않음을 의미하는 말로 비성서적 용어이다.

사주(四柱) 태어난 해, 달, 날, 시의 네 육십갑자를 이르는 말로 혼인이나 운수를 점칠 때 활용한다. 잘못된 적용-집사님 사주가 어떻게 되나요?

팔자(八字) '사람의 한평생의 운수'를 이르는 말로 사물의 이치가 하나님 중심이 아닌 무신론적 표현이다. 잘못된 적용-사람 팔자 시간

문제다.

숙명(宿命) '날 때부터 타고난 정해진 운명' 사람은 하나님의 절대적 섭리에 따라서 예정된 삶을 산다. 하나님의 선택과 성도의 기도로 절대적 숙명은 존재할 수 없다.

신령(神靈) 무속신앙에서 섬기는 잡신을 이르는 말로 교회에서 말하는 성령(聖靈), 즉 삼위일체 성령과 다르므로 신중히 사용해야 한다.

신수(身受) 눈, 귀, 혀, 코, 피부를 통하여 받는 육체적 감각을 이르는 불교적 용어이다.
잘못된 적용-집사님 신수가 훤하십니다.

악연(惡緣) 좋지 못한 인연. '나쁜 일을 부추기는 주위환경'이라는 불교 용어이다.

연(緣) 서로 관계를 맺게 되는 인연. "원인을 도와 결과를 낳게 하다."는 의미의 불교 용어

연생(緣生) "모든 사물은 인연에 의해 발생한다."는 불교 용어이다.

우연(偶然) '아무런 인과 관계없이 뜻하지 않게 일어난 일' 하나님의 계획은 원인과 결과가 없는 우연은 없다. 모든 것이 하나님의 계획과 섭리에 따라 일어나는 필연이다.

운명(運命) 인간을 포함한 모든 것을 지배하는 초월 된 힘, 또한 그것에 의하여 이미 정해져있는 목숨이나 처지를 말한다. 하나님이 곧 운명이라는 논리는 비약이다.

운수(運數) 이미 정해져 있는 인간의 힘으로 어찌할 수 없는 천운과 기수. 토속신앙에서 유래 된 용어이다. 하나님이 배제된 지극히 인간적인 표현이다.

연성(鍊成) "몸과 마음을 닦아서 일을 이루다."라는 유교적 용어이다.

운세(運勢) 사람이 타고난 운명이나 운수. 운명이나 운수가 닥쳐오는 기세. 음양오행에 의한 유교적 접근이므로 사람의 삶을 운세에 맡겨서는 안된다.

인연(因緣) 사람 사이에서 맺어지는 관계, 사물과의 연줄. "억겁의 덕을 쌓아야 부부의 인연이 맺어진다"고 말하는 불교 용어이다.

점(占) 팔괘, 오행, 육효 따위의 방법으로 앞날의 운수와 길흉화복을 미리 판단하는 일

조상신(祖上神) 자손의 보호를 맡아본다는 4대조 보다가 더 윗대 조상들의 신. 보통의 제사에서는 모시지 않고 시향(時享)이나 가신제(家神祭)에서 모신다는 유교에서 발생 된 말

제사(祭祀) 신령이나 죽은 사람의 넋에게 음식을 바쳐 정성을 나타냄. 또는 그 의식

토정비결(土亭秘訣) 조선 명종 때에 토정 이지함이 지었다고 하는 일종의 예언서. 태세·월건·일진을 숫자로 따지고, [주역]의 음양설에 기초하여, 일 년의 길흉화복을 점친다.

천생연분(天生緣分) 천지신명이 정해 준다는 사람의 인연 또는 연분을 말한다. (천생인연)

행운(幸運) "좋은 운수. 행복한 운수"라는 말이다. 성도는 하나님을 떠나 '우연'이 없으며, 하나님을 떠난 행복도, 운수도 있을 수 없으므로 합당한 표현이 될 수 없다.

제2절 분별해야 할 일상의 용어들

01 하나님의 말씀과 사탄의 말

하나님의 역사(役事)에서 役은 일을 시키다. 부리다. 등의 의미로 쓰인다. 事는 일하다, 전념하다. 의 뜻을 담고 있다. 하나님의 역사와 함께 사탄의 일을, 하나님과 사탄을 나란히 표기해야 할 때는 조심해서 써야 한다. 예를 들면 "하나님께서 하시는 일과 사탄이 하는 일"을 간결한 표현으로 나타낼 때 우리는 [하나님의 역사와 사탄의 역사]로 표기하는 경우를 본다. 이는 하나님과 사탄을 같은 입장에 놓고 있다. 물론 문자적 해석으로만 보면 [사탄의 역사]라고 표현하는 것이, 크게 잘못된 것이 아닌 것처럼 보인다. 그러나 하나님과 나란히 놓을 때 만이라고 다르게 표현해야 한다. 예를 들면 [하나님의 역사하심과 사탄의 궤계]로 쓰는 것이 바람직할 것이다. 궤계(Scheme)의 사전적 의미는 '간사하게 남을 속이는 꾀'로 적고 있다.

미디안 사람들은 **이스라엘** 사람들을 악한 궤계로 유혹하여 죄를 짓게 했고(민25:18) 애굽의 왕은 궤계를 통하여 아이들을 모두 죽이는 일(행7:19)을 했다.

또한 시편38:12에서는 악인이 올무를 놓고 괴악한 일을 말하며 종일토록 궤계를 도모한다고 말하고 있다.

* 하나님의 역사하심으로 인류의 평화가 이루어질 줄 믿습니다.
* 사탄이 <u>역사</u>하여 인류의 평화가 무너지고 있다. (사탄의 궤계로)

온 우주와 만물은 하나님께서 창조하셨다. 천사의 타락으로 하나님의 창조질서에 차질이 생겼다. 사탄(Satan)은 하나님께 불순종하고 대적하는 귀신의 우두머리 격 존재이다. 거짓의 아비이고 불순종의 원흉이며 공중세력을 잡은 악한 존재이다.

이는 세상 끝날까지 택함을 받은 성도들을 미혹하고 사탄의 왕국을 이룰 수 있다고 착각하고 있다. 하나님의 말씀은 인격적이다. 반면, 사탄의 말은 궤계(Scheme)의 일색이다.

하나님의 말씀과 악한 사탄의 말을 함께 사용할 때는 삼가 조심해서 사용하여야 한다.

02 하나님의 복(福)과 사람의 축복(祝福)

하나님의 은혜와 복을 다른 사람들에게 빌어주는 일. 너를 축복하는 자에게는 내가 복을 내리고 "너를 저주하는 자에게는 내가 저주하리니 땅의 모든 족속이 너로 말미암아 복 얻을 것이라" 하신지라(창 12:314:19, 24:60) 축원 또는 성찬 예식과 관련하여 하나님을 향한 감사 축복의 사전적 의미는 명사형으로서 복, 행복이라는 뜻으로 그 의미를 넓혀놓고 있다. 그렇더라도 동사형 어미를 붙여 "축복하다."라고 할 때는 분명히 어떤 존재에게 누구의 행복을 빈다. 는 뜻이 되므로 "하나님께서 축복해 주십시오."라는 것은 잘못된 표현이라 할 수 있다. 하나님은 우리를 대신하여 또 다른 어떤 존재에게 福을 빌어 주시는 분이 아니다. 오직 하나님의 福의 근원이시며 복을 내리시는 분이시다. 그래서 우리가 하나님께 복을 빌어야지, 하나님께 복을 빌어 달라는 의미인 '축복해 주십시오.'라고, 표현하면 안 된다.

맺음말

하나님의 말씀과 사람의 말을 내면서 하나님의 권능적(權能的) 말씀과 사람의 소통적(疏通 的) 말에는 엄연한 격차가 있음을 확인했다. 하나님께서는 말씀을 통하여 우리에게 다가오셨고, 지금도 진행형이다.

하나님의 말씀(vokce)이라고 하면 귀에 들리는 것만 생각하기 쉽다. 그래서 하나님의 목소리도 직접 듣기를 바라고, 들었다고 주장하는 사람들이 생겨나는 것이다.

하나님과 우리의 소통은 사람과의 대화처럼 주고받는 직접적 관계에 있는 것이 아니다. 구약의 특별한 경우를 제외하고 성경이 완성된 신약 시대에 사람이 하나님의 뜻을 인지할 수 있는, 방법은 성령의 감동과 성경 말씀이 우선한다.

하나님께서는 우리에게 필요한 모든 말씀을 성경에 미리 다 해 놓으시고 필요에 따라 활용할 수 있도록 준비해 두신 것이다. 그것이 하나님께서 우리에게 주신 특별계시 곧 성경 말씀이다.

다만 성경이 완성되기 전에는 필요에 따라 자연과 사람에게 직접 말씀하시기도 하셨다.

* 태초에 자연과 만물에게 말씀하심(창1:1~31)
* 아담과 하와에게 말씀하심(창3:8~22)
* 아브람에게 아비 집을 떠나라고 말씀하심(창12:1~7)
* 제사장 에스겔에게 말씀하심(겔12:1 이하)
* 다니엘에게 쉴 것을 말씀하심(단12:9~13)

하나님의 말씀은 살았고 운동력이 있다.(히4:12)

하나님의 말씀은 감동이 포함되어 있고 유익하며 부족함이 없다.(딤후3:16~17)

하나님께서는 우리 인간의 한계를 잘 알고 계시므로 구전(口傳)이 완전하지 못하여 신뢰하기 어려움을 아시기에 말씀(眞理)을 변할 수 없는 기록문서(聖經)로 남기게 하셨다. 우리는 말씀의 본질과 계시 된 문자적 의미를 바르게 해석하고, 사람의 말을 정확히 사용하는 능력을 기르고, 말씀을 소중히 여기고 정확히 알기 위하여, 힘써야 한다. 말씀과 말의 관계를 바르게 알고, 맞게 활용하여 은혜로운 신앙생활을 이어가야 한다. 말씀을 듣고 전달하는 과정에서 오류를 최소화하고, 잘못 말하는 실수를, 줄여야 한다.

하나님께서는 거룩하시고 지존하신 분이므로 사람이 함부로 경홀히 여겨서는 안 된다. 기도의 언어 한 마디, 한 마디도 신중히 선택하여 분명하게 고하고 확실한 응답을 받으므로 하나님의 온전하신 뜻을 가벼이 해서는 안 된다. 주어진 언어들을 잘 활용하여 하나님 말씀과 사람 말을 자유롭게 융화시키므로, 보다, 선명한 신앙생활이 되기를 기원한다.

여호와는

나의 목자시니 내가 부족함이 없으리로다

그가 나를 푸른 초장에 누이시며 쉴 만한 물가로 인도하시는 도다

내 영혼을 소생시키시고 자기의 이름을 위하여

의의 길로 인도하시는 도다

내가 사망의 음침한 골짜기로 다닐지라도

해를 두려워하지 않을 것은 주께서 나와 함께 하심이라

주의 지팡이와 막대기가 나를 안위하시나이다

주께서 내 원수의 목전에서 내게 상을 베푸시고

기름으로 내 머리에 바르셨으니

내 잔이 넘치나이다

나의 평생에 선하심과 인자하심이

반드시 나를 따르리니 내가 여호와의 집에 영원히 살리로다

(시편 23편)

[참고문헌]

- 생명의 말씀사 〈굿데이 컬러성경〉 2015
- 도서출판 굿뉴스 〈말씀성경〉 2019
- 하용조 〈비전성경사전〉 두란노 출판사 2017
- 하용조 〈비전성구사전〉 두란노 출판사 2018
- 박아론 〈기독교의 변증〉 기독교문서선교회 1994
- 박용규 〈초대교회사〉 총신대학출판부 1994
- 강병도 〈호크마 종합주석〉 1991
- John Calvin (존 캘빈) 〈기독교강요〉 1993
- 박형용 〈박형용박사 저작전집〉 한국기독교연구원 1988
- 강대원 〈성서주석사전〉 1991
- 루이스 벌코프 〈조직신학〉 크리스천 다이제스트 1995
- 노명완外 〈국어교육학개론〉 도서출판 삼지원 2012
- 이익섭外 〈국어문법론〉 화연사 2012
- 이기문外 〈국어음운론〉 화연사 2013
- 조동일外 〈국문학의 역사〉 한국방통대출판부 2012
- 교육과학기술부 〈국어어문규정집〉 (주)대한교과서 2012
- 임지룡 〈국어의미론〉 탑 출판사 2011
- 김광순外 〈국문학개론〉 새문사 2012
- 이재현 〈똑똑한 국어〉 도서출판네오시스 2006